불안

우리가 불안을 통제하지 못하면
불안이 우리를 통제한다

들어가는 말

멘탈코칭센터를 찾은 내담자 김가영씨는 지방에서 작은 가게를 운영하는 자영업자이다. 코로나19로 인하여 매출이 급감하고 이러한 상황이 전혀 나아질 희망이 보이지 않으면서 처음에는 무기력과 우울을 느끼다가 나중에는 불안한 감정이 자주 생기게 되어 지속적으로 스트레스를 받고 있었다. 다행히 멘탈코칭센터에서 심리상담과 멘탈 훈련을 통해 편안함과 안정감을 반복적으로 경험하게 되면서 원래의 건강을 회복할 수 있게 되었다.

이처럼 일반인과 운동선수의 멘탈 상담과 훈련을 진행하다 보면 불안과 스트레스 때문에 힘들어하는 사람들을 많이 만나게 된다.

불안은 누구나 가지고 있는 정상적인 정서이지만 불안이 지나치게 될 때 긍정적인 자원과 에너지를 사용하지 못하도록 만들기 때문에 우리 삶에서 불안을 조절하거나 극복하는 것은 매우 중요하다.

일반적으로 불안은 과거와 현재, 미래의 특정 요인에 의해 생기지만 미래에 대한 걱정하는 마음 때문에 생기는 경우가 더 많다.

이처럼 불안은 대부분 과거와 현재의 영향을 받아 미래에 좋지 않은 일이 생길지도 모른다는 염려하는 마음 때문에 생기게 되는 것이다.

미래에 혹시 겪을지도 모르는 고통을 미리 예측하고 두려움을 느끼는 사람은 이미 그 두려움의 감정에 포로가 되어 현재에서 겪지 않아도 될 심리적인 고통을 억지로 겪는 것과 같다.

부정적으로 예측한 미래의 고통이 현실로 일어나지 않을 수 있는데도 불구하고 미리 고통을 앞당겨 경험하고 두려움을 느끼는 것은 너무나 어리석은 선택이 아닐 수 없다. 예측에 의한 심리적 고통은 분명히 현실이 아니지만 현재에서 미래의 고통을 느끼는 순간 그것은 분명한 현실이 된다. 그뿐만 아니라 미래의 고통을 미리 앞당겨와 현실에서 두려움을 계속해서 느끼는 순간 현재는 이미 과거가 되기 때문에 두려움과 고통은 현재가 되면서 과거가 되는 것이다.

그래서 불안은 현재와 과거, 미래의 시간선에 함께 걸쳐져 서로에게 영향을 미치게 된다. 불안은 우리 삶을 건강하고 안전하게 유지할 수 있는 지극히 정상적인 기능이다. 걱정하는 마음 상태가 현실에서 나쁜 일들이 생기지 않도록 막아주기 때문에 불안은 우리의 안전과 생존을 지켜주는 중요한 안전판의 역할을 하고 있는 것이다. 만약에 우리가 불안을 전혀 느끼지 못한다면 미래에 닥칠 큰 위험에 대처할 수 있는 준비를 못하기 때문에 생존 자체가 어려울 수도 있다.

사람들마다 느끼는 전반적인 불안 수준은 유전적 기질에 영향을 받게 되며 상당히 안정적인 성격특성이지만 새로운 학습과 경험에 의해 얼마든지 변화하는 가소성을 가지고 있다. 그래서 사람들은 저마다 다른 유전과 학습, 경험에 의해 다른 성격특성을 가지고 있으며 불안을 느끼는 정도도 서로 다른 것이다.

이렇게 불안 수준이 다른 이유는 사람들마다 타고난 유전적 기질이 다르고 학습과 경험에 의해 형성된 성격과 세상모형이 모두 다르기 때문이다. 그렇기 때문에 불안은 매우 주관적인 것으로 볼 수 있으며 어떤 사람에게 심한 불안이 되는 자극과 상황이 어떤 사람에게는 별로 대수롭지 않은 경험이 될 수도 있는 것이다.

사람들은 자신만의 독특한 성격과 주관적인 세상모형으로 같은 세상을 살아가면서도 다른 세상을 경험하기 때문에 서로 다른 불안 수준을 가지고 살아가게 된다. 이렇게 사람들이 불안을 느끼는 수준이 모두가 다른 이유가 우리 뇌의 기능 때문이다.

사람들의 뇌는 일반적인 구조와 기능에 있어 큰 차이가 없어 보이지만 서로 다른 유전적 기질과 학습, 경험에 의해 신경회로의 배열과 화학물질의 분비가 다르기 때문에 미시적으로 미묘한 차이를 가지게 되면서 개인의 불안 수준을 다르게 만든다. 서로 다른 유전과 학습, 경험, 피드백에 의해 신경회로 조합이 다르게 배열되면서 자신만의 특별한 불안 수준을 만들게 되는 것이다.

본 책은 그동안 저자가 출판한 여러 멘탈 관련 책 내용에서 불안과 관련된 내용만 추리고 편집하였다. 특히 먼저 출판한 불안과 트라우마 극복에 있는 일부 내용이 본 책에서 각색되거나 중복되었음을 밝힌다. 이 책과의 만남을 통해 불안을 삶의 걸림돌이 아닌 디딤돌로 활용하는 지혜와 마음의 쿠션을 갖기를 바란다.

차
례

멘탈   15

코로나 블루   19

불안한 감정   22

시냅스 연결   26

질병과 불안   30

불안과 애착관계   33

불안은 신념이다   37

불안의 정체성   42

불안에 대한 관점   46

불안의 실체   50

불안의 종류   53

발표불안   59

공황장애   63

불안장애의 고통   67

불안을 만드는 세상모형   72

불안의 의도   76

미래의 불안   79

각성과 불안   83

걱정과 불안   87

공포와 불안   91

불안과 성격   96

불안 수준   100

공포 반응   103

불안의 순환고리   106

불안과 트라우마   110

감정의 기저선   115

감정의 경계   119

감정의 접촉   124

감정의 조절   127

감정의 재연   131

중독 상태   136

도파민 분비   141

중독된 패턴   144

감정의 중독   148

느낌   152

편도체와 불안   157

편도체의 기능   162

감정의 뇌   167

회피적 행동   172

안전과 위험   176

차례

분노의 감정　182

전두엽의 기능　186

의식의 종류　191

외적 요인과 내적 요인　194

잠재의식적 반응　198

마음훈련　202

마음의 내성과 응집력　206

생각의 초점　211

잘못된 초점　214

전환　219

초점과 반복　225

반복의 힘　229

조건형성　234

조건형성과 반응　238

불안의 조건형성　243

강자가 약자를 돕는다　247

확률적 존재　253

세포의 연결　259

신념의 형성　262

가짜 세상　266

위험신호   269

수행과 각성   272

마음의 빛   275

선택   279

변화가 쉽지 않은 이유   283

강박 극복   287

불안의 통제   291

불안 다스리기   294

불안한 감정의 탈출   298

불안의 접촉   301

걱정 없애기   304

분노 다스리기   309

불안 극복   315

불안에 대한 관조   318

신념의 선택   321

신념체계   326

초점의 전환   329

변화를 위한 선택   332

TESA

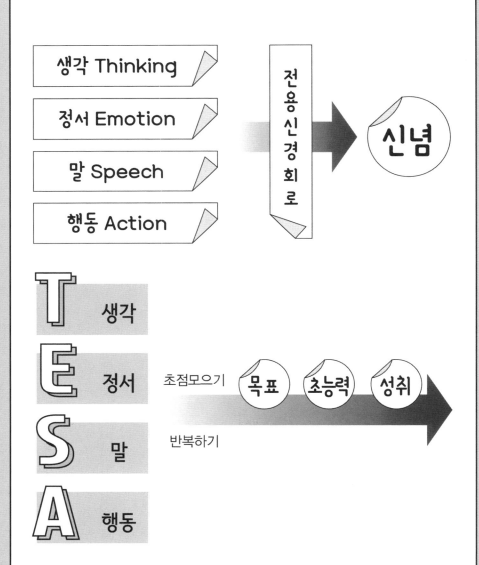

생각 Thinking

정서 Emotion

말 Speech

행동 Action

전용신경회로 → 신념

T 생각

E 정서   초점모으기   목표   초능력   성취

S 말   반복하기

A 행동

CR+NCR

CR(consensus reality)

일상적 실재로서 현실적이고 물질적인 것이며 입자의 형태를 띠고 있다.
CR은 유한자원이며 대부분 누군가의 소유로 존재한다.

공간, 나이, 신체, 돈, 직위, 건물, 땅, 나무, 자동차 등과 같이 눈으로 볼 수 있고
만질 수 있는 일상에서 사실로 존재하는 것이다.
CR은 항상성을 유지하려는 고정된 패턴을 가지고 있다.

NCR(non-consensus reality)

비일상적 실재로서 가상적이고 비물질적이며 파동의 형태를 띠고 있다.
NCR은 무한자원이기 때문에 선택을 통해 자신의 소유로 만들 수 있는 것이다.

사명, 꿈꾸기, 느낌, 목표, 신념, 감정, 희망, 자신감 등과 같이 눈에 보이지 않고
만질 수는 없지만 비일상적 사실로 분명히 존재하는 것이다.
NCR은 끊임없이 팽창하려는 확장성과 강력한 끌어당김의 자성을 가지고 있다.

CR + **NCR** = **성취·행복**

불안

우리가 불안을 통제하지 못하면
불안이 우리를 통제한다

불안은 우리 삶을 건강하고 안전하게 유지시켜주는
지극히 정상적인 기능이다.
만약에 우리가 불안을 느끼지 못한다면
미래에 닥칠 큰 위험에 미리 대처할 수 없기 때문에
안전과 생존을 위협받을 수도 있다.
불안은 우리 삶에서
절대적으로 좋은 것도 아니며 나쁜 것도 아니다.
다만 그것을 어떻게 인지하고 해석하며
반응하는가에 따라 삶의 디딤돌이 되기도 하고
걸림돌이 되기도 하는 것일 뿐이다.

멘탈

불안한 감정상태를 만드는 것은 우리의 중독된 마음이며 마음은 뇌에서 만들어낸 산물이다. 그래서 불안한 감정상태를 반복적으로 경험하게 되는 사람에게 멘탈이 약하다는 꼬리표를 붙이기도 한다.

불안과 관련 있는 멘탈이라는 용어가 이제 일반인들에게도 낯설지가 않을 만큼 친숙한 외래어가 되었다. 일상생활 속에서 뿐만 아니라 스포츠나 공부, 일, 특수한 업무나 과제를 수행할 때도 멘탈이라는 용어를 일반적으로 많이 사용하고 있다.

과거에는 멘탈이 전문 영역의 특수한 소수의 사람들에게만 사용되는 용어였지만 지금은 누구나 쉽게 사용하는 친숙한 단어가 된 것이다. 그만큼 멘탈이 우리 삶에서 차지하는 비중이 크다는 증거이며 우리의 멘탈 1%만 바꾸어도 우리의 삶이 99% 바뀌게 된다고 말할 정도로 멘탈이 우리 삶에 미치는 영향력이 절대적이다.

멘탈(mental)은 정신의, 지적인, 관념적인, 마음과 같은 사전적 의미를 갖고 있으며 일반적으로 정신, 마음이라고 쉽게 정의한다.
뇌과학적 관점에서 보면 우리의 마음은 뇌라는 생산공장에서 찍어내는 상품과 같은 것이며 그 상품의 종류는 헤아릴 수 없을 만큼 많다.
그래서 뇌가 통합된 전체성으로 정상적인 기능을 하지 못한다면 마음의 작동이 온전할 수가 없게 되며 인간으로서 존엄과 가치까지도 상실하게 될 수 있다.

우리의 마음은 천억 개가 넘는 뇌세포가 만든 시냅스 연결의 배열과 조합에 의해 생성된다. 이렇게 특정 배열과 조합이 반복적으로 활성화되면 전용신경회로가 촘촘하게 그물처럼 엮어지면서 개인의 주관적이고 독립적인 세상모형과 마음이 만들어지는 것이다.

불안이라는 감정도 결국은 반복적인 전용신경회로의 활성화와 화학물질의 분비에 의해 만들어진 세상모형과 신념체계가 발현된 것으로 볼 수 있다. 우리의 뇌는 그 무엇이든 반복하면 그것을 사실로 받아들이고 사실로 받아들인 것에 대해서는 굵은 전용신경회로를 구축하기 때문에 불안과 관련된 반복적인 학습과 경험이 누적되면 불안에 중독된 습관을 형성하게 된다.

이와 같이 성장과정에서 불안과 관련된 반복적인 학습과 경험을 통해 활성화된 전용신경회로가 광케이블처럼 굵게 구축되면 제2의 천성이라고 부르는 습관이 형성되는데 이 습관은 뇌가 불안에 중독된 상태에 있는 것으로 볼 수 있다.

불안에 중독된 습관이 반복되면 우리의 존재를 점점 더 무기력하게 만들거나 좁혀진 경계를 만들어 그 속에 구속시켜버린다.

중독된 습관에 의해 편향되고 좁혀진 세상모형과 신념체계를 만들게 되면 자신의 의지와 상관없이 자율신경계의 각성 수준이 높아져 불안한 상황이 아닌데도 불구하고 지속적으로 불안을 느끼게 된다.

개인의 세상모형과 신념체계는 반복적인 학습과 경험 과정에서의 생각이나 느낌, 말, 행동이 활성화되어 광케이블처럼 굵은 전용신경회로를 구축하여 만들어진다. 그래서 우리의 주관적인 세상모형과 신념체계를 만드는 전용신경회로를 어떻게 구축하는가에 따라 불안 수준이 달라지게 되는 것이다.

아무리 훌륭한 자원을 많이 가지고 있다 해도 마음의 작동원리와 사용방법을 제대로 모른다면 그 자원을 활용하지 못하기 때문에 긍정적인 상태로의 변화가 어려워진다. 우리는 좋아하는 사람을 떠올릴 때 왠지 모르게 기분이 좋아진다. 그리고 지난 과거의 설렘이 있는 성취경험을 회상하는 것만으로도 지금 현재에서 자긍심과 자신감이 충만되는 변화를 일으키게 된다. 이처럼 긍정적인 생각만으로도 우리의 상태를 긍정적으로 바꿀 수가 있다.

반복적인 좋은 생각이 좋은 멘탈 상태를 만들고 좋은 멘탈 상태가 우리의 상태를 긍정적으로 만들어주게 된다. 즉 긍정적인 생각을 반복하는 것만으로도 긍정적인 멘탈 상태를 유지하게 만들어 더 많은 성취를 이룰 수 있는 우리의 능력을 만들어주는 것이다. 반대로 불안한 감정상태를 재연하게 만드는 특정한 사람을 떠올리거나 과거의 불안과 관련된 기억을 회상하게 되면 지금 현재에서 불안한 감정상태에 빠지거나 기분이 나빠지고 무기력한 상태가 될 수 있다.

이러한 불안과 관련된 부정적인 감정상태가 오랫동안 지속되면 편향되고 좁혀진 세상모형과 신념체계를 가지게 됨으로써 다른 사람들과의 정상적인 소통에 걸림돌을 가지게 된다. 불안과 관련된 부정적인 생각과 느낌, 말, 행동이 반복되어 전용신경회로를 구축하게 되면 건강하지 못한 멘탈 상태를 유지하는 불안한 습관의 순환고리를 만들어 그 속에 갇히게 되는 것이다.

이처럼 멘탈을 어떻게 사용하는가에 따라 우리의 상태와 삶의 결과가 달라지는 것은 세상모형과 신념체계가 멘탈 상태에 의해 영향을 받기 때문이다. 그렇기 때문에 긍정의 멘탈은 긍정의 자원을 사용할 수 있는 선택의 기회를 더 많이 갖게 해주어 성공 가능성을 더 높이고 부정의 멘탈은 부정의 자원을 사용할 수 있는 선택의 기회를 더 많이 갖게 해주어 부정적인 삶의 결과를 얻을 수 있는 가능성을 높이게 된다.

우리의 멘탈 1%만 바꾸어도 삶이 99% 바뀌게 되는 멘탈의 비밀을 알고 그 힘을 활용할 수만 있다면 불안의 나쁜 순환고리에 더 이상 구속될 필요가 없다. 우리의 멘탈이 가진 힘을 알아차리고 활용할 수 있게 된다면 우리가 원하는 그 어떤 변화와 성취도 가능하다.

코로나 블루

코로나19보다 우리를 더 힘들게 하는 것이 바로 '코로나 블루'와 같은 '외상 후 스트레스 장애'라고 할 수 있다.

심리적 고통을 안겨주었던 사건이나 사고 자체보다 그 사건과 사고에 대한 생각과 느낌, 그 생각과 느낌에 대한 또 다른 생각과 느낌이 꼬리에 꼬리를 물고 확장된다. 나중에는 처음의 사건과 사고와 상관없는 엉뚱한 신경회로까지 활성화되면서 통제되지 않는 심리적 장애를 일으키게 되는 것이 외상 후 스트레스 장애가 보이는 특성이다.

왜냐하면 우리의 모든 생각에는 특정한 느낌이 코팅되어 있기 때문에 생각과 느낌이 반복적으로 확장되면서 처음의 사건이나 사고와 관련이 없는 엉뚱한 부분의 신경회로까지 과잉활성화시켜 통제되지 않는 심리적인 문제를 일으키게 되는 것이다.

코로나19가 우리에게 현실적인 위협을 주는 것은 분명한 사실이지만 많은 사람들이 코로나19가 주는 직접적인 피해보다는 그것을 걱정하는 마음 때문에 생기는 심리적 고통으로 더 힘들어한다.

코로나19는 치료를 받거나 백신이 개발되어 보급되면 신체적으로 완전한 퇴치가 가능하지만 마음에 새겨진 병은 회복이 쉽지 않기 때문에 인생 전반에 어두운 그림자를 드리울 수 있다.

코로나 시대에 중요한 것은 심리적 내성과 응집력을 키워 마음의 쿠션을 강화하는 것이다. 그래서 멘탈에 대한 이해와 훈련을 반복하는 것이 중요하다. 마음이 좀 더 건강할 때 미리 마음의 쿠션을 강화하는 훈련을 하게 되면 마음의 병을 예방하는데 큰 도움이 된다.

정신적 외상은 신체적 외상보다 회복하기가 훨씬 어렵기 때문에 마음이 좀 더 건강할 때 미리 마음의 쿠션을 만드는 것이 중요하다.

코로나19는 우리의 마음과 몸뿐만 아니라 삶 전반에 부정적인 영향을 미치고 있다. 최근 코로나19의 여파로 경기가 급격하게 나빠지면서 현재의 불안한 상황과 미래의 불확실성 등으로 만성적인 불안과 우울, 무기력, 스트레스를 받는 사람들이 늘어나고 있는 추세이다.

이러한 사회적인 영향으로 많은 사람들이 멘탈코칭센터를 찾아와 심리와 멘탈에 대한 상담과 훈련을 받고 있다.

특히 코로나19로 기업가, 자영업자, 직장인, 주부, 학생 등 많은 사람들이 불면, 우울, 무기력, 분노, 강박, 외상 후 스트레스 장애 등으로 심리적 고통을 호소하는 사례가 증가하는 추세이다.

멘탈코칭센터에도 상담과 훈련 예약을 하는 사람들이 많이 늘어나면서 나 자신도 너무 바쁜 시간을 보내고 있다. 이러한 현상이 생기는 이유는 여러 가지이지만 금방 종식될 것 같았던 코로나19가 장기간 이어지면서 심신의 부조화, 외로움이나 불안감, 외상 후 스트레스 장애, 사회적 비교 대상으로서의 정체감 상실 등을 호소하는 사람들이 점점 더 늘어나는 것도 큰 영향을 미친다.

그래도 센터를 찾아오는 사람들은 사정이 좀 더 나은 경우이다. 대부분의 사람들은 마음의 쿠션을 강화시키는 상담과 훈련조차 받지 못하고 혼자서 심리적 고통을 겪고 있다. 이렇게 오랜 시간 마음이 허약해진 이후에 치료를 받게 된다 해도 한번 상처 입은 마음을 정상적으로 회복시키는 것이 쉽지가 않다.

대부분의 국가 의료정책이 치료 쪽에 초점이 모아져있지만 마음은 치료보다 예방이 우선이다. 국가가 모든 것을 해주지 않기 때문에 자기 자신의 정신건강은 자기 스스로 챙길 수밖에 없다. 우리는 코로나19보다 더 무서운 '코로나 블루'에 중독되지 않는 자기 자신을 만들기 위해 마음의 쿠션을 강화시킬 수 있는 선택을 해야 한다.

규칙적인 운동과 균형 잡힌 영양섭취, 충분한 수면, 긍정적인 심상, 호흡훈련, 이완훈련, 자율훈련, 인간관계, 독서, 멘탈 훈련 등이 마음의 쿠션을 강화하는데 도움이 될 수 있다. 이렇게 힘든 시기일수록 우리의 초점을 문제가 아닌 원하는 상태에 일치시키고 반복적인 멘탈 훈련을 통해 건강하고 행복한 삶을 유지하는 지혜가 필요하다.

불안한 감정

코로나19와 같은 무서운 전염병이 창궐하면 많은 사람들이 사회적, 경제적인 문제뿐만 아니라 심리적인 무력감이나 스트레스, 우울, 불안, 분노, 공황장애, 트라우마 등을 경험하게 되면서 심각한 심리적 후유증에 시달리게 된다.

이와 같이 전염병에 대한 공포와 불안이 우리의 일상을 뒤덮어 전염병을 일으키는 바이러스보다 더 무서운 불안한 감정의 바이러스가 사람들과의 사회적 관계를 축소시키거나 차단시키게 되면서 건강한 뇌신경회로를 소리없이 공격하고 있다.

이렇게 부정적인 감정이 우리를 짓누를 때는 한발 뒤로 물러나 관조적 입장에서 지금 내가 느끼는 감정의 실체가 무엇인지에 대해 스스로에게 질문해보는 시간을 가져보아야 한다. 지금 자신이 느끼는 감정을 제대로 알아차리고 접촉할 수 있을 때 불안과 관련된 부정적인 감정의 회오리에 휘말리지 않을 수 있기 때문이다.

그러기 위해서는 불안한 감정상태에서 한발 뒤로 물러서서 불안과 관련된 부정적인 감정에 대해 관조할 수 있어야 한다. 전염병을 지나치게 의식하는 불안한 감정상태의 생활패턴을 전환하여 책을 읽거나 운동, 취미활동, 호흡훈련, 이완, 심상 등을 하는 것이 도움이 된다. 그래야 좀 더 객관적이고 냉철하게 자신이 느끼는 부정적인 감정을 합리적으로 파악할 수 있기 때문이다.

만약 지금 내가 불안을 심하게 느끼고 있다면 내가 겪은 사건 때문에 불안한 것인지 아니면 사건에 대한 나의 신념이 지금의 불안한 상태를 만든 것인지 질문해보아야 한다. 그리고 이 불안이 외부 사건이 만든 불안인지 아니면 원래 내 안에 있었던 불안이 외부 자극에 의해 불려 나온 것인지 물어보아야 한다. 이처럼 지금 자신이 느끼는 불안의 실체에 대해 관조적 입장에서 질문을 하며 접촉하는 순간 불안의 감정이 약해지는 것을 느낄 수 있게 된다.

어떤 사건에 의해 억압된 대부분의 감정은 처음 그 감정과의 올바른 알아차림과 접촉이 제대로 이루어지지 못했기 때문에 생기는 경우가 많다. 그렇기 때문에 불안과 관련된 부정적인 감정의 실체를 확인한 후 그 감정을 회피하지 않고 접촉하는 것이 중요하다.

이러한 부정적인 감정의 실체를 접촉하는 것이 처음에는 다소 불편하고 고통스러울 수도 있다. 하지만 불안과 관련된 부정적인 감정의 실체를 파악하고 당당하게 접촉하여 그 문제를 해결하며 적응해가는 과정에서 자신의 감정을 스스로 조절하고 통제할 수 있는 심리적 내성과 마음의 쿠션을 가질 수 있게 된다.

이렇게 되면 더 이상 불안과 관련된 부정적인 감정이 자신을 통제하는 비정상적인 반응이 일어나지 않게 만들 수 있다. 당장의 편안함을 느끼기 위해 자신의 감정을 접촉하지 못한 상태에서 무조건적으로 부정적인 감정을 억누르거나 회피한다면 장기적으로 훨씬 더 큰 심리적 고통을 겪는 대가를 치러야 할지도 모른다.

우리는 표면적으로는 모두가 이성적인 존재로 보이지만 실제로는 감정적인 존재이다. 감정은 수시로 변화하는 가변성을 가지고 있기 때문에 우리의 감정 자체가 절대적인 긍정과 부정이 있는 것이 아니다. 감정을 어떻게 만나고 처리하느냐에 따라 그 감정이 긍정과 부정의 결과를 얻게 해줄 뿐이다. 현재 우리의 상태에 따라 감정의 형태가 결정되기 때문에 희로애락의 모든 감정도 형태만 다를 뿐 우리 삶에 도움이 되는 소중한 자원이라고 할 수 있는 것이다.

우리가 그 감정을 어떻게 처리하고 반응하느냐에 따라 긍정과 부정의 결과를 만들 뿐 감정 자체는 어떠한 것이든 우리에게 도움이 되는 소중한 자원이라는 전제를 가지는 것이 중요하다. 지금 우리가 겪고 있는 사건이나 사고에 의해 생긴 불안과 관련된 부정적인 감정이 처음에는 우리에게 시련과 고통을 주기도 하고 스트레스 요인이 되기도 하지만 그 감정의 실체를 알아차리고 접촉하는 과정에서 감정을 조절하고 통제할 수 있는 멘탈 능력을 가질 수 있기 때문에 심리적 내성과 응집력이 더욱더 강해질 수 있다.

그렇기 때문에 어떤 부정적인 감정이라도 회피하지 않고 있는 그대로 알아차리고 접촉하여 그 감정을 통해 깨달음과 지혜를 얻는 것이 중요하다. 심리적으로 불안할 때는 불안한 감정을 알아차리고 접촉할 수 있어야 하는 것이다. 우선의 편안함을 위해 부정적인 감정을 회피하거나 억압하기보다 그 감정을 알아차리고 접촉할 수 있을 때 우리가 그 감정을 통제할 수 있게 된다.

만약 우리가 불안과 관련된 부정적인 감정을 통제하지 못하고 그 감정의 수렁에 빠져 중독 상태가 되면 부정적인 감정이 우리를 통제하여 심리적, 신체적 장애를 일으킬 수 있다. 그래서 마음이 건강할 때 미리 심리적 방역효과를 낼 수 있는 멘탈 훈련을 반복하는 노력이 필요한 것이다. 우리의 마음이 건강할 때 미리 심리적 방역을 하지 못하고 뚫리게 되면 원래의 건강한 상태로 회복하는데 몇 배, 몇십 배의 시간과 에너지가 소모되기 때문이다.

불안의 실체에 대해 우리가 전혀 알지 못할 때는 불안에 통제당하기 쉽지만 불안의 실체에 대해 알아차릴 수 있게 되면 불안에 대처할 수 있는 대비를 통해 우리가 불안을 통제할 수 있게 된다.

시냅스 연결

　우리의 생각과 느낌, 말, 행동은 천억 개가 넘는 뇌세포 간의 시냅스 연결의 조합과 배열에 의해 만들어지기 때문에 새로운 생각과 느낌, 말, 행동을 반복하게 되면 새로운 시냅스 연결을 활성화시킬 수 있게 된다. 시냅스 연결을 다른 말로 신경회로라고 하며 신경회로가 반복적으로 자극을 받거나 충격적, 정서적으로 사건에 의해 활성화되면 굵은 전용신경회로를 구축하여 자신만의 독특한 존재와 정체성을 만드는 신념체계를 강화한다.

　이렇게 강화된 신념체계는 잠재의식 깊은 곳에 자리 잡아 그것이 부정적이든 긍정적이든 가리지 않고 현실적인 성취결과를 얻게 해준다. 이러한 신념체계는 반복적인 시냅스 연결에 의해 전용신경회로가 구축되어 형성된 것이기 때문에 쉽게 변하지 않는다.

특히 안전과 생존에 관련된 불안한 정서적 경험에 의해 전용신경회로가 구축되면 불안과 관련된 자기 제한 신념이 강화되어 부정적인 전체성을 만들어버리기 때문에 불안과 우울, 무기력, 스트레스에 중독된 존재로 살아가게 될 가능성이 높아진다.

이처럼 살아있는 모든 생명체는 자신만의 독특한 존재와 정체성을 형성하는 기본 단위인 세포의 시냅스 연결로 이루어져 있기 때문에 생명을 유지하고 다양한 활동과 기능을 할 수 있다. 어떤 생명체는 하나의 세포로 이루어져 있으며 어떤 생명체는 아주 복잡한 세포의 연결로 이루어져 다른 종과의 차별성을 가지게 된다.

예를 들어 박테리아처럼 몸 전체가 하나의 세포로 이루어져 있는 경우도 있다. 생명을 유지하고 활동을 하는데 하나의 세포에서 모든 기능을 담당해야 하기 때문에 고차원적이거나 복잡한 활동과 기능에는 제한이 생길 수밖에 없다. 즉 하나의 세포가 모든 기능과 역할을 다하기 때문에 단순한 활동에는 효율적일 수 있지만 복잡한 과제활동이나 유연한 반응을 하는데는 한계가 생길 수밖에 없는 것이다.

하지만 인간을 포함한 동물의 경우 헤아릴 수 없을 만큼 많은 세포가 모여 다양한 시냅스 연결을 짓고 통합된 전체적인 시스템을 만들어 복잡하고 다양한 활동과 기능을 수행한다. 인간은 수십조 개의 세포가 모여 거대한 시스템을 만들기 때문에 세포끼리 상호 유기적인 협력체계를 갖추고 있다. 그렇기 때문에 인간은 동물들과 달리 고차원적인 사고와 행동을 할 수 있는 능력을 가지고 있는 것이다.

신체의 모든 장기 또한 세포로 이루어져 있으며 각 세포가 하나의 거

대한 시스템을 만들어 독특한 기능을 수행하며 다른 장기와도 긴밀하게 상호작용을 할 수 있게 된다. 신경계, 순환계, 호흡기계, 소화계, 근골격계 등은 각계의 기능을 원활하게 수행하고 다른 계와 정보를 주고받을 수 있는 시냅스 연결이 만든 신경시스템에 의해 전체성으로 작동되고 있는 것이다.

우리의 생명을 유지하고 신체의 복잡한 기능을 통합하여 인간을 인간답게 만들어주는 가장 중요한 역할을 하는 뇌도 세포의 연결로 이루어져 있다. 뇌는 천억 개가 넘는 뇌세포가 상호 병렬적 시냅스 연결을 이루어 신경회로를 형성하고 있으며 신체 장기와 말초신경에서 올라오는 모든 정보를 통합해서 해석하고 반응하는 가장 중요한 기능을 한다. 뇌가 신체 모든 계의 작동과 반응을 통합적으로 관리하고 조절통제하는 역할을 하고 있는 것이다.

우리의 존재는 말초신경계와 중추신경계가 하나의 통합된 시스템으로 작동될 수 있을 때 건강한 상태가 유지될 수 있다. 이렇게 중요한 역할을 하는 통합된 뇌신경계가 충격적인 경험에 의해 지워지지 않는 트라우마 기억을 갖게 되면 전체의 신경회로에 문제가 생기게 된다. 고속도로 어느 한 지점에서 사고가 발생하면 도로 전체가 정체되는 것처럼 트라우마 경험에 의해 건강한 신경회로의 일부가 손상을 입게 될 경우 신경회로 전체에 문제가 생길 수 있는 것이다.

특히 뇌신경회로는 헤아릴 수 없을 만큼 많은 숫자의 복잡한 연결을 짓고 있기 때문에 견디기 힘든 충격적인 경험에 의해 트라우마 기억이 생기게 되면 불안과 우울, 공황장애, 무기력, 분노, 외상 후 스트레스

장애 등을 겪을 수 있다. 트라우마로 인해 생긴 부분의 문제가 전체의 신경망에 영향을 미치게 되면 원래의 정상적인 건강한 상태로 회복이 쉽지가 않게 된다.

만약 견디기 힘들 만큼의 충격적인 트라우마 사건을 경험하게 되면 경험 당시에 느꼈던 부정적인 정서와 공포, 불안이 뇌세포에 저장되고 시냅스 연결과정에서 전용신경회로를 구축하기 때문에 정상적인 회복이 어려워진다. 이렇게 구축된 전용신경회로가 뇌 전체에 영향을 미쳐 부정적인 정서와 공포, 불안을 겪게 만든다.

뇌는 모든 뉴런이 병렬적인 시냅스 연결로 작동되는 비국소성을 가지고 있을 뿐만 아니라 하나의 뉴런이 다른 뉴런과 연결되어 있어 부분에 전체의 정보가 공유되는 홀로그램으로 작동되고 있다.

그렇기 때문에 견디기 힘들 만큼 고통스러운 트라우마 경험에 의한 전용신경회로가 구축되면 불안과 스트레스에 관한 전체성을 만들어 부정적인 생각과 느낌, 말, 행동을 만들어내고 그와 관련된 존재와 정체성을 형성하게 되는 것이다.

이러한 부정적인 시냅스 연결을 긍정적인 시냅스 연결로 바꾸기 위해 원하는 상태에 초점을 일치시키고 생각과 느낌, 말, 행동을 반복하는 것이 중독된 불안과 트라우마에서 벗어날 수 있는 시작이 된다.

긍정적인 변화를 위한 작은 시작이 세포의 연결이며 세포의 연결을 바꾸는 구체적인 작업이 바로 반복적인 생각과 느낌, 말, 행동이다.

질병과 불안

　인간은 동물과 달리 단순히 지금 현재의 생존만을 추구하는 존재가 아니다. 지금 현재에 살아가면서도 끊임없이 미래를 꿈꾸고 그 꿈을 실현하기 위해 구체적인 계획을 실행하며 살아가는 가변적인 존재이다. 그렇기 때문에 인간은 지금 현재의 안전과 생존만을 우선으로 하는 동물과 차이가 나는 것이다.

　인간의 우수한 뇌는 지금 현재뿐만 아니라 과거와 미래까지 지금 현재에서 시간선으로 연결하여 생각하고 느낄 수 있기 때문에 동물이 겪지 않는 더 많은 불안을 겪게 된다. 이처럼 우리는 지금 현재를 살아가면서도 미래를 위해 살아가는 존재이다. 그러면서도 지금 현재나 미래는 과거의 기억 시스템에 의존하는 한계를 가지고 있다. 그래서 인간은 동물과 달리 현재뿐만 아니라 과거의 기억과 미래의 예측 때문에 겪지 않아도 될 더 큰 걱정과 불안을 겪게 되는 것이다.

이처럼 불안과 관련된 과거의 부정적 경험이 뇌에 전용신경회로를 구축했거나 관련된 화학물질을 다량으로 분비하여 중독된 상태를 만들게 되면 자신의 의지와 상관없이 반복적으로 불안을 느끼게 된다. 그뿐만 아니라 통제할 수 없는 미래에 대한 부정적인 예측을 할 때도 우리는 불안을 느낀다.

불안은 안전과 생존을 위한 인간 본성의 중요한 기전이지만 자신이 불안을 통제하지 못하고 불안이 자신을 통제하게 되는 시간이 길어지게 되면 자기 상실을 겪게 될 수도 있다. 이와 같이 주도적으로 불안을 통제하지 못하고 불안이 점점 힘을 얻어 우리를 통제하게 될 때 자기 상실로 삶이 완전히 망가지게 될 수도 있는 것이다.

특히 견디기 힘들 만큼의 끔찍한 정서적 충격으로 다가오는 코로나19와 같은 전염병에 의한 불안과 공포는 우리를 무기력하고 우울하게 만든다. 사람들과의 거리두기가 길어지면서 관계가 단절되거나 멀어지게 되면서 여러 가지 심리적, 사회적인 문제가 생기고 있다. 이러한 사태가 장기화되면 전염병 자체가 주는 피해와는 비교가 되지 않는 후유증에 시달리게 될 수도 있는 것이다. 이럴 때일수록 합리적 사고와 느낌, 말, 행동을 반복하며 객관성을 유지하여 힘든 상황에 적응할 수 있는 마음의 쿠션을 강화해야 한다.

인류의 지나간 역사는 안전과 생존을 위협하는 수많은 시련과 고난의 연속이었지만 인류는 그러한 시련과 고난을 이겨내고 계속 진화해왔다. 인류 역사상 안전과 생존에 위협을 주는 여러 가지 질병의 창궐이 있었지만 인류는 질병과의 싸움에서 많은 희생을 치르면서도 언제나 이를 물리치면서 생존과 진화를 계속해 올 수 있었다.

20세기 초 인류의 기대수명이 겨우 30세였지만 지금 우리는 100세 시대를 이야기할 정도로 안정적이고 건강한 삶을 영위하고 있다. 그럼에도 불구하고 불쑥불쑥 찾아오는 전염병은 인류의 안전과 생존을 크게 위협하고 있는 것이 사실이다. 스페인 독감은 1918년부터 약 3년간 세계 인구 19억 명 중 5억 명이 감염되고 약 5000만 명이 사망한 재앙이었다. 그러한 끔찍한 역사를 기억하고 있기 때문에 코로나19와 같은 전염병에 대한 불안과 공포를 더 크게 갖고 있는 것이다.

그러나 과거의 끔찍한 재앙은 바이러스에 대한 과학적 지식수준과 질병관리체계가 열악했고 공중위생도 엉망인 시대에 일어났던 재앙이었지만 지금은 상황이 많이 다르다. 의료수준과 질병관리 시스템의 발달로 인류를 위협하는 바이러스를 충분히 퇴치할 수 있기 때문에 너무 지나친 불안과 공포를 가질 필요는 없다. 전염병에 대한 예방조치와 높은 경각심은 필요하지만 지나친 불안과 공포는 경계해야 하는 것이다.

불안과
애착관계

사람들이 겪고 있는 대부분의 심리적인 문제는 성장과정에서 부모나 주변 사람들과의 애착관계를 어떻게 발전시켰는가에 따라 생기는 경우가 많다. 만약 성장과정에서 애착형성에 문제가 생기게 되면 발달 트라우마가 생기게 되고 트라우마는 지속적으로 스트레스와 불안을 일으키는 요인이 되기 때문이다.

일반적인 의미에서 애착이란 몹시 사랑하거나 마음이 끌려서 떨어지기 싫어하는 상태나 편안함과 안정감을 주는 관계를 말한다.

그렇기 때문에 애착관계에 문제가 생기게 되면 자존감이 저하되고 만성적인 스트레스와 불안장애를 겪게 될 가능성이 높아진다.

대부분 애착의 대상은 부모이지만 경우에 따라서는 가까운 친척이나 돌봄을 책임지는 어른일 수도 있다. 때로는 애착의 대상이 사람이 아닌 물건이나 특정 장소일 수도 있다. 즉 애착이란 어떤 대상에 대해 편안함과 안정감을 느끼게 해주는 특별한 정서적 관계를 맺는 것을 의미하기도 한다. 보통 유아기에는 육아를 담당하는 엄마와 애착관계를 형성하게 되는데 이러한 모자관계를 중심으로 하는 정서적 관계를 일반적으로 애착이라고 부른다.

태아가 엄마 뱃속에서 나와 세상의 빛을 보는 순간 주변 모든 사람들의 축복 속에 따뜻한 관심과 사랑, 보살핌을 받는다. 이때는 아직 혼자서 생존할 수 없는 시기이기 때문에 부모의 따뜻한 보살핌과 양육에 절대적으로 의지하며 성장할 수밖에 없다. 만약 이 시기에 정상적인 부모의 보살핌과 양육환경이 주어지지 않으면 아이는 안전과 생존에 위협을 느끼기 때문에 정서적으로 불안을 학습하여 성격형성에 부정적인 영향을 미치게 된다.

아기가 자라면서 점차 심리적, 신체적인 안정을 찾고 혼자서 살아가는 방법을 학습하게 되지만 인간은 동물과는 달리 오랜 기간 부모의 보살핌을 받아야 한다. 이렇게 보살핌의 기간이 긴 이유는 신체적인 성장과 더불어 인류가 오랜 진화과정에서 축적된 다양한 지식과 지혜, 문화, 관계 능력 등을 부모나 어른들로부터 학습해야 하기 때문이다.

특히 사회화를 위한 점진적인 학습과정에서 부모의 특별한 보호와 양육을 받아야 하고 사회적인 교육시스템을 통해서도 다양한 환경에 적응할 수 있는 능력을 높여야 한다. 건강한 사회성을 발달시키는데 가장 중요한 바탕이 되는 것이 성장과정에서 부모와 애착관계를 건강하게 형성하여 마음의 쿠션을 강화하는 것이다.

마음의 쿠션을 강화하기 위해서는 부모나 주변 어른들로부터 따뜻한 관심과 사랑이 전해지는 안전한 돌봄을 받는 것이 중요하며 돌봄의 형태에 따라 아이는 자신의 존재와 정체성을 결정짓는 세상모형을 만든다. 아이는 부모의 돌봄을 안전하게 받으며 적절한 통제와 사랑, 코칭을 받으며 성장하기 때문에 부모의 사고와 가치관, 태도, 행동, 정서를 그대로 모델링하게 된다.

이와 같이 한 인간의 존재는 양쪽 부모의 유전자를 가지고 태어났을 뿐만 아니라 환경적으로도 자신을 낳아준 부모에 의해 양육과 코칭을 받고 성장을 하기 때문에 절대적으로 부모의 영향을 받게 되는 것이다. 이렇게 부모의 절대적인 영향력 속에 자라기 때문에 대부분 부모를 그대로 닮아가게 되며 부모에 대한 애착형성을 통해 이후 사람들과의 관계 능력을 가지게 된다.

그래서 아이는 부모를 닮게 되고 성인이 된 이후에도 부모의 또 다른 모습인 부모의 그림자로 살아가게 될 가능성이 높아지는 것이다.

특히 생애 초기에 부모가 수용과 공감, 긍정적인 피드백을 얼마나 보내며 조화롭게 상호작용을 하고 애착형성을 잘했는가에 따라 성장 이후의 자기 관리와 통제, 다른 사람들과의 관계 능력이 결정된다.

이 시기에 부모가 보내는 따뜻한 관심과 사랑, 보살핌을 통해 아이가 정서적인 안정감과 친밀한 교감을 하게 되면 평생 동안 자기를 지킬 수 있는 심리적 내성과 마음의 쿠션을 가질 수 있다. 애착관계의 대상이 되는 부모가 보여주는 관심과 사랑, 긍정적인 피드백이 많이 제공될수록 더 깊은 애착을 형성하여 건강한 세상모형을 만들고 인간관계 능력을 발달시키는 토양을 만들 수 있게 되는 것이다.

이 시기에 정상적으로 형성된 애착관계를 바탕으로 독립성과 공감능력, 이타심 등이 발달되어 건강한 관계 능력을 학습하는 과정에서 마음의 쿠션을 더 강화하게 된다. 어떠한 애착관계를 형성하게 되는가에 따라 만들어진 마음의 쿠션이 인생 전반에 큰 영향을 미치기 때문에 성장과정에서 긍정적인 애착관계를 형성하는 것이 중요하다.

성장기에 부모와의 애착관계형성이 제대로 되지 못하면 성인이 된 이후에 여러 가지 심리적, 신체적, 사회적인 문제를 갖게 될 가능성이 높아진다. 성장과정에서 애착관계를 형성하는데 도움을 주는 돌봄이 제대로 이루어지지 않게 되면 억압이나 결핍에 의해 미해결 과제가 남게 되어 그것을 해소하기 위해 심리적 방황을 길게 해야 한다.

특히 성장과정에서 부모나 주변 어른들로부터 받거나 경험해야 할 것에 대한 결핍은 그 결핍을 채우기 위해 특정 대상이나 환경에 집착하거나 강박을 갖게 만들 수도 있다. 하지만 정작 본인의 잠재의식에는 결핍으로 인한 마음의 쿠션이 바닥난 상태이기 때문에 억압과 결핍의 문제를 제대로 해결하지 못하는 경우가 많다.

대부분 성인이 된 이후에 드러나는 심리적인 문제나 부정적인 정서상태는 어릴 때 부모와의 애착형성과 라포가 제대로 형성되지 못해서 생기는 것으로 볼 수 있다. 그래서 성인이 된 이후에도 멘탈에 대한 이해와 훈련을 통해 애착관계를 새롭게 형성하고 라포를 강화하여 마음의 쿠션을 강화시켜줄 수 있는 자기 회복과정이 필요한 것이다.

불안은
신념이다

우리 뇌는 그 무엇이든 반복하면 그것을 사실로 받아들이고 믿음을 만들어 스스로 그 믿음에 통제당하는 착각의 챔피언이다.

그래서 NCR의 믿음체계를 CR의 현실체계로 바꾸기 위한 실천의지가 일관성과 지속성을 유지할 때 자신만의 신념체계가 만들어진다.

신념은 그것이 긍정적인 것이든 부정적인 것이든 가리지 않고 반복적인 학습과 경험에 대한 느낌이라고 할 수 있으며 개인의 세상모형에 관여하기 때문에 존재와 정체성을 형성하는 가치와 준거를 포함하고 있다. 그래서 우리가 반복적인 학습과 경험을 통해 뇌에 어떤 전용신경회로를 구축하는가에 따라 형성된 신념체계가 우리 삶을 통제하는 핵심적인 열쇠가 되는 것이다.

신념을 신경생리학적 관점에서 보면 충격적이거나 정서적 경험, 반복적으로 입력된 정보 등이 뉴런의 시냅스 연결에 의해 강화되면서 전용 신경회로가 형성된 것으로 이해할 수 있다. 뉴런은 직접적으로 다른 뉴런과 연결되어 있는 것이 아니라 액체로 채워진 시냅스라는 틈을 통해 신경전달물질이 전달되면서 전기화학적 연결을 짓는다.

   그래서 강한 자극이 주어지거나 반복적으로 입력된 정보는 뇌에 굵은 전용신경회로를 구축하여 관련된 연결을 확장하고 이후 하나가 자극을 받게 되면 동시에 활성화되는 전체성을 가지게 된다.
헵의 학습모델에 따라 함께 활성화된 뉴런은 연결이 강화되고 연결이 강화된 뉴런은 더 쉽게 활성화되는 전용신경회로를 만드는 것이다.

   이와 같이 우리의 신념은 특정 뉴런의 연결이 굵게 형성된 전용신경회로에 의해 발현되는 것으로 볼 수 있다. 예를 들어 테니스를 할 때 불안을 학습하는 경험을 반복했다면 연습을 하면 할수록 불안을 증폭시키는 전용신경회로를 더 많이 강화시키게 된다. 이렇게 강화된 불안을 증폭시키는 전용신경회로는 이후 테니스를 할 때 함께 활성화되어 테니스를 잘하지 못하게 하는 신념체계를 만든다.

   뇌는 특정한 멘탈적 프로세스를 많이 사용하게 되면 그 프로세스와 관련된 전용신경회로가 만들어지면서 강한 믿음이 생기고 그것을 현실화시키기 위해 일관된 실천의지를 강화하는 강한 신념을 형성한다.
어떠한 신념이든 자신의 강한 신념이 만들어지고 나면 모든 생각과 느낌, 말, 행동의 초점이 자신의 신념체계 안에서 작동하게 된다.
반대로 우리의 똑똑한 뇌는 그 무엇이든 반복하면 사실로 받아들이고 강한 믿음을 만들기 때문에 특정한 생각과 느낌, 말, 행동을 반복하게 되면 믿음을 만들어 신념체계를 더욱더 강화시키게 된다.

고차원적인 뇌기능을 담당하는 전용신경회로에 의해 강화된 특정 신념이 생각과 느낌, 말, 행동을 이끌어내어 일반적인 신경회로들의 발화를 유도하거나 그것들과 협력하며 조화를 이룬다.

마찬가지로 불안을 일으키는 신념으로 자리 잡은 고차원적인 뇌의 전용신경회로도 일반적인 신경회로와 서로 조화를 이루어 내부적인 초점을 불안에 일치시키게 된다. 이렇게 되면 불안과 관련된 신념에 의해 불안을 점점 더 일반화시키게 되면서 다른 영역에서도 불안을 더 많이 경험하는 상태를 만든다.

어느 누구도 신념이 없는 사람은 없다. 다만 우리가 어떠한 신념을 갖고 있느냐의 차이가 있을 뿐 사람들은 모두가 저마다의 다른 신념을 가지고 다른 세상을 살아가며 다른 삶의 성취결과를 얻게 된다.

어떤 사람은 할 수 있다는 긍정적인 성공 신념을 가지고 있고 어떤 사람은 할 수 없다는 부정적인 자기 제한 신념을 가지고 있을 뿐 어느 누구도 신념이 없는 사람은 없는 것이다.

신념은 긍정과 부정, 가능한 것과 불가능한 것, 좋은 것과 싫은 것, 안전과 불안, 행복함과 불행감, 숙면과 불면, 자신감과 무력감 등을 구분해주는 확실한 가치와 준거가 된다. 어떤 사람은 성취와 관련된 긍정적인 성공 신념을 가지고 자신의 신념을 실현하는 긍정적인 세상모형을 만들어 성취하는 삶의 마중물과 디딤돌의 자원을 얻는다.

또 어떤 사람은 불안과 관련된 부정적인 세상모형과 자기 제한 신념을 가지면서 무기력하고 실패하는 삶을 살아가게 만드는 걸림돌을 많이 갖게 된다. 그래서 자신이 선택한 불안과 관련된 잘못된 신념이 스스로를 방해하거나 속박하여 자신의 삶을 불안의 수렁에 빠지게 만드는 자기 제한 신념에 갇히게 되는 것이다.

만약 자신에게 도움이 되지 않는 불안과 관련된 부정적 자기 제한 신념을 가지게 된다면 자신이 원하지 않는 삶의 결과를 얻을 수도 있다. 왜냐하면 우리 삶의 모든 결과는 신념체계에 의해 창조되기 때문이다. 신념은 우리의 존재를 결정짓는 생각과 느낌, 말, 행동을 만들어내는데 관여한다. 그렇기 때문에 신념을 변화시킨다는 것은 자신의 존재를 변화시키는 것과 같은 것으로 볼 수 있다.

그래서 우리에게 필요한 신념은 불안 때문에 자신을 제한하거나 구속시키는 자기 제한 신념이 아닌 삶의 희망과 활력을 불어넣어주는 활력 신념과 성공 신념이다. 활력 신념과 성공 신념이 우리의 긍정적인 생각과 느낌, 말, 행동을 만들어내기도 하지만 반대로 긍정적인 생각과 느낌, 말, 행동이 우리의 활력 신념과 성공 신념을 만들기도 한다. 왜냐하면 반복적인 생각과 느낌, 말, 행동이 전용신경회로를 구축하여 신념체계를 형성시키고 이렇게 형성된 신념체계에 의해 자신만의 주관적인 세상모형이 만들어지기 때문이다. 우리의 세상모형이 곧 우리의 존재와 정체성을 만들어주게 되는 것이다.

다시 한번 강조하지만 신념이 없는 사람은 존재하지 않는다. 다만 신념이 없다고 생각하는 많은 사람들이 자신의 삶에 도움이 되지 않는 자기 제한 신념을 가지고 있을 뿐이다. 우리는 누구나 자신만의 신념을 가지고 있으며 어떠한 신념을 가지고 있는가에 따라 서로 다른 운명을 맞이하게 된다는 사실을 알아야 한다. 우리의 상태와 운명을 결정짓는 핵심적인 가치가 바로 신념이며 우리가 멘탈에 대한 새로운 학습과 훈련을 하는 것도 우리 삶을 윤택하게 해주는 성공 신념을 강화시키기 위해서이다.

성공하는 사람과 실패하는 사람의 공통점과 차이점이 있다.

성공하는 사람은 성공 신념을 가지고 성공전략을 수립하여 그 신념과 전략에 최선을 다한다. 반대로 실패하는 사람은 실패 신념을 가지고 실패전략을 수립하여 그 신념과 전략에 최선을 다한다. 두 사람의 공통점은 모두가 자신의 전략에 최선을 다하는 것이고 차이점은 서로의 전략이 다르다는 것이다.

불안은 우리가 선택한 신념이며 전략일 뿐이다.

지금 현재의 신념과 전략을 불안한 상태를 만드는 각성이 아닌 원하는 편안한 상태로 바꾸게 되면 상태와 결과가 바뀌기 때문에 불안은 우리가 얼마든지 극복할 수 있는 것이다. 불안을 창조해냈던 기존의 신념과 전략이 편안함과 안정감을 창조하는 새로운 신념과 전략으로 바뀌는 순간 불안은 사라지게 된다.

불안의 정체성

　정체성의 사전적 의미는 '어떤 존재가 본질적으로 가지고 있는 특성'이라고 할 수 있지만 우리의 정체성은 살아가면서 다양한 환경적 요인과 타인과의 관계, 학습과 경험에 의해 얼마든지 변화할 수 있다.

정체성은 살아가면서 반복되는 학습과 경험, 인간관계, 공간, 시간, 문화, 종교, 사건 등 다양한 요인에 의해 지속적으로 강화되기도 하고 새롭게 형성되기도 한다.

　우리의 정체성을 신경생리학적 관점에서 정의하면 내외부적인 다양한 요인들에 의해 특정한 신경화학적 반응이 반복되면서 전용신경회로를 구축한 상태로 볼 수 있다. 그래서 한 사람이 어떤 특정한 정체성을 가졌다는 것은 특정한 전용신경회로를 가지게 되었다는 것과 같은 의미를 가진다. 이렇게 한 사람의 정체성을 만드는 특정한 신경학적 구조는 충격적이거나 반복적인 자극에 의한 시냅스 연결과정에서 생긴 신경화학적 작용으로 광케이블처럼 굵은 전용신경회로가 독특하게 구축된 것으로 볼 수 있다.

우울이든 불안이든 행복이든 가리지 않고 전용신경회로가 강하게 형성되면 개인의 정체성은 더욱더 강화된다. 그뿐만 아니라 전용신경회로가 활성화되면 헵의 이론에 따라 관련된 이웃의 약한 회로들까지 함께 활성화시켜 상호 연결을 굵게 만든다. 그리고 정보 간섭을 없애기 위해 전용신경회로와 관련 없는 회로들은 차단시키거나 약화시킨다.

반복적인 자극과 경험에 의해 불안을 일으키는 전용신경회로가 구축되면 불안한 정서상태와 신경적 반응을 일으키는 자동화된 프로그램이 작동된다. 이렇게 불안한 부정적인 감정이 연합된 전용신경회로는 불안과 관련된 화학물질을 더 많이 분비시켜 습관적인 불안의 패턴을 만들고 중독 상태에 빠지게 만든다.

우리가 자신의 자유의지로 중독된 불안상태에서 벗어나기 위해 노력해도 쉽게 변화하지 못하는 이유가 여기에 있다. 새로운 변화란 반복적인 자극을 통해 오랜 시간 활성화시켰던 불안과 관련된 기존의 전용신경회로를 차단하거나 연결을 새롭게 바꾸는 것이기 때문에 뇌에서는 모든 수단을 동원해 새로운 변화를 거부하게 되는 것이다.

그래서 불안과 관련이 없는 긍정적인 자극과 정보는 차단하거나 약화시켜버린다. 왜냐하면 전용신경회로는 정보 간섭을 없애기 위해 관계없는 신경회로를 차단시켜버리기 때문이다.

새로운 변화란 기존의 중독된 습관을 바꾸는 것이고 그것은 뇌의 신경학적 구조를 바꾸는 것과 같다. 뇌는 이미 불안과 관련된 자신만의 정체성과 기저선 상태를 만들고 항상성을 유지한 상태에서 새로운 변화를 위한 선택에 대해 위기상황으로 받아들인다. 의식적으로는 변화를 갈구하지만 습관에 중독된 뇌에서는 새로운 변화란 낯설고 불편하며 두려운 것으로 받아들이기 때문에 잠재의식 차원에서 변화를 거부하게 되는 것이다.

만약 자신이 불안감의 정체성을 만든 부정적인 전용신경회로를 갖고 있다면 그동안 익숙해져 있는 불안감을 느끼는 현재 상태를 편안함과 안정감, 활력 상태로 바꾼다는 것은 너무나 불편한 것이 될 수 있다. 뇌가 그동안 불안감의 정체성을 갖고 그것에 길들여져 살아왔다면 그 불안감의 안전지대 안에서 계속 불안감을 느끼는 중독 상태에 머물고 싶어 하기 때문이다.

불안감에 대한 신경화학적 중독 상태에 빠지게 되면 중독에서 벗어날 수 있는 새로운 결단과 행동을 거부한다. 오히려 불안감의 안전지대에 구속되는 것이 자신을 더 편안하게 해준다는 왜곡된 믿음을 갖게 되면서 점점 더 불안에 중독된 상태가 된다. 이처럼 우리가 느끼는 불안감은 오랜 시간 지속해온 중독 상태에서의 느낌과 관련된 전용신경회로가 강하게 형성되어 있는 것이다.

우리의 상태가 우울이든 불안이든 그것은 신경회로와 화학물질의 작용에 의한 결과라는 사실을 깨닫는 것이 중요하다. 이러한 사실을 깨닫게 되면 불안은 결코 바꿀 수 없는 본질적인 것이 아니라 신경가소성에 의해 얼마든지 바꿀 수 있다는 믿음이 생길 수 있다.

자신의 새로운 깨달음이 그것으로부터의 단절과 새로운 변화를 선택하는 결단을 할 수 있게 해준다.

우리가 살아가면서 불안이라는 감정 때문에 고통받으며 부정적인 감정의 중독 상태에 구속되지 않기를 바란다면 먼저 변화를 위한 새로운 결단이 필요하다. 변화를 위해 결단하는 순간 자신을 괴롭혔던 불안과 관련된 기존의 신경회로가 더 이상 활성화되지 못하고 나쁜 화학물질의 분비도 멈추기 때문이다.

위대한 결단을 할 수 있는 자신의 상태를 만들기 위해 먼저 마음 사용법에 대한 공부가 필요하다. 현재 불안에 중독된 상태에 맞추어진 초점을 전환하기 위해 패턴 깨기와 멘탈 호흡훈련, 이완훈련, 자율훈련, 자기암시 등을 반복하게 되면 마음의 쿠션이 조금씩 회복되는 것을 느낄 수 있게 된다.

더 이상 불안한 상태를 유지시키는 잘못된 초점을 사용하지 않기 위한 멘탈 훈련을 통해 마음의 쿠션을 회복한다면 불안에 더 이상 통제당하지 않아도 된다. 우리는 언제든지 자신의 생각과 느낌, 말, 행동을 바꿈으로써 자신뿐만 아니라 다른 사람과 세상까지도 바꿀 수 있는 위대한 멘탈의 힘을 가지고 있다는 사실을 잊지 말아야 한다.

불안에 대한 관점

불안한 감정을 느끼게 만드는 이유는 다음의 네 가지 관점에 따라 다르게 이해할 수 있다.

첫 번째 불안한 감정이 생기는 것을 유전의 영향이라고 보는 관점이다. 인간이 느끼는 불안한 감정이 안전과 생존, 번식에 도움이 되기 때문에 유전을 통해 대물림된다고 보는 진화심리학적 관점이다.

이러한 관점에서 보면 자신의 생존이나 지위를 위협하는 위급한 상황에서 불안한 감정이 발동됨으로써 싸움을 승리로 이끌게 하거나 안전한 곳으로 도망치게 만들어준다.

만약 위급한 상황에서 불안한 감정이 발동되지 않는다면 싸움과 도주, 얼어붙기의 반응이 나타나지 않기 때문에 먹이사슬의 위쪽에 위치하는 포식자의 먹잇감이 될 수도 있다. 이처럼 인류의 진화과정에서 볼 때 불안이라는 감정은 안전과 생존을 위해 아주 중요한 기능을 하고 있는 것이다. 그렇기 때문에 우리는 불안한 감정에 대해 부정적 관점에서만 접근할 것이 아니라 긍정적인 관점을 가지고 초점을 일치시킬 수 있어야 한다. 그것은 불안한 감정이 우리에게 절대적으로 나쁜 것이 아니라 안전과 생존, 활력 상태를 유지하기 위해 아주 유용한 기능을 하고 있기 때문이다.

두 번째 신체적 느낌이나 상태에 의해 불안한 감정을 느끼게 만든다고 보는 관점이다. 마음으로 불안한 감정을 먼저 느끼는 것이 아니라 몸의 떨림이나 긴장이 마음의 불안한 감정을 먼저 느끼게 만든다고 보는 것이다. 슬퍼서 우는 것이 아니라 우는 행위가 슬픔을 안겨주는 것과 같은 원리이다.

인간의 뇌는 두개골 안에 안전하게 자리 잡은 상태에서 다섯 가지 감각을 통해 들어오는 자극과 정보를 수용하고 해석하여 반응하는 시스템으로 작동되고 있다. 즉 불안한 감정은 몸에서 나온 감각 없이는 제대로 작동되지 못한다고 보는 것이다. 그래서 얼굴 표정이나 제스처, 자세, 목소리, 행동을 바꾸는 것만으로도 심리적 상태나 감정상태가 바뀌게 된다는 주장이다.

이 관점에서 보면 불안한 감정을 약화시키거나 없애기 위해서 신체적인 감각을 활용하는 것이 현명한 선택이 될 수도 있다. 결국 신체를 다스리면 불안한 감정도 다스릴 수 있다는 결론을 얻게 되는 것이다. 멘탈코칭센터에서는 내담자의 긍정적인 변화를 위해 두 번째 관점인 신체적 느낌이나 상태변화를 위한 훈련을 많이 활용하고 있다.

세 번째 불안과 관련된 생각이 불안한 감정을 느끼게 만든다는 관점이다. 불안한 감정을 발동시켰던 과거의 사건은 이미 지나간 기억일 뿐이지만 과거 사건에 대한 반복적인 생각이 또 다른 생각을 확장하고 나중에는 처음의 사건과 관련이 없는 엉뚱한 생각에 대한 또 다른 생각이 꼬리에 꼬리를 물게 되면서 불안한 감정에 중독되어버린다.

어떤 생각을 한다는 것은 그 생각과 관련된 신경회로를 활성화시키고 관련된 화학물질을 분비하도록 만들기 때문에 생각만으로 몸 상태뿐만 아니라 감정까지도 바뀌게 되는 것이다.

이렇게 되면 자신의 부정적 감정이 묻어있는 과거의 기억 시스템에 의해 투사된 생각이 또다시 부정적인 감정을 더 증폭시키게 된다.

이것을 병적인 투사라고 하며 생각에 의해 불안한 감정을 자주 경험하게 되는 것은 심신상관성에 의해 생각이 신체적인 상태를 통제하는 힘을 가지고 있기 때문이다. 그래서 불안한 감정을 일으키는 생각의 초점을 편안함과 안정감을 주는 새로운 초점으로 바꾸어야 하는 것이다.

불안에 맞춰진 생각의 초점을 편안함과 안정감을 주는 긍정적인 것으로 바꾸는 순간 불안은 더 이상 존재하지 않게 된다.

네 번째 불안한 감정이 사회문화적으로 학습된 개인의 주관적 세상 모형에 의해 발동된다고 보는 관점이다. 예를 들어 자기가 응원하는 스포츠팀이 경기에서 졌을 때 일시적으로 좌절과 우울, 무력감, 분노의 감정을 느끼게 된다. 반대로 자기가 응원하는 팀이 이겼을 때는 성취감과 우월감, 활력, 행복한 느낌을 가지게 된다.

이처럼 서로 다른 감정들이 발동되는 것은 사회 특유의 문화적 상황에 적응된 감정의 역할을 학습하여 저마다 다른 세상모형을 가지고 있기 때문이다. 즉 저마다 다른 성장환경 속에서의 학습과 경험에 따라 다른 세상모형을 가지고 있기 때문에 비슷한 자극과 상황에서 느끼는 감정이 서로 다른 것이다.

이렇게 보면 불안이 유전보다 학습에 더 가깝다고도 볼 수 있다.
모든 학습과 경험이 뇌의 기억 시스템에 저장될 때 특정한 감정을 덧입히기 때문에 개인의 성장환경과 문화에 따라 불안을 느끼는 수준이 서로 달라질 수밖에 없는 것이다. 그래서 불안한 감정을 표현하거나 해석하기 전에 자신의 성장과정과 현재 속한 사회적 문화가 어떤지에 대해 관찰하고 관조하는 것이 중요하다. 그렇게 할 수 있다면 좀 더 관조적 입장에서 분리될 수 있기 때문에 불안한 감정의 포로가 되는 것을 차단할 수 있게 된다.

이상의 네 가지 관점은 서로 상반되고 반론이 있을 수 있기 때문에 어느 한 가지 관점이 절대적인 것이라고 단정지을 수는 없다.
불안에 대한 네 가지 관점은 상태와 상황에 따라 적용이 서로 다를 뿐 어느 것이 옳고 틀림이 아니기 때문이다. 그리고 이 네 가지는 완전한 분리가 아닌 전체성으로 연결되어 함께 작용하고 있다.

불안의 실체

안전과 생존에 위협이 되는 사건이나 사고를 경험하는 과정에서 불안이라는 감정상태에 빠지게 되면 생존본능기전이 발현되면서 교감신경이 활성화된다. 교감신경이 활성화되면 근육의 세동맥이 확장되고 심장박동수가 증가하며 피부와 소화관의 세동맥은 수축하여 혈압을 상승시킨다. 위험을 감지하게 되면 자신의 생존을 위해 피부나 위장관의 혈액이 뇌, 심장, 근육으로 집중되면서 싸움과 도주에 필요한 각성상태를 유지시킨다.

불안을 일으키는 요인은 다양하지만 불안의 실체는 자신에게 좋지 않은 일이 생길 수 있다는 걱정스러운 마음이라고 정의할 수 있다.
우리의 삶은 끊임없는 경험의 연속과정에서 교감신경계와 부교감신경계가 서로 균형을 맞추며 자신의 상태를 조절한다. 이와 같이 자율신경계의 각성상태가 모든 학습과 경험에 영향을 미치고 있는 것이다.

뇌는 각성상태에 따라 학습과 경험의 내용이 달라지며 그 과정에서 입력된 정보를 언어로 부호화해서 기억 시스템에 전체성으로 저장하게 된다. 이때 경험 과정에서 자율신경계의 각성 수준에 따라 언어에 특정한 감정이 코팅되기 때문에 우리의 모든 기억에는 특정한 감정이 연합되어 있는 것이다.

이처럼 인간은 학습과 경험을 통해 입력된 자극과 정보에 대해 의미론적 능력으로 범주화시키거나 꼬리표를 달아 특정한 감정을 묻혀 부호화할 수 있는 탁월한 뇌를 가지고 있다. 이 꼬리표는 현재의 경험뿐만 아니라 지나간 과거와 다가올 미래의 일들을 구분하고 현재의 경험을 자신의 전체성에 연관시킨다.

뇌의 탁월한 능력 덕분에 인간은 현재의 경험을 하면서도 과거의 기억을 회상하여 채색시킬 수도 있고 과거를 바탕으로 미래를 예측하여 현재의 경험을 생략, 왜곡, 일반화시킬 수도 있다. 인간의 똑똑한 뇌는 매 순간 현재의 경험을 하면서도 과거의 기억이 재연되거나 미래를 예측하면서도 현재의 경험을 채색시키기 때문에 온전한 현재와 미래를 만나는 것이 어려운 것이다.

이와 같이 매 순간 현재의 경험을 하면서도 과거와 미래를 현재에 융합시키기 때문에 온전히 현재를 만나지 못하게 되는 경우가 많다.
우리가 느끼는 불안과 관련된 부정적인 감정이 과거의 기억에서 불려나올 수도 있고 미래의 예측에서 앞당겨 올 수도 있는 것이다.

중요한 것은 우리가 지금 현재를 온전히 만날 수 있을 때 불안과 관련된 부정적인 감정은 현재에서 존재할 수가 없게 된다는 사실이다. 왜냐하면 과거와 미래는 현재를 통제할 수 있는 힘을 갖고 있지 않기 때문이다. 불안은 다음의 네 가지 방식으로 우리를 찾아오지만 우리가 느끼는 대부분의 불안은 지금 현재에 존재하는 것이 아니라 과거와 미래에서 찾아온 불청객일 뿐이다.

첫째, 불안은 현존하거나 임박한 외부의 위협이 있을 때 또는 사건 자체와 그 사건이 자신의 물리적, 심리적 안전과 생존에 미칠 영향을 걱정하는 마음에서 생긴다.

둘째, 불안은 각성된 자신의 신체감각을 알아차리고 그것이 물리적, 심리적 안전과 생존에 의미하는 바를 걱정하는 마음에서 생긴다.

셋째, 불안은 과거와 미래에 대한 생각과 기억이 현재 자기 자신의 물리적, 심리적 안전과 생존에 대해 걱정하는 마음에서 생긴다.

넷째, 불안은 자신의 삶이 가치 있는 삶인지에 대한 숙고와 죽음의 필연성 같은 실존적 두려움에 대한 생각과 감정이 만든 걱정하는 마음에서 생긴다.

이 모든 불안은 걱정하는 마음의 초점이 만들어낸 허상이며 과거와 미래의 관념적 세계에 의해 일어나는 착각일 뿐이다.

불안의 종류

　불안을 전혀 경험해보지 않은 사람은 없다.

우리는 누구나 불안한 감정을 느끼며 살아가지만 그렇다고 모두가 불안장애를 겪는 것은 아니다. 불안한 감정을 느끼는 것은 지극히 정상적인 기전이기 때문에 오히려 불안을 전혀 느끼지 못한다면 그것이 문제가 된다. 다만 불안한 감정상태가 만성적이 되거나 신체적, 생리적, 심리적인 불안 증상이 부정적으로 반복되면서 불안장애로 발전되는 것이 문제가 되는 것이다.

　불안장애라는 이름으로 통칭되는 다섯 가지 관련 증상이 있다.

많은 사람들이 범불안장애, 공황장애, 강박장애, 외상 후 스트레스 장애, 공포증 등과 같은 다섯 가지 불안장애로 고통스러운 삶을 살아간다. 이 다섯 가지 불안을 모두 합쳐서 비교하면 우울증보다 불안장애로 더 많은 사람들이 고통을 받고 있다는 것을 알 수 있다.

불안장애는 우울증보다 더 흔한 것이지만 의외로 사람들은 그것이 장애라는 인식을 갖고 있지 않는 경우가 많다. 그 이유는 일반적으로 불안장애로 고통받는 사람들은 다른 장애로도 고통을 받는 경우가 많으며 특히 스트레스, 공황장애, 트라우마, 우울증 등과 불안장애를 동시에 겪고 있는 경우가 많기 때문이다.

불안은 우리가 살아가면서 겪게 되는 외부의 다양한 인간관계와 일, 공부, 경제능력, 사건과 사고 등에 대한 건강한 반응이라고 할 수 있다. 과거의 불안과 관련된 기억 시스템을 바탕으로 자신의 미래에 좋지 않은 일이 생길 수 있다는 예상을 미리 하며 걱정하거나 근심하는 마음이 불안이다. 그렇기 때문에 불안이 그러한 좋지 않은 일이 생기지 않도록 사전에 준비할 수 있게 해준다.

그래서 불안을 건강한 반응이라고 하는 것이다. 다만 그러한 불안이 우리가 통제하지 못할 정도로 강도가 세거나 만성적이 될 때 불안이 우리를 통제하게 되면서 여러 가지 심리적, 생리적, 신체적인 문제를 야기하게 된다.

예를 들어 강사가 많은 청중들 앞에서 대중연설을 하거나 운동선수가 중요한 경기에 임할 때, 배우가 무대에서 공연을 할 때처럼 잠재적인 위험상황에 노출되면 적절한 긴장과 각성상태를 만들어 최적의 반응과 수행 준비를 한다. 이때 만약 지나친 긴장과 각성으로 인지적, 생리적, 신체적 불안을 심하게 느끼게 되면 주의의 초점이 좁혀지거나 편향된 상태에서 비합리적인 싸움-도주, 얼어붙기 반응을 선택하게 되면서 불안을 더 크게 느끼게 된다. 이처럼 과도한 불안이 우리 자신을 완전히 통제하게 되면 상황에 적합한 정상적인 수행과 반응을 할 수 없게 만들어버린다.

불안을 통제하지 못한 상태에서 불안에 대한 경험이 반복되거나 지속되면 불안한 감정상태가 일정하게 중독된 패턴을 만들어 계속해서 불안을 느낄 수 있는 불안장애를 만든다. 불안장애는 특별한 이유 없이 가슴이 두근거리고 호흡곤란, 알 수 없는 두려움, 무기력, 가슴통증, 발한, 정신적 혼돈, 집중력 저하 등의 여러 가지 부정적인 형태로 모습을 드러낸다. 이 상태에서는 자율신경계의 교감신경이 과하게 활성화되어 전체를 통제하기 때문에 이성적인 뇌의 역할은 제한적이 되고 감정의 뇌가 주도권을 행사하게 되면서 불안을 증폭시키게 된다.

공황발작은 미래에 받게 될 스트레스에 대해 미리 걱정하면서 항상 예민한 상태를 유지하는 사람들에게서 많이 나타난다.

실제로 걱정하는 일이 일어나지 않거나 일어난다 해도 심각한 문제가 되지 않지만 최소한 자신은 그것에 대해 잠재의식적 차원에서 절대적인 신념을 가지고 있기 때문에 공황발작이 자동적이고 반복적으로 나타나는 것이다. 이런 사람들은 과거와 미래의 걱정과 불안을 지금 현재에서 자신의 마음속에 담아두고 같은 스트레스 환경에 반복적으로 노출되기 때문에 중독된 현상으로 볼 수 있다.

공황발작을 일으키는 불안의 원인은 다양하지만 대부분 불안의 시작은 성장과정에서 경험하지 않아야 할 것을 경험했거나 정상적으로 꼭 경험해야 할 것을 하지 못해 생기는 트라우마가 원인이다.

과잉과 결핍에 의한 부정적인 경험이 심리적 내성과 응집력을 약화시킨 상태에서 감정적 압박을 받는 특정 사건이나 사고를 경험하게 될 때 불안을 학습하게 되는 경우가 많기 때문이다.

이러한 불안과 관련된 부정적인 기억을 가지고 있는 사람은 그 부정적인 경험을 반복적으로 생각하면서 앞으로 비슷한 일이 다시 일어날지도 모른다는 강박을 갖게 된다. 그러면서 불안과 관련된 과거 경험을 회상하는 동안 뇌는 그 회상을 현실로 느낄 수 있도록 생생하게 재연시키기 위해 알맞은 화학물질을 분비하기 시작한다. 반복적인 생각이 교감신경계를 자극하여 활성화시키게 되면 순식간에 불안과 미래에 대한 두려움, 공포가 엄습하게 된다.

이렇게 불안한 상태를 인지한 뇌는 생리적, 신체적 각성을 더 높이고 불안과 관련된 화학물질을 다량으로 분비하여 그 상태를 더 고조시킨다. 처음의 스트레스원이 아닌 스트레스원에 대한 생각이 더 많은 스트레스 반응을 일으키게 되는 것이다. 즉 불안에 대한 생각, 그 생각에 대한 스트레스 반응, 그 스트레스 반응에 대한 또 다른 생각이 꼬리에 꼬리를 물고 일어나게 되면서 뇌는 통제 불가능한 상태가 된다.

미래에 대한 걱정만으로도 우리는 불안한 마음 상태를 만들어 관련된 부정적인 신경회로를 활성화시켜버린다. 뇌는 전체성으로 작동되기 때문에 걱정에 초점이 일치된 상태에서 걱정과 관련된 모든 신경망들이 걱정하는 마음을 지원하며 활성화되는 것이다.

반복해서 걱정하는 것만으로 마음과 몸은 이미 특정한 패턴을 만들어 이후에 자동적으로 재연할 수 있는 시스템을 구축하게 된다.

우리 몸이 어떤 것을 느끼고 있는지 뇌에서 인식하게 되면 몸의 내부 상태를 수시로 체크한다. 즉 처음의 생각이 생리적, 신체적 불안을 일으키면 그것을 인지한 뇌는 먼저 인지적 불안 수준을 끌어올리게 된다. 인지적 불안이 다시 생리적, 신체적 불안을 고조시켜 점점 더 걷잡을 수 없는 불안상태를 만들게 되는 것이다.

이 모든 것은 실제가 아닌 뇌가 일으키는 착각일 뿐이지만 최소한 본인에게는 절대적인 사실이 된다. 우리 몸이 불안을 경험하고 있다는 사실을 자아에서 알아차리게 되면 불안과 관련된 신경회로를 최대한 활성화시킨다. 우리는 생각하는 그대로 느끼고 느끼는 그대로 생각한다. 생각과 느낌은 같은 신경회로에 생성되기 때문에 생각에 느낌이 수반되고 느낌에 생각이 수반되는 것이다.

걱정과 관련된 신경회로가 활성화되면 걱정하는 생각과 느낌을 더 강화하기 위해 화학물질을 분비하여 완전한 전용신경회로를 구축하게 된다. 이렇게 전용신경회로가 구축되면 뇌는 우리가 느끼는 것을 확인하기 위해서 과거의 생각을 활성화시키고 그 생각은 또다시 느낌을 강화시킨다. 우리 뇌가 가진 별명이 착각의 챔피언이기 때문에 지금 현재에서 회상한 과거의 기억은 완전한 실제가 된다. 이처럼 우리가 그것을 생각하는 순간 그것은 이미 사실이 되고 그것을 느끼는 순간 그것은 절대적인 현실이 되는 것이다.

이렇게 되면 두려움에 대한 생각만으로 생각에 대한 또 다른 생각이 꼬리에 꼬리를 물고 활성화되고 그러한 생각만으로 느낌을 불러내어 그 느낌에 의해 생각은 점점 신념으로 바뀌게 된다. 결국 반복적으로 느끼는 두려움은 더 많은 걱정을 만들고 걱정은 더 많은 불안을 느끼게 만들어 우리를 불안에 완전히 중독되게 만들어버린다.

이처럼 불안과 관련된 순환고리를 만들게 되면 뇌에 광케이블처럼 굵은 전용신경회로가 구축되어 완전히 불안에 중독된 상태가 된다. 결국 불안한 우리의 상태를 만드는 것은 생각과 느낌의 반복에 의해 전용신경회로가 구축되었기 때문이다.

우리가 불안한 상태가 되었다는 것은 불안과 관련된 순환고리가 만들어지면서 뇌와 몸이 중독되어 있다는 의미이다. 이미 화학적으로 완전히 중독 상태에 있을 뿐만 아니라 전용신경회로에 의해 자동화된 완전한 시스템을 구축하게 된 것으로 볼 수 있다.

결국 우리가 불안한 생각에 초점을 맞추었든 불안한 느낌에 초점을 맞추었든 그 초점과 관련된 화학물질을 분비시켜 전용신경회로를 구축하기 때문에 불안한 존재가 될 수밖에 없는 것이다. 그렇다면 불안 대신에 편안함과 안정감, 차분함, 감사, 희망, 기쁨, 성취 등에 초점을 일치시키게 된다면 우리의 존재가 바뀔 수 있다는 결론을 얻을 수 있다.

뇌는 한순간에 한 가지밖에 초점을 일치시킬 수 없기 때문에 초점을 맞추는 것이 무엇이든 그것을 절대적인 현실로 만들어버린다. 멘탈에 대한 이해와 훈련이 필요한 이유는 초점을 원하는 것으로 전환하여 우리의 상태를 바꿀 수 있기 때문이다.

발표불안

    사람과 사람 사이를 이어주는 가장 중요한 소통의 도구가 말이다. 말은 단순한 소리가 아니라 말에 마음이 묻어있기 때문에 말이 곧 그 사람이라고 할 수도 있다. 그래서 그 사람의 말을 들어보면 현재 그 사람의 마음 상태뿐만 아니라 과거의 학습과 경험에 의한 기억 시스템까지 유추할 수 있게 되는 것이다.

    사회생활을 하는데 있어 우리가 사용하는 말은 다른 사람들과의 연결을 이어주는 소통의 중요한 도구가 된다. 우리는 함께 생활하는 가족이나 친한 친구와 말을 할 때는 편안하고 안정적인 상태에서 말을 할 수 있다. 하지만 대중 앞에서의 중요한 발표나 방송 카메라 앞에서의 인터뷰는 누구에게나 어느 정도의 긴장과 각성을 일으키게 된다.

    많은 사람들 앞에서의 발표나 무대 위에서의 공연, 대중들 앞에서의 인사말 등을 해야 할 때 자신의 발표 순서가 다가올 때마다 다른 사람들이 많이 의식되고 다리와 손이 떨리며 호흡이 가빠지기까지 한다.

이러한 심리적, 생리적, 신체적인 긴장과 각성상태에서 주의의 폭이 좁혀지면 자신이 발표해야 할 내용이 조각조각으로 쪼개져 체계적인 인출이 되지 못하게 되고 말을 더듬거리거나 아예 말이 나오지 않는 상태까지 경험할 수도 있다.

이런 현상들이 바로 지나친 긴장과 각성으로 생기는 발표불안이다. 이런 발표불안은 자기중심적 조망에서 자신을 과소평가하거나 과대평가하면서 생기기도 하고 너무 잘하려는 마음에 주변을 많이 의식해서 생기기도 한다. 또 과거 기억에서 발표에 대한 부정적인 경험이 조건형성되어 나타나기도 하며 낯섦에 대한 경계와 두려움 때문에 발표불안을 갖게 되기도 한다.

그리고 다른 사람들이 자신의 발표와 행동, 이미지에 더 주의를 기울일 것이라고 착각하는 스포트라이트 효과 때문에 불안이 더 증폭될 수도 있다. 스포트라이트 효과는 자기 자신의 발표에 모든 사람들이 큰 기대를 갖고 있으며 자신을 예리하게 평가하고 있다고 생각하는 착각의 정도가 과대평가된 것이다.

발표를 완벽하게 잘해서 타인으로부터 존경받고 더 많은 긍정적인 피드백을 원하는 심리가 발동되어 긴장과 각성이 높아지게 된다. 불안이 점점 더 증폭되면 발표 내용에 초점이 일치되기보다 자신의 긴장과 각성상태에 초점이 모아지면서 사람들의 피드백에 과민하게 반응한다. 이렇게 지나친 각성으로 흥분이 되면 발표 내용이 체계적으로 인출되지 못하고 이야기의 맥락을 잃게 되어 횡설수설하면서 발표가 엉망이 되어 버릴 수도 있다. 사람들이 이성을 잃을 정도로 격한 감정상태에서 말다툼을 심하게 하거나 싸움을 할 때 논리적이고 합리적인 말이 잘 안 나오는 것도 같은 이유이다.

실제로 사람들은 타인의 발표에 대해 아주 비판적이거나 부정적이지 않을 뿐만 아니라 오히려 호의적인 마음을 더 많이 가지고 있다. 그런데도 발표를 듣고 있는 사람들의 시선과 주의를 지나치게 의식해 자기 스스로 부정적인 감정상태를 느끼며 심리적 안정감을 잃게 되면서 불안을 느끼게 되는 것이다. 이처럼 너무 잘하기 위해 느끼는 불안은 현실적으로 존재하는 것이 아니라 자신의 편향된 마음에서 만들어낸 가짜일 뿐이다. 사람들은 외부정보에 대해서 자신만이 갖고 있는 관점에 따라 철저하게 자기중심적인 조망을 하고 있다.

만약 긴장과 심한 각성이 느껴지는 순간에 '스톱'이라고 외치고 그다음에 '괜찮아'라며 마음속으로 되뇌게 되면 불안을 증폭시키는 불안한 패턴이 깨진다. 그리고 나를 바라보는 사람들이 '나를 응원하기 위해 따뜻한 관심을 보여주고 있다'라며 자신의 생각을 전환하게 되면 마음이 편안해지고 안정이 된다. 심호흡을 크게 몇 번 하고 나를 향해 웃고 있는 사람을 바라보며 함께 웃는 순간 긴장과 각성이 풀리면서 편안함과 안정감을 되찾을 수 있다.

어떤 문제에 대해 문제의 핵심을 깨닫는 순간 그 문제에서 벗어날 수 있게 된다. 지도는 영토가 아니다. 다만 영토를 반영하고 있을 뿐이다. 불안도 마찬가지로 마음의 지도이다. 불안 자체가 실제 자기 자신이 아니라 마음의 지도에서 만든 허상이고 모형인 것이다.

우리가 느끼는 대부분의 불안이 실제 영토가 아닌 지도이며 마음에서 만든 모형일 뿐이라면 불안은 뇌가 일으키는 착각이라고 할 수도 있다. 불안이라는 잘못된 마음의 지도에 우리는 속고 있으며 자신의 잘못된 지도로 반응하는 과정에서 현존하지 않는 불안의 지도를 진짜라고 착각하게 되는 것이다. 결국 발표불안이 생기는 것은 부정적인 착각에 의해 만들어진 잘못된 지도로 자기 스스로 잘못된 반응을 하는 것이다. 그렇기 때문에 마음의 지도를 긍정적으로 바꾸기만 한다면 발표불안은 쉽게 사라지게 된다.

우리는 함께 생활하는 가족이나 친구와 함께 이야기할 때 전혀 불안을 느끼지 않으며 편안한 상태에서 소통이 가능하다. 마찬가지로 청중들 앞에서 중요한 발표나 강의를 할 때 듣고 있는 청중들이 가족이나 친구라고 생각하며 지지와 응원을 보내고 있다고 초점을 전환하는 순간 평상심을 회복하여 편안함과 안정감을 가질 수 있다.

이러한 상태를 만들기 위해 반복적인 노출이 필요하며 발표불안은 의식적 노력만으로 완전히 극복되지 않기 때문에 전문가의 도움을 받아 체계적인 훈련을 하는 것이 도움이 된다. 이러한 긍정적인 변화가 반복되면서 자동화될 때 편안한 소통능력을 가지게 되어 발표불안의 문제를 쉽게 벗어날 수가 있게 된다.

공황장애

불안은 과거의 부정적인 경험이 뇌에 기억되어 일어날 수도 있고 미래에 대한 부정적인 예측 때문에 일어날 수도 있다. 일반적으로 불안은 과거의 기억을 회상하거나 미래에 닥칠지도 모르는 위협에 대한 염려하는 마음이다. 이와 같이 불안은 현재에 존재하지 않는 관념적인 상상에 의해 불안한 감정상태를 만들기 때문에 뇌가 일으키는 착각현상이라고 볼 수도 있는 것이다.

이러한 불안은 과거의 회상과 미래의 예측뿐만 아니라 현재에 위협이 존재할 때도 자연스럽게 일어날 수 있기 때문에 불안은 과거이면서 미래가 되고 또한 현재가 된다. 그래서 불안을 일으키는 요인이 과거이든 현재이든 미래이든 구분하지 않고 자율신경계의 교감신경과 스트레스 축이 스트레스 요인에 강력하게 대응하는 과정에서 일어나는 생존본능기전을 불안이라고 정의하는 것이다.

예를 들어 유치원 발표회 때 많은 부모들 앞에서 발표를 준비하는 어린아이의 경우에 자율신경계의 교감신경이 활성화되어 높은 긴장과 각성상태를 유지한다. 그리고 직장에서 여러 사람들과 토론을 할 때 자신의 발표 순서가 다가오면 점점 더 불안한 감정상태를 느끼게 된다. 이러한 불안한 감정을 느끼게 되는 것은 각성 수준을 높여야만 상황 적응능력을 높일 수 있고 자신에게 닥칠 수 있는 위기상황에도 신속하게 대비할 수 있는 주의력을 높일 수 있기 때문이다.

다만 이러한 각성상태가 반복되거나 지속되면 심리적, 생리적, 신체적으로 긴장을 지나치게 끌어올려 주의의 폭을 좁히고 호흡이 심하게 가빠지면서 가슴이 두근거리거나 땀을 과다하게 배출하는 등의 불안한 상태를 만든다. 처음의 심리적 불안이 생리적, 신체적 불안 수준을 높이고 높아진 생리적, 신체적 불안이 다시 심리적 불안 수준을 높이게 되면서 불안의 나쁜 순환고리를 만들게 된다. 이렇게 나쁜 순환고리를 만들게 되면 불안이 자신의 자유의지로는 통제할 수 없을 정도로 극에 달해 주의의 폭을 더욱 협소하게 하거나 가슴에 통증을 느끼고 신체가 굳어지는 등의 심한 고통을 겪게 되기도 한다.

이와 같이 불안의 요인에 의해 불안한 상태가 오랫동안 반복되어 불안장애로 진행되면 우리의 자유의지가 불안을 통제할 수 없는 상태가 되기 때문에 동물적 뇌가 우리를 통제하게 된다. 이러한 불안 증상이 심해지면 현실에서 어떤 불안요인이 없는데도 불구하고 정상적인 생각과 느낌, 말, 행동을 하기 힘들 정도로 긴장과 스트레스를 반복적으로 경험하게 되면서 차츰 불안에 중독되어간다.

중독된 패턴에 의해 불안장애를 겪고 있는 사람들은 기저선이 전반적으로 높게 설정되어 일상적인 활동에도 에너지를 과잉 사용하기 때문에 정상적인 활동과 생산적인 과정에는 에너지가 고갈되기 쉽다. 반대로 평범하고 일반적인 자극이나 정상적인 상황에 대해서까지 과잉 반응하여 위협적인 것으로 잘못 해석하고 편향시켜 극단적인 대응을 하는 경향을 보이게 된다.

이러한 불안장애가 오랫동안 지속되어 중독된 패턴을 만들게 되면 평범한 자극이나 정보에도 과민하게 반응하여 불안과 스트레스를 크게 받기 때문에 심한 경우 공황장애로 발전하게 될 수도 있다. 공황장애를 겪고 있는 사람들은 일상적인 생활을 할 때는 전혀 불편함을 느끼지 못하고 잘 지내다가도 특정한 자극이나 단서가 주어지면 엄청난 두려움이 엄습하여 심장마비로 착각할 정도로 생리적, 신체적, 심리적인 고통에 시달리게 된다. 공황장애는 가장 강렬한 형태의 불안감이며 모든 공포증의 뿌리라고 할 수 있다.

공포증은 특정한 자극이나 물체, 상황에서 제자리에 얼어붙거나 마비가 될 정도의 강한 두려움을 느끼는 상태를 말한다. 공포증에 반복적으로 시달리는 사람은 심한 공포의 자극과 대상을 피하기 위해 공포보다 더 강력한 자극을 찾는 과정에서 비이성적이고 비합리적인 선택과 행동을 할 수 있다. 심한 공포증을 겪는 경우 약물복용, 게임, 도박, 자해나 자살이라는 극단적인 선택을 통해 현재의 견딜 수 없는 고통에서 벗어나려는 잘못된 선택을 하기도 한다.

예를 들어 엘리베이터 공포증을 가지고 있는 사람은 엘리베이터를 탈 때, 거미 공포증을 가진 사람은 거미를 볼 때, 고소공포증을 가진 사람은 높은 곳에 올라갈 때, 대인공포증을 가진 사람은 낯선 사람을 만날 때, 광장공포증을 가진 사람은 넓은 곳으로 나갔을 때 발작을 일으키게 된다. 발작은 공포를 느끼게 하는 자극이나 단서, 상황에서 벗어나기 위한 긍정적인 의도에서 일어나는 반응이지만 스스로 조절하거나 통제하지 못하기 때문에 더 심각한 문제를 일으킨다.

그중에서 공포증이 인간관계와 관련해서 발생하는 가장 보편적인 사회적 불안장애라고 할 수 있으며 이러한 불안장애는 낯선 사람들을 만나거나 새로운 관계 확장, 사회적 접촉을 하는 것에 대해 통제되지 않는 두려움을 느끼는 상태를 말한다.

우리는 사회적 존재로서 누구나 특정한 상황이나 대상, 시점에서 사회적 불안을 경험할 수 있다. 중요한 것은 이러한 불안한 상태에서 벗어나기 위해서는 편안함과 사회적 안정감을 주는 새로운 학습과 경험을 반복하는 것이 필요하다는 사실이다. 이러한 반복적인 학습과 경험이 기존의 불안과 관련된 전용신경회로를 차단하고 편안함과 안정감을 주는 새로운 전용신경회로를 구축할 수 있게 해주기 때문이다.

불안장애의 고통

  우리의 똑똑한 뇌가 가진 별명이 착각의 챔피언이다.

그것이 사실이든 아니든 상관없이 그것이 사실이라고 믿고 그에 대한 생각과 느낌, 말, 행동을 반복하게 되면 그것은 절대적 사실이 되고 신념이 된다. 그래서 사실과 상관없이 불안에 대한 반복적인 생각과 느낌, 말, 행동이 불안을 창조하게 되는 것이다.

  현실에서 드러난 문제나 사건이 존재하지 않음에도 불구하고 불안과 관련된 과거의 부정적인 경험에 대한 생각과 느낌, 말, 행동만으로 기억 시스템에서 불안한 상태를 만들어낼 수 있다. 이와 같이 현실적 문제나 상황이 없는데도 만성적으로 지나친 걱정을 하며 여러 가지 신체적, 심리적 이상 증상이 나타나게 되면서 불안장애를 겪게 된다.

이렇게 불안장애가 심해지면 숨 막히는 느낌이나 가슴 답답함, 발한,

수면장애, 공황장애를 반복적으로 겪게 되면서 일상적인 생활조차 정상적으로 못하게 될 수도 있다.

불안장애는 우리 주변에 가장 널리 퍼져있는 정신질환의 종류이다. 살아가면서 우리는 자신의 의지와 상관없이 일시적으로든 만성적으로든 불안한 정서를 반복적으로 경험하게 된다. 정상적인 경우 불안을 경험하고 극복하는 과정에서 오히려 심리적 내성과 응집력이 강화되기 때문에 불안이 꼭 나쁜 것은 아니다. 그래서 심신의 안정과 건강을 위해 불안이 긍정적인 중요한 의미를 가지고 있는 것이다.

이처럼 우리의 자유의지로 극복할 수 있는 일시적인 불안은 우리 삶에서 아무런 문제가 되지 않을 뿐만 아니라 오히려 심리적 내성과 응집력을 높여 생리적, 신체적, 사회적인 안정과 건강을 위한 유연성과 쿠션을 만들어주기까지 한다.

일시적 불안을 일으키는 원인에는 새로운 과제에 대한 목표, 낯선 환경에 노출, 사회적 비교, 일자리 구하기, 연인과의 헤어짐, 주식투자 실패, 수줍음, 열등감, 무대공포, 수면장애 등 수없이 많다. 이러한 경험들은 일시적으로 부정적인 정서와 불안, 초조, 무력감을 느끼게 만들기도 하지만 시간이 지나면서 대부분 정상적으로 회복되기 때문에 큰 문제가 되지 않는다.

하지만 불안을 느끼게 만드는 자극과 경험의 강도와 빈도, 시간, 종류가 스스로를 방어할 수 있는 역치를 뛰어넘게 되면 심리적, 생리적, 신체적, 사회적으로 심각한 문제가 발생할 수 있다. 자신이 경험하는 불안이 역치를 뛰어넘어 마음의 쿠션과 회복력을 작동시키지 못할 정도가 되면 심리적 내성과 응집력이 약해져 복원력을 상실하기 때문에 마음과 신체에 심각한 후유증을 남길 수도 있는 것이다.

이렇게 심리적, 생리적, 신체적, 사회적인 문제가 마음의 쿠션을 바닥 나게 만드는 상태에서 불안장애가 발생한다. 불안장애는 따돌림이나 왕따, 공개된 장소에서의 망신, 충격적인 경험, 애착결핍, 관계 단절, 트라우마 등 여러 가지 원인으로 생길 수 있다. 이와 같이 어떤 원인으로 인하여 불안장애가 생기게 되면 자기 상실과 공황발작, 외상 후 스트레스 장애, 학습된 무기력, 불면, 부정적 감정, 대인관계 기피 등의 여러 가지 문제를 일으키게 된다.

처음의 문제가 해결되거나 시간이 오래 지나도 불안장애는 쉽게 없어지지 않는다. 이미 불안한 현재 상태를 유지하는 잘못된 기저선이 만들어지면 상시적으로 불안한 상태를 만들기 위한 패턴을 반복하기 때문에 불안에서 벗어나는 것이 힘들게 되는 것이다. 우리 삶에 심각한 걸림돌이 되는 불안장애의 종류를 살펴보면 범불안장애와 공황장애, 강박장애, 외상 후 스트레스 장애 등이 있다.

먼저 범불안장애는 우리가 일반적으로 불안이라고 할 때 떠올리는 걱정이나 근심, 초조함, 두려움 등이 해당된다. 이러한 범불안장애를 가진 사람들은 가족과 친구, 직장동료와의 관계 능력이 떨어지기 쉽다. 그리고 돈 문제나 건강, 애정관계 등의 상황과 환경에서도 능동적이고 합리적인 문제 해결 능력을 가지고 있지 못하기 때문에 통제할 수 없는 과도한 걱정과 긴장상태를 지속하는 경우가 많다.

공황장애는 짧은 시간에 발작 증상이 일어나며 발작이 일어나는 동안 숨이 멎을 것 같은 느낌이나 두근거림, 얼어붙기, 심장마비가 일어나는 것과 같은 고통을 느끼게 된다. 공황장애는 뱀이나 바퀴벌레와 같은 특정 대상이나 좁고 밀폐된 장소, 엘리베이터, 비행기나 선박 등을 탈 때처럼 특정한 물리적 상황 때문에 불안을 느끼는 '특정 공포증'과 많은 사람들이 모인 축제장이나 군중 앞에서의 연설과 같은 상황에서 두려움을 느끼는 '사회 공포증' 등이 있으며 단순한 생각이나 느낌, 말, 행동이 단서가 되어 발작이 일어나기도 한다.

강박장애는 특정한 생각과 행동을 무의미하게 반복하는 것이다. 자신의 의지와는 상관없이 어떤 특정한 사고나 느낌, 말, 행동을 반복하는 상태를 강박장애라고 한다. 강박장애는 강박적 행동과 강박적 사고로 나눌 수 있다. 강박적 사고는 불안이나 고통을 일으키는 것이며 강박적 행동은 그것을 완화시키는 역할을 하는 것이다.

외상 후 스트레스 장애는 심각한 외상을 보거나 직접 충격적인 사건이나 사고를 겪은 후에 생긴 트라우마 기억이 지속적인 스트레스 반응을 일으켜 심리적 장애를 갖게 하는 것이다. 견디기 힘들 만큼의 충격적인 경험으로 생긴 트라우마로 인하여 정신적 외상을 입게 되면 무감각, 수면장애, 과민반응, 불안, 공포, 무기력 등의 특징을 보이게 된다. 공포와 불안은 상관성을 가지고 있기 때문에 공포에 불안이 포함되어 있고 불안에 공포가 포함되어 있다. 그래서 넓은 의미에서 공포와 불안에 의해 생기는 증상에 대해 공포 및 불안장애라고 부르는 것이다.

우리 주변을 살펴보면 많은 사람들이 공포 및 불안장애로 고통받고 있다는 것을 알 수 있다. 문제는 이러한 공포 및 불안장애가 다른 심리질환과 비국소적인 연결을 짓고 있으며 다른 정신질환의 주요 원인이 되기도 한다는 사실이다. 공포 및 불안이 원인이 되어 스트레스를 일으키기도 하고 지속적인 스트레스가 공포 및 불안의 원인이 되기도 한다. 그래서 공포 및 불안장애가 정신질환을 일으키는 원인이 될 뿐만 아니라 신체적인 질병의 원인이 될 수도 있는 것이다.

특히 공포 및 불안장애가 우울증과 조현병, 경계성 인격장애, 자폐증, 섭식 및 중독 장애의 원인이 되기도 하며 반대로 그러한 정신질환이 공포 및 불안장애를 더 키우기도 하는 것이다. 공포 및 불안장애의 원인은 다양하지만 일반적으로 유전이 약 40%, 학습과 경험이 약 30%, 환경적 요인이 약 30% 정도로 본다. 이러한 원인 중에서 유전은 우리가 바꿀 수 있는 것이 아니기 때문에 어쩔 수가 없는 것이다.

다만 우리가 바꿀 수 있는 것은 학습과 경험, 환경적 요인뿐이다. 그렇기 때문에 불안이 아닌 편안함과 안정감을 주는 새로운 학습과 경험을 반복하여 마음의 쿠션을 강화시키고 환경을 긍정적으로 바꾸게 되면 공포 및 불안장애를 미리 예방할 수 있으며 그러한 문제 상태에서 해방될 수도 있다.

공포 및 불안장애가 우리를 무기력하게 만들거나 여러 가지 걸림돌을 만들기도 하지만 새로운 학습과 경험을 반복하고 환경적 요인을 긍정적으로 변화시킨다면 그러한 부정적인 요인들이 우리 삶의 성취를 위한 디딤돌로 바뀌게 될 수도 있는 것이다.

불안을 만드는 세상모형

한 개인이 세상을 인식하고 해석하는 것은 저마다 다른 학습과 경험에 의해 만들어진 개인의 주관적인 세상모형에 의해 이루어진다.

외부의 어떤 자극과 정보가 뇌에 입력되면 뇌의 지각을 담당하는 특정 부위만 반응하는 것이 아니라 기억과 감정, 가치, 종교, 문화, 신념, 사명, 목표를 담당하는 영역까지 비국소적으로 전체성을 가지고 함께 관여하여 반응하게 된다.

어떤 자극에 대해 뇌의 한 영역에서만 관여한다고 알고 있었던 기능들 중 대부분은 비국소성에 의해 서로 다른 영역들 간에 일어난 상호작용의 산물이기 때문에 우리가 만나는 세상은 실제 세상이 아닌 우리 뇌에서 편집되고 왜곡된 가짜 세상인 경우가 더 많다.

그래서 우리가 세상을 인식하고 경험하는 것은 실제 세상을 객관적으로 경험하는 것이 아니라 자신의 세상모형을 만드는 여과기에 의해 생략, 왜곡, 일반화되어 주관적으로 경험하게 되는 것이다.

이처럼 우리가 보는 세상은 절대적이고 객관적인 진실이 아닌 저마다 다르게 형성된 주관적인 여과기에 의해 세상에 대한 모형을 만들기 때문에 가짜 세상과 소통하는 것으로 볼 수도 있다. 이것을 자신의 세상모형이라고 하며 우리는 모두 자신만의 세상모형이 만들어낸 경계 속에 갇혀 살아가고 있는 것이다.

우리의 세상모형은 유전과 학습, 경험, 가치, 신념, 문화, 종교, 정서 등이 연합 형태로 비국소성을 가지고 상호작용하여 함께 관여한다. 결국 우리가 접촉하고 인식하는 불안한 상태와 세상이라는 것도 생략, 왜곡, 일반화된 우리의 주관적인 세상모형에 의해 우리가 그렇다고 생각하거나 믿는 세상일 뿐이다. 이와 같이 사람들은 모두가 자신만의 주관적인 세상모형으로 똑같은 세상을 다르게 인식하고 해석하기 때문에 저마다 다른 세상을 경험하게 되는 것이다.

사람들의 세상모형이 모두 다르기 때문에 개인의 감정상태와 불안 수준도 다를 수밖에 없다. 이처럼 개인의 불안 수준이 다른 이유가 서로 다른 학습과 경험, 피드백에 의해 다른 세상모형을 가지고 있기 때문으로 볼 수 있다. 우리가 의사결정을 할 때 객관적이고 합리적 사고를 가진 감정상태에서 하는 것처럼 보이지만 스스로 의식하지 못하는 가운데 자신의 주관적인 세상모형에 의해 대부분의 의사결정을 한다.

뇌는 객관적이고 합리적으로 의식적 추론과 판단을 하고 있다고 착각을 하는 것일 뿐 실제로는 잠재의식에 의해 작동되는 세상모형에서 이미 내린 결정을 합리화시키기 위한 절차를 밟는 것에 지나지 않는다. 결국 표면적으로 볼 때 객관적이며 합리적인 의식의 지배를 받는 것처럼 보이지만 실제로는 과거의 경험이 저장된 기억 시스템을 바탕으로 작동되고 있는 잠재의식과 세상모형의 영향을 받거나 조종당하고 있는 것으로 볼 수 있는 것이다.

이러한 세상모형에 대해 뇌과학적 관점에서 접근하면 이해가 더 쉬워진다. 우리는 외부의 불안과 관련된 자극과 정보가 입력되면 감각피질의 특정 영역에서 신경회로를 활성화시킨다. 이후 신경회로는 다른 유사한 신경회로들과 비교하게 되면서 과거에 불안과 관련된 경험을 통해 지각했던 것을 활용하여 세상을 만나게 된다.

그리고 신경회로가 활성화되는 과정에서 불안한 감정과 기억 시스템에 저장된 모든 연합기억이 함께 활성화되면서 불안한 감정상태를 만드는 전체성을 만든다. 이때 비로소 의식을 지배하는 영역인 전두엽의 기능이 활성화되기 시작한다. 이렇게 전두엽의 활성화가 뒤에 일어난다는 것은 불안과 관련된 외부 자극과 정보에 감정과 기억 시스템이 먼저 반응한 이후에 전두엽이 형식적인 절차와 집행의 역할을 맡고 있다는 사실을 증명하는 것이다.

결국 우리가 불안을 통제하는 능력을 갖추기 위해서는 뇌에 세팅되어 있는 기존의 불안과 관련된 부정적인 세상모형을 긍정적으로 바꾸어야 한다. 불안한 감정과 문제가 아닌 편안함과 안정감을 주는 지속적인 학습과 경험을 통해 끊임없이 건강한 연결을 확장한다면 불안을 느끼게 만드는 오염된 기존의 세상모형을 깨끗하게 바꿀 수가 있다.

그래서 불안한 자신의 세상모형을 편안함과 안정감을 주는 상태로 바꾸고 싶다면 기존의 세상모형을 바꿀 수 있는 새로운 학습과 경험을 통해 시냅스 연결을 확장하는 선택이 필요한 것이다. 결국 우리가 경험하는 불안한 감정은 생략, 왜곡, 일반화된 자신의 세상모형에 의해 형성되거나 재창조되는 가짜일 뿐이다.

우리 뇌의 모든 기능은 서로 다른 영역들 간의 비국소적인 연결과 관계에서 재창조되거나 조작될 수 있기 때문에 반복적인 학습과 경험을 통해 얼마든지 마음 상태를 바꿀 수가 있다. 이러한 탁월한 가소성을 가진 마음의 작동원리를 알고 활용할 수 있는 능력을 갖게 되는 것은 아주 중요한 의미를 가진다. 마음의 작동원리를 안다는 것은 마음을 효율적으로 사용할 수 있는 방법을 아는 것과 같기 때문이다.

일상생활 속에서 자기 자신뿐만 아니라 다른 사람의 세상모형도 더 이상 완벽하지 않다는 것을 깨달아야 한다. 이처럼 사람들의 세상모형이 객관적이거나 합리적이지 않고 완벽하지도 않기 때문에 자기 자신과 다른 사람들의 세상모형을 이해하고 그것을 유연하게 사용하고 대처하는 방법을 아는 것이 매우 중요하다.

불안의 의도

정신분석학의 창시자인 지그문트 프로이트는 "불안이 거의 모든 정신적 문제의 뿌리이며 인간의 마음을 이해하는 열쇠다"라고 했다.
그리고 "불안 문제의 해답은 틀림없이 우리의 정신적 존재 전체에 빛을 비출 것이다"라고도 했다.

프로이트는 불안이 자연스럽고 유용한 상태이지만 동시에 일상 속에서 많은 사람들을 괴롭히는 정신적 문제의 공통된 특징이라고 보았던 것이다. 이후로 불안은 걱정, 두려움, 번민, 근심으로 규정되는 마음의 상태로 여겨졌다. 특히 그는 불안이 위험을 예상하거나 대비하고 두려워하는 상태라고 주장했다.

많은 사람들이 지금 현재에 존재하지 않는 미래에 겪게 될 고통을 미리 두려워하는 생각만으로 이미 두려움의 정서를 느끼며 고통을 받게 되는 어리석은 선택을 반복하며 살아가고 있다. 실제 두려움을 주는 현실적인 사건 때문에 두려움을 느끼고 고통받는 것이 아니라 두려워하는 생각을 지속하는 동안에 현실에서 존재하지 않는 두려움을 현실로 불러내어 고통을 느끼고 있는 것이다. 이것은 우리가 미래에 겪을 고통에 대한 두려운 느낌과 생각 때문에 현재에서 겪지 않아도 될 미래의 고통을 미리 앞당겨 겪게 되는 것으로 볼 수 있다.

불안은 미래에 겪을지도 모르는 고통을 두려워하는 정서를 미리 앞당겨 가불을 하는 것일 뿐만 아니라 이미 지나간 부정적인 과거 기억과 불안한 정서를 불러내어 생생하게 재연시키면서 두려움을 증폭시키기도 한다. 과거의 고통에 대한 두려움은 이미 지나갔기 때문에 더 이상 우리를 두려움의 고통 속에 구속시킬 수 없는데도 불구하고 과거에 대한 생각의 초점이 과거의 기억과 정서를 지금 현재에서 그대로 재연하게 되면서 불안을 더 키우는 것이다.

뇌는 두개골 속에 안전하게 자리 잡고 있기 때문에 모든 정보를 오감을 통해서 처리한다. 그래서 오감적으로 상상을 한 미래에 대해서도 현실로 착각하게 된다. 우리 뇌는 착각의 챔피언이라는 별명에 어울리게 상상과 현실, 참과 거짓, 옳고 그름의 차이를 구분하지 못할 뿐만 아니라 과거와 현재, 미래까지도 구분하지 못한다. 기억화 과정에서 의식적 차원에서는 얼마든지 구분을 할 수 있지만 잠재의식적 차원에서는 이러한 차이를 구분하지 못하게 된다.

그래서 현재에 존재하지 않는 과거의 고통스러운 기억까지 지금 현재에서 재연할 뿐만 아니라 미래를 앞당겨 불안을 느끼게 되는 것이다.

불안은 우리 삶의 소중한 자원이고 안전과 생존에 유리한 상태를 만드는데 꼭 필요한 안전장치이기 때문에 정상적인 작용과 반응으로 볼 수 있다. 다만 그 불안을 일으키는 각성의 정도가 너무 심해 불안에 통제당하고 중독된 패턴을 갖게 되는 것이 문제가 되는 것이다.

사람들마다 자신의 유전적 기질이 다르고 학습과 경험이 다르기 때문에 저마다 다른 각성과 불안 수준을 가지고 있다. 우리는 새로운 환경에 적응하기 위해서 가장 적절한 각성상태를 유지하게 되는데 이때의 각성 수준에 따라 저마다 불안을 다르게 학습하게 된다.

이러한 학습과 경험 과정에서 걱정과 두려움, 초조, 긴장과 관련된 부정적인 정서와 스트레스를 받게 되면 불안이 증폭되지만 모두가 똑같은 불안 수준을 경험하지는 않는다. 그것은 불안 수준이 유전과 학습, 경험에 의해 서로 다르게 형성되기 때문이다.

불안이 심해지면 높은 각성 수준에 의해 주의의 폭을 좁혀 현실에서의 자기 자신을 알아차리거나 접촉할 수 있는 능력을 상실할 뿐만 아니라 주변 사람들과 환경적인 정보도 온전히 알아차리거나 접촉할 수 없기 때문에 더 나은 성취나 발전을 위한 선택에 제한이 생긴다.

우리가 불안을 통제할 수 있는 능력을 가지고 그것을 긍정적으로 잘 활용할 수만 있다면 우리 삶에 활력을 일으키고 닫힌 경계를 열어주는 역할을 할 수 있으며 반대로 불안이 우리를 통제하게 되면 우리 삶을 위축시키고 제한하는 좁혀진 경계를 가질 수도 있는 것이다.

미래의 불안

　우리 뇌가 가장 우선적으로 초점을 모으고 반응하는 것은 자신의 안전과 생존이다. 그래서 안전과 생존에 관한 자극과 정보에는 과민하게 반응하여 별로 대수롭지 않은 정보에까지 불안을 느끼게 되는 것이다. 큰 천둥소리나 날카로운 고함소리에도 불안을 느끼게 되는 이유가 실제 위험요인이 있어서가 아니라 큰소리가 자신의 안전과 생존에 위협이 될 수 있다는 예측을 하기 때문이다.

　이러한 예측에 의해 현실로 존재하지 않는 미래의 가상적인 불안을 사실로 느끼게 된다. 미래에 고통을 겪을 수도 있다는 불안에 대한 생각만으로도 이미 그 불안의 정서를 느끼며 심리적으로 충분히 고통을 받게 되는 어리석은 선택을 하게 되는 것이다.

　우리가 느끼는 불안은 대부분 현실의 특정 사건 때문에 느끼는 것이 아니라 특정 사건을 두려워하는 반복적인 생각과 느낌을 갖는 동안 현실에서 존재하지 않는 미래의 관념적인 불안이 현실로 바뀌게 되면서 심리적 고통을 겪게 되는 것이다. 결국 미래에 겪을 수 있는 불안에 대한 예측 때문에 불안한 느낌을 갖게 되면서 현재에서 겪지 않아도 될 미래의 불안을 앞당겨 불필요한 심리적 고통을 미리 겪게 되는 어리석은 선택을 하는 것이다.

불안의 긍정적 의도는 자신의 안전과 생존에 유리한 반응을 하기 위한 준비상태를 만들어 미래에 생길지도 모르는 큰 위협으로부터 자신을 지켜주는 방어기제이다. 하지만 방어기제가 과잉활성화되어 불필요한 미래의 불안을 앞당기게 되면 지나친 각성을 유지하게 된다. 이렇게 높아진 각성상태에서 엉뚱한 곳에 초점을 일치시켜 자신의 자원과 에너지를 소진하게 됨으로써 현실에 대한 합리적 판단이 흐려지고 적응에 필요한 자원과 에너지가 바닥나버린다.

사람들마다 부모로부터 물려받은 유전적 기질이 다르고 성장과정에서의 학습과 경험 과정도 모두가 다르기 때문에 불안 수준이 저마다 다를 수밖에 없다. 안전과 생존에 대한 경계와 안전지대가 저마다 다르기 때문에 불안 수준이 달라질 수밖에 없는 것이다. 이처럼 각자가 가지고 있는 불안 수준은 자신의 안전과 생존에 최적화되어 있다.

감정적 뇌는 변화하는 새로운 환경에 적응하기 위해서 가장 적정한 각성상태를 유지하게 되는데 이때의 각성 수준에 따라 경험이 달라지게 된다. 각성 수준이 지나치게 높아지면 주의의 폭이 좁혀지고 두려움, 초조, 긴장, 스트레스를 받게 되면서 불안을 증폭시킨다.

반대로 각성 수준이 낮아지면 주의의 폭이 넓어지고 이완과 편안함, 안정감을 느끼게 된다.

특정한 환경에서의 자극이나 조건 때문에 누구나 느끼는 불안을 상태불안이라고 하며 개인의 성격적 특성에 따라 불안의 강도를 다르게 느끼는 것을 특성불안이라고 한다. 특성불안이 높은 사람은 상태불안이 다른 사람에 비해서 더 높아지게 되며 한 개인의 전반적인 불안 수준은 성격적 특성과 기질에 따라 달라지게 된다. 이처럼 사람들마다 불안 수준을 다르게 가지고 있는 이유가 유전을 바탕으로 한 성격적 특성과 기질이 다르고 저마다의 학습과 경험이 다르기 때문이다.

성격적 특성에 의해 특성불안이 높아 불안을 잘 느끼는 사람은 그렇지 않은 사람보다 더 많은 스트레스를 받게 된다.

특성불안이 높은 사람은 별것 아닌 미세한 자극에도 과민하게 반응하여 불안을 더 느끼며 스트레스에 통제당하는 부정적인 상태에 빠지기 쉽다. 특성불안이 높은 사람의 신경회로는 평소에도 과잉활성화되어 있어 일반적으로 그냥 넘겨버릴 수 있는 별것 아닌 작은 일에도 불필요한 과잉반응을 하기 때문에 상태불안이 높아지게 된다.

이처럼 인간의 뇌는 모두가 비슷한 구조와 기능을 갖고 있는 것처럼 보이지만 서로 다른 유전과 학습, 경험에 의해 모두 다른 신경회로의 배열과 조합을 이루고 분비되는 화학물질도 서로 다르기 때문에 불안 수준이 다를 수밖에 없는 것이다.

우리는 일상생활 속에서 누구나 불안을 느끼며 살아간다. 서로의 불안 수준이 다를 뿐 불안을 전혀 느끼지 않고 살아가는 사람은 없다.

만약 살아가면서 불안을 한 번도 느껴보지 못한 사람이 있다면 그 사람은 정서적으로 문제가 있는 사람일 수 있다. 불안의 긍정적 의도는 외부의 자극과 환경에 적응하기 위한 준비를 통해 생존에 유리한 각성 상태를 만드는 것이기 때문에 불안이 없다는 것은 생존기전이 약화된 상태로 볼 수 있는 것이다.

우리는 살아가면서 어떤 형태로든 크고 작은 불안을 경험하게 된다. 우리가 느끼는 불안이 공포나 두려움, 각성, 긴장, 초조 등의 다른 이름으로 드러날 수도 있지만 중요한 것은 그러한 정서를 제대로 관리하지 못했을 때 우리의 심리적, 생리적, 신체적인 상태에 부정적인 영향을 미치게 되는 것은 틀림없는 사실이다. 그래서 멘탈에 대한 이해와 훈련을 통해 불안에 대해 제대로 알고 불안을 조절하고 통제할 수 있는 힘을 가져야 하는 것이다.

전두엽의 자유의지가 통제하지 못하는 지나친 불안은 주의의 폭을 좁혀 현실에서의 자신을 온전히 만나지 못하게 할 뿐만 아니라 주변 정보도 알아차리거나 접촉하지 못하게 만들기 때문에 긍정적인 성취 자원을 거의 사용하지 못하는 무기력한 상태에 머물게 만든다.
그뿐만 아니라 불안을 느끼고 불안과 싸우기 위해 자신의 자원과 에너지가 엉뚱하게 낭비되면서 일이나 공부, 계획, 창조, 인간관계 등에 사용해야 할 긍정적인 자원과 에너지가 고갈되는 부정적인 결과를 얻게 됨으로써 원하지 않는 삶의 결과를 얻게 될 수도 있다.

각성과 불안

각성과 불안은 일반적으로 특별한 구분 없이 사용하기도 하지만 상담이나 코칭, 스포츠 상황에서는 이 두 가지를 구분하여 사용한다.

먼저 각성은 완전히 이완된 상태에서 높은 흥분상태로 이어지는 연속선상의 변화하는 심리적, 생리적, 신체적 활성화라고 할 수 있다.

각성은 뇌의 여러 부분이 관여하며 몸의 내부와 외부로부터의 복합적인 자극과 관계되는 과정이다. 즉 각성이란 전혀 흥분이 되지 않는 이완상태에서부터 극도의 흥분상태 사이의 어느 지점에 위치한 특정 순간에 느끼는 강도를 의미한다고 볼 수 있는 것이다.

어떤 과제를 수행하거나 공부, 일을 하는 과정에서 각성은 심리적, 생리적, 신체적 에너지와 자원이 동원된 긍정적인 상태이다.

각성이 적정하게 높아지면 심리적인 준비상태와 활력이 높아지고 생리적으로는 심박수와 호흡이 증대되어 활력이 생기고 화학물질의 분비가 증가하며 신체적으로도 근육을 긴장시키고 수축시켜 과제를 수행하기 위한 최적의 준비상태를 만든다.

이렇듯 적정 수준의 각성은 긍정적인 상태가 되지만 너무 지나친 각성이나 만성적인 각성은 만성적인 불안을 일으켜 자기 상실로 이어지고 불안한 감정상태에 중독되게 만든다. 그래서 각성은 너무 높거나 너무 낮아도 문제가 될 수 있다.

예를 들어 중요한 시험을 앞두고 있을 때 너무 낮은 각성상태에서는 불필요한 정보의 유입으로 심리적 간섭이 생겨 주의의 초점이 모아지지 않기 때문에 기억된 정보가 잘 불려 나오지 않게 된다.

마찬가지로 너무 지나치게 높은 각성상태에서도 과거에 공부를 통해 기억해두었던 정보가 주의의 초점에서 벗어나버리기 때문에 시험문제에 대한 답을 찾지 못하는 공황상태에 빠질 수 있다. 그래서 너무 높지도 않고 낮지도 않은 적정한 각성상태를 유지하는 것이 중요한 것이다.

100m 단거리 달리기를 준비 중인 육상선수는 출발선에서 최적의 각성상태를 유지할 수 있어야 한다. 출발선에 대기 중인 선수가 각성상태에 있다는 것은 전속으로 달리는데 필요한 심리적, 생리적, 신체적 에너지와 자원을 즉시 동원할 수 있도록 준비하여 신호가 주어지면 바로 행동으로 옮길 수 있는 상태를 만드는 것이다.

선수는 실제 경기 상황에서 자신의 완전한 운동수행을 위해 내면의 자원뿐만 아니라 주변 환경으로부터 제공되는 다양한 자극과 정보를 활용하게 된다. 이러한 외부정보가 경쟁 선수의 움직임일 수도 있고 관중의 함성소리일 수도 있다. 선수가 자신의 기량을 최고로 발휘하기 위해서는 운동수행에 필요한 정보를 얼마나 정확하게 감지하여 각성 수준을 만드는가가 중요하다.

각성 수준이 너무 낮은 경우에는 지각할 수 있는 범위가 상대적으로 넓어져 불필요한 정보까지 많이 유입된다. 불필요한 정보와 단서가 많이 유입되면 정보 간섭에 의해 필요한 과제와 목표에 주의를 기울이지 못하게 되어 과제 수행이 방해를 받게 되고 수행 효율도 떨어진다. 반대로 각성 수준이 지나치게 높아지면 주의를 기울이는 폭이 좁혀져 필요한 정보와 단서까지 차단되어 과제 수행과 효율이 떨어진다. 그래서 적정 수준의 각성이 중요한 것이다.

불안은 각성과 상관관계를 가지고 있으며 미래에 감당하기 어려운 일이 닥칠 것이라는 걱정하는 마음이나 근심이다. 또한 불안은 초조함이나 걱정 등과 같은 정서적이고 인지적인 측면을 말하며 불쾌한 정서반응으로 자율신경계의 각성을 유발하여 신체적인 부적응 상태를 유지한다. 불안은 일시적 상황에서 느끼는 상태불안과 개인의 성격적 특성에 의해 느끼는 특성불안으로 구분할 수 있다.

상태불안은 상황에 영향을 받아 자율신경계의 각성이나 지나친 활성화에 의해 주관적이고 의식적으로 느끼는 우려스러운 마음과 긴장감이다. 그렇기 때문에 상태불안은 시간과 상황에 따라 변화하게 된다. 특성불안은 개인의 성격적인 측면을 말하며 객관적으로 불안한 상황이 아닌데도 불안으로 지각하여 위협이나 자극의 강도와 상관없이 상태불안 반응을 나타내는 행동 경향이다.

상태불안은 순간순간 상황에 따라 쉽게 변화하지만 특성불안은 성격적인 측면이기 때문에 상황에 따라 쉽게 변화하지 않는다.

상태불안과 특성불안은 완전한 분리 상태가 아닌 연결된 상태로 상호작용하고 있다. 또한 인지적 불안과 신체적 불안, 생리적 불안이 있다.

인지적 불안은 중요한 발표를 해야 하는 상황이나 중요한 경기를 앞두고 있을 때 지나친 긴장과 불안을 느끼게 되면 손바닥에 땀이 나고 신경성 복통을 일으키기도 하며 심장박동이 빨라지면서 두려움을 강하게 느끼기도 한다. 신체적 불안은 호흡의 변화, 근긴장, 경직, 신체적 활성화와 관련된 불안이다. 생리적 불안은 심박수와 체온, 혈압 등의 변화와 관련된 불안이다. 또 다른 관점에서 불안은 걱정이나 근심을 하는 것과 같이 주관적인 생각과 관련된 불안이다.

이 세 가지 불안도 마찬가지로 완전히 구분된 것이 아니라 연결되어 있어 서로에게 영향을 미치고 있다. 인지적 불안이 높아지면 생리적, 신체적 불안을 높이고 높아진 생리적, 신체적 불안상태가 뇌에 피드백되어 인지적 불안을 다시 높이는 순환고리를 만든다. 이 세 가지 불안이 순환고리를 만들게 되면 어느 한 가지의 변화에 의해 나머지도 함께 변화하게 되는 상관성을 가지게 된다.

걱정과 불안

불안 자체가 무조건 우리 삶에 부정적인 영향을 미치지는 않는다. 오히려 불안을 느낌으로서 불안에 대비할 수 있는 현실적 자세를 갖게 하여 자신의 안전과 생존에 유리한 상태를 만들기 때문에 불안이 무조건 나쁘다고 할 수 없는 것이다.

불안은 미래에 좋지 않은 일이 생기지 않도록 염려하는 마음이다. 미래를 염려하는 마음이 일시적이거나 합리적일 때 미래에 닥칠 수도 있는 좋지 않은 일을 막아주기 때문에 긍정적인 기능을 한다. 하지만 염려하는 마음이 더 많은 염려를 일으키고 궁극적으로 염려하는 마음을 통제하지 못하는 비합리적 신념을 만들어 불안한 상태에 중독된 패턴을 만들게 된다.

마태복음 6장 27절에 "너희 중에 누가 염려함으로 그 키를 한 자라도 더 할 수 있겠느냐"라는 구절이 있다. 우리는 걱정을 많이 해서 자기 수명을 더 늘릴 수도 없고 더 많이 행복할 수도 없다. 우리가 걱정을 많이 해서 더 오래 살고 더 많이 행복해지고 걱정거리가 사라진다면 당연히 걱정을 많이 하는 것이 옳다.

부정적인 과거에 대한 회상과 미래에 대한 걱정을 아무리 많이 해도 현실에서 걱정이 사라지기보다는 오히려 걱정이 눈덩이처럼 더 커지게 될 뿐이다. 걱정하는 마음의 긍정적 의도는 혹시 미래에 닥쳐올지도 모르는 부정적 상황에 미리 준비하여 자신의 안전과 생존에 유리한 상태를 만들기 위한 것인데 지나친 걱정이 나쁜 순환고리를 만들어 불안에 중독된 상태가 되기도 하는 것이다.

인간의 뇌는 한순간에 한 가지밖에 초점을 일치시킬 수 없다. 만약 오랜 시간 걱정에만 초점이 맞추어지게 되면 걱정하는 동안 부정적인 전용신경회로가 굵게 구축되고 관련된 화학물질을 다량 분비하여 중독 상태를 만들어 걱정하는 문제의 경계에 갇혀버리는 부작용이 생기게 된다. 문제에만 초점이 맞추어진 만성적인 상태에서 계속되는 걱정은 합리적인 전체성을 가진 유연한 시냅스 연결을 만들지 못하기 때문에 더 나은 해결책을 찾지 못하고 불안한 감정상태를 유지하게 될 가능성이 높아진다.

처음의 작은 걱정은 시간이 지나면서 확장되어 처음 걱정을 만들어낸 신경화학적인 반응을 더 강하게 만들 뿐만 아니라 나중에는 처음의 걱정을 만들어낸 사건과 상관없이 걱정하는 생각이 만들어내는 정신적, 신체적인 반응 때문에 점점 더 심한 불안을 느끼게 된다.

이렇게 해서 불안한 느낌이 마음에 자리 잡게 되면 불안은 양날의 칼이 되어 우리 삶을 갈라놓는다. 적절한 불안은 성공적인 삶을 위한 동기가 될 수 있지만 통제되지 않는 지나친 불안은 자기 상실이라는 독이 되어 수많은 성취 자원들과의 단절을 가져오게 되는 것이다.

예를 들어 여러 명이 달리기를 할 때 적절한 불안을 일으키는 각성된 긴장상태를 만들지 못하면 생리적, 신체적인 활력이 제대로 일어나지 않기 때문에 꼴찌로 결승점을 통과해야 한다.

반대로 너무 지나친 각성이 일어나게 될 때도 몸이 굳어버려 최악의 결과를 얻게 된다. 원하는 좋은 결과를 얻기 위해서는 적정한 각성과 불안 수준이 필요한 것이다.

그래서 중요한 경기를 준비 중인 운동선수나 진학시험을 앞둔 학생, 청중들 앞에서 강의를 진행해야 하는 강사, 새로운 프로젝트를 준비 중인 사업가, 선거에 임하는 정치인 등 모든 분야의 사람들이 자신의 영역에서 최상의 수행을 하기 위해 적정 불안 수준을 유지할 수 있는 능력을 가지는 것이 중요하다.

우리가 불안에 대해 무조건 부정적으로 생각하는 것은 불안을 제대로 알지 못하고 통제할 수 있는 방법을 모르기 때문이다. 불안을 알고 통제할 수 있을 때 불안은 더 이상 우리를 구속하는 경계가 아니라 설렘과 활력을 불어넣어주는 긍정적인 자원으로 변화한다.

다만 불안을 자신의 자유의지로 통제하기 어려울 만큼 중독된 상태가 될 때 합리적 사고와 감정, 행동이 어려워진다. 이렇게 되면 전체성이 결여되어 자신의 긍정적인 성취 자원을 단절시키고 다른 사람들과 환경과의 소통과 상황 대처능력도 떨어지게 만드는 부작용이 생기게 된다. 원래 불안은 건강하고 정상적인 경험과 반응이지만 불안의 종류와 강도, 빈도, 시간이 통제 능력을 벗어나게 될 때 불안장애로 발전되어 부적응 현상이 나타난다. 그래서 지나친 불안이 반복되어 생기는 부적응 현상을 학습된 불안장애라고 부르는 것이다.

불안을 우리가 어떠한 마음 상태에서 어떻게 해석하고 반응하느냐에 따라 우리 삶을 구속하고 제한하는 걸림돌과 같은 나쁜 칼날이 될 수도 있고 반대로 삶의 성취동기와 활력을 주는 디딤돌 역할을 하는 좋은 칼날이 될 수도 있다. 그렇기 때문에 우리는 평소에 불안에 대처할 수 있는 건강한 멘탈 상태를 만들기 위해 멘탈에 대한 공부와 훈련을 하는 것이 필요하다.

불안이 느껴질 때 그 불안을 통제할 수 있는 멘탈 능력을 가지기 위해 멘탈이 건강한 상태에서 미리 불안을 극복할 수 있도록 심리적 내성과 마음의 쿠션을 만드는 멘탈에 대한 공부와 훈련이 필요한 것이다. 우리의 마음이 불안에 통제되어 치료가 필요한 상태가 되었을 때는 이미 회복의 시기가 늦을 수도 있다는 사실을 명심해야 한다.

공포와 불안

　우리는 일반적으로 불안과 공포를 넓은 의미에서 함께 사용한다.
불안과 공포를 사전적 의미나 개념적으로는 충분히 구분할 수 있지만
두 가지 상태는 완전히 독립적으로 분리될 수 없는 상관적 관계에 있기
때문에 일반적으로 함께 사용하는 경우가 많은 것이다.

　먼저 불안과 공포에 대해 개념적으로 이해하는 것이 필요하다.
우리가 느끼는 대부분의 불안은 지금 현재의 자극이나 상황이 아니라
과거의 부정적 경험에 의한 정서나 미래의 예측에 의해 장차 겪게 될
고통을 염려하거나 두려워하는 마음 상태에서 발생한다.

반면에 공포는 지금 현재에서 실재하는 위협적인 자극과 상황에서 느
끼는 마음 상태이다. 불안과 공포 이 두 가지는 서로 완전히 독립적으
로 분리될 수 없는 상관성을 가지고 있기 때문에 불안이 공포를 더 키

울 수도 있고 공포가 불안을 더 키울 수도 있다.

불안에 대해서 다음의 사례로 좀 더 쉽게 이해할 수 있을 것이다. 예를 들어 운전면허증을 갓 취득한 초보운전자는 법적으로는 운전을 할 수 있는 자격을 갖추었지만 아직 도로주행에 대해서는 두려움을 가지고 있다. 운전이 미숙한 초보운전자는 장차 복잡한 도로에 차를 몰고 나가는 것에 대해 걱정을 하게 되는데 이 정서를 불안이라고 한다. 이때의 불안은 익숙하지 않은 낯선 도로환경과 불확실성에 대한 초조함과 두려워하는 마음 때문에 생긴다.

그리고 중요한 시험을 앞둔 수험생이나 승진을 앞두고 결과를 기다리는 직장인, 군 입대를 앞둔 대기자들이 초조함과 두려움의 정서를 느끼게 되는데 이것도 불안한 상태에서 겪게 되는 현상들이다. 이처럼 미래를 염려하는 마음인 불안은 대부분 현실에서 자신이 견디기 힘들 만큼의 고통으로 나타나지 않는데도 불구하고 우리는 이러한 미래의 불안한 마음을 미리 앞당겨 긴 시간 동안 심리적인 고통을 느끼면서 살아간다.

많은 사람들이 실재하지 않는 미래의 불확실성을 미리 앞당겨 쓸데없는 불안을 느끼고 있다. 이러한 불안은 표면적으로는 미래에 대한 예측으로 현재에서 고통을 느끼는 것이지만 미래에 대한 예측은 과거의 경험과 기억에 바탕하는 것이기 때문에 불안은 과거와 미래, 현재가 함께 작용하고 있는 것이다.

공포에 대해서도 다음의 사례로 좀 더 쉽게 이해할 수 있다. 예를 들어 비탈길을 운전 중에 차가 미끄러져 절벽에서 떨어질 뻔한 아찔한 경험을 하거나 번지점프를 할 때 몸이 굳어버릴 것 같은 느낌 속에 식은땀이 나면서 극심한 무서움의 정서를 느끼게 되는데 이것이 공포이다. 이러한 공포는 지금 현재에서 실재하는 위험을 겪게 될 때 생기는 불안한 정서이다.

이때의 공포 경험이 개인의 불안 수준을 높이게 되면 이후에 공포를 느낄만한 자극이나 상황이 아니더라도 과거의 극심한 공포를 다시 느끼는데 이것이 트라우마에 시달리는 사람들이 보이는 스트레스 반응이다. 이러한 공포는 과거의 공포 경험에 의한 조건형성으로 불안 수준이 높아져 있기 때문에 공포를 재연하게 되는 것이다.

물론 불안 수준이 낮은 사람의 경우 그 상황을 합리적으로 해석하여 적응하면서 정서가 둔감화되기 때문에 공포가 사라질 수도 있다. 그래서 평소 불안 수준이 높은 사람이 공포를 더 많이 느끼게 되고 공포를 강하게 체험한 사람이 불안을 더 많이 느끼는 상태로 변화하게 되는 것이다.

불빛이 없는 어두운 밤길을 혼자서 걸어가게 될 때 시각적 정보가 부분적으로 제한되기 때문에 누구나 약간의 불안을 느낀다. 그때 길을 걷다가 무언가 발에 꿈틀거리는 느낌이 들어 불빛을 비추어 보니 커다란 뱀이 다리를 휘어 감으며 입을 벌리고 혀를 날름거리고 있다. 급하게 뿌리치고 혼비백산하여 걸음아 나 살려라고 도망을 갔지만 그 엄청난 공포 경험은 뇌에 강하게 흔적을 남기게 된다.

이렇게 밤에 불안 수준이 높은 상태에서 뱀을 밟은 공포체험은 어둠과 뱀이 아주 강하게 연합되어 조건형성되면서 이후 어둠에 대한 불안을 갖게 되는 정신적 외상으로 남는다. 그 사건 이후 공포 경험에 의해 불안한 정서가 뇌를 통제하게 되면서 밤길을 걸을 때 공포를 재연하는 트라우마가 생기게 된다. 이런 강한 정서적 경험은 왜곡과 일반화 과정을 거쳐 어두운 밤이 아닌 밝은 낮에도 불안과 공포라는 마음의 걸림돌을 만든다. 나중에는 길에 떨어져 있는 나뭇가지를 보고도 뱀을 밟았을 때의 공포를 재경험하기까지 한다.

이제는 주변에서 흔히 볼 수 있는 새끼줄과 줄넘기, 허리띠, 밧줄, 가늘고 긴 줄, 막대기, 연필, 검은색, 가죽, 꿈틀거리는 물체, 꽈배기 등을 볼 때도 밤에 뱀을 밟았을 때의 공포를 재경험하는 고차적 조건형성까지 일어난다. 결국 불안과 공포는 모두 현재와 미래의 위험을 예측하고 자신을 보호하려는 반응이지만 잘못 조건형성되면 정신적 외상이 되어 심리적 장애를 일으키는 원인이 되는 것이다.

공포는 위험이 곧 닥칠 것이라는 신호나 상황, 자극에 의해 생기고 불안은 장차 일어날지도 모르는 불명확한 위협에 의해 생긴다.
공포는 당장 일어날 수 있는 위험한 신호와 자극에 의해 생기지만 불안은 어떤 위험이 실재하지 않고 그것이 일어나지 않을 수도 있는데도 불구하고 걱정하는 마음이라고 할 수 있다. 즉 공포는 지금 현재에서나 실재하는 위험한 상황에 놓여있다는 사실을 인지하고 해석한 반응이며 불안은 미래의 위험이 지금 현재에서 실재하지 않지만 앞으로 나 자신에게 불리하게 작용할 것에 대해 걱정하는 마음이다.

중요한 것은 뇌는 공포와 불안을 객관적으로 분리된 상태에서 느끼는 것이 아니라 자신의 학습과 경험이 축적된 기억 시스템에 의해 연합된 주관적인 세상모형으로 느끼게 된다는 사실이다. 그것은 우리가 느끼는 불안이 대부분 과거의 경험이 뇌에 기억될 때 함께 연합된 정서에 의해 주관적으로 편집되기 때문이다. 그렇기 때문에 불안은 현재에서 느끼는 정서이면서 과거와 미래가 공존하고 있는 것이다.

공포도 마찬가지로 현재 자신의 불안 수준에 의해 전혀 다르게 경험하게 된다. 불안 수준이 높으면 전혀 위험한 상황이 아닌데도 불구하고 공포를 더 크게 느낀다. 우리가 체험한 불안과 공포는 우리의 유전과 학습, 경험에 의해 만들어진 마음의 필터인 주관적인 세상모형에 따라 달라진다. 이처럼 우리의 세상모형을 만드는 마음의 필터를 바꾸면 우리가 만나는 세상이 바뀔 수 있게 된다.

마음의 필터를 건강하게 만드는 멘탈 훈련 방법이 바로 일상생활 속에서 긍정적인 생각과 느낌, 말, 행동을 반복하는 것이다.

이 네 가지는 우리가 불안과 공포의 어두운 수렁에서 빠져나와 온전히 자기 자신을 만나고 자신의 성취 자원을 충분히 사용할 수 있는 건강한 상태로 회복시키는 최상의 도구가 될 수 있다.

우리 뇌가 가진 별명이 착각의 챔피언이다. 뇌는 그 무엇이든 반복하면 그것을 사실로 받아들이고 믿음을 만들어 스스로 그 믿음에 통제당하게 된다. 그래서 편안함과 안정감을 주는 반복적인 생각과 느낌, 말, 행동의 초점이 현실적인 변화를 창조할 수 있게 되는 것이다.

불안과 성격

　일상생활 속에서 사용하는 말은 반복적인 학습과 경험이 누적된 뇌 신경회로의 다양한 조합과 배열에 의해 외부로 표출된다.

그래서 그 사람의 말을 들어보면 과거에 어떠한 학습과 경험을 했는지 어느 정도 유추할 수 있을 뿐만 아니라 어떤 생각과 감정을 가지고 있는지까지도 알 수 있게 되는 것이다.

　만약 어떤 사람이 불안한 상태를 나타내는 부정적인 말을 많이 하고 있다면 과거에 불안과 관련된 부정적인 학습과 경험에 의해 뇌에 그와 관련된 전용신경회로가 활성화되어 있는 것으로 볼 수 있다.

그 사람의 표출된 말뿐만 아니라 불안과 관련된 반복적인 생각과 느낌, 행동에 의해서도 불안상태를 유지하게 해주는 전용신경회로가 구축되어 개인의 성격에까지 부정적인 영향을 미치게 된다.

이와 같이 굵게 구축된 전용신경회로에서 불안과 관련된 기억 시스템을 활성화시키게 되면 불안에 민감한 성격을 형성하여 전혀 불안한 상황이 아닌데도 불구하고 불안을 반복적으로 느끼게 되는 중독된 패턴을 만들게 되는 것이다.

일반적으로 성격은 부모로부터 유전적 영향을 받아 선천적으로 형성된 성격과 성장과정에서 학습과 경험한 후천적인 습관에 의해 형성된 성격이 있으며 대부분 이 둘이 혼재되어 개인의 성격이 형성된다. 타고난 유전적 성격인 천성은 살아가면서 그대로 발현되기도 하고 후천적으로 어떤 학습과 경험, 인간관계를 맺는가에 따라 변형되어 발현되기도 한다.

불안장애를 겪고 있는 사람들의 경우 유전적 기질의 영향을 받기도 하지만 어떤 환경에서 어떤 학습과 경험을 반복하고 피드백을 받으며 어떠한 인간관계를 맺느냐에 따라 후천적으로 형성된 성격의 영향을 더 많이 받게 된다. 이렇게 형성된 성격에 의해 삶의 모든 결과물이 창조되기 때문에 어떠한 성격을 갖고 있느냐가 정말 중요한 것이다.

인간은 사회적 관계 속에서 자신의 존재가치와 사회적 정체성을 형성하게 되는데 이때 가장 큰 영향을 미치게 되는 것이 바로 성격이다. 만약 불안과 관련된 전용신경회로가 구축되어 자신의 존재와 정체성을 부정적으로 형성하게 되면 그러한 부정적인 성격에 의해 생각과 느낌, 말, 행동이 영향을 받게 된다.

이처럼 성격에 의해 생각과 느낌, 말, 행동이 바뀌기도 하지만 반복적인 생각과 느낌, 말, 행동이 성격을 바꾸기도 한다. 이렇게 형성된 성격이 자신의 존재와 정체성을 결정짓는 핵심이 되며 그것을 바탕으로 사회적 관계를 형성하게 된다. 이렇게 보면 성격 자체가 그 사람이라고 할 수 있으며 어떠한 성격을 가지고 있느냐에 따라 그 성격이 운명을 결정짓는 핵심이 되는 것이다.

사회생활 과정에서의 대인관계나 중요한 시험, 새로운 환경에 노출될 때 불안을 심하게 느끼는 성격의 소유자를 특성불안이 높다고 한다. 이러한 불안한 정서를 많이 가진 성격의 소유자는 다른 사람들과의 원만한 관계에서 각성이 높아지기 때문에 관계 발전에 걸림돌을 가지게 된다. 그뿐만 아니라 지나친 각성으로 인해 과제 수행이나 환경에 적응하는 유연성을 잃어버리기 쉬워진다.

불안한 상태 때문에 사회적 관계 능력이 떨어지고 과제 수행능력이나 환경에 대한 적응력을 상실하게 되면 자신의 삶에서 너무나 많은 것을 잃게 된다. 그래서 불안을 일으키는 부정적인 전용신경회로를 차단하고 긍정적이고 변화지향적인 건강한 성격을 형성하는 것이 행복하고 건강한 삶을 창조하는 최고의 자산이 되는 것이다.

성격의 기본은 천성적인 것이지만 천성이 완전한 개인의 성격으로 자리 잡기 위해서는 후천적인 환경과의 상호작용이 요구된다. 한 사람의 타고난 성격을 구성하는 심리적인 핵은 쉽게 변화하지 않지만 사회화 과정에서 전형적인 반응과 역할 행동에 의해 형성되는 후천적인 성격은 환경의 자극에 의해 얼마든지 변화가 가능하다. 성격은 뉴런 간의 시냅스 연결이 반복적으로 강화된 전용신경회로에 의해 만들어지기 때문에 어떠한 학습과 경험, 피드백, 인간관계를 반복하는가에 따라 변화할 수 있는 가소성을 가지고 있다.

성격이 변화할 수 있다는 것은 우리의 운명을 원하는데로 바꿀 수 있는 선택권을 가지고 있다는 것을 의미한다. 즉 우리가 편안한 상태를 유지하고 싶다면 편안함에 대한 생각과 느낌, 말, 행동을 선택하는 것이 필요한 것이다. 수많은 반복에 의해 뇌가 편안함과 관련된 전용신경회로를 구축하게 되면 성격이 바뀌고 습관과 행동까지 달라지기 때문이다. 그뿐만 아니라 성격이 바뀌게 되면서 생각과 느낌, 말도 달라지고 삶의 성취결과물까지도 함께 바뀌게 된다.

다시 한번 강조하지만 우리의 성격에 의해 생각과 느낌, 말, 행동이 바뀌기도 하고 우리의 반복적인 생각과 느낌, 말, 행동에 의해 형성된 전용신경회로의 영향을 받아 성격이 바뀌기도 한다. 그리고 이러한 순환고리는 어떤 것이 먼저 바뀌든 서로가 함께 변화할 수밖에 없는 상관성을 가지고 있다.

만약 불안한 성격을 가지고 있다면 그 불안함의 정서를 불러일으킨 전용신경회로를 대체할 수 있는 편안함과 안정감의 전용신경회로를 구축하는 작업을 해야 한다. 성격은 반복적인 생각과 느낌, 말, 행동에 의해 얼마든지 바꿀 수 있는 가소성을 가지고 있기 때문에 성격을 바꾸어 우리의 운명까지도 바꿀 수가 있는 것이다.

불안 수준

　사람들은 모두가 다르다. 유전이 다르고 학습과 경험이 다르기 때문에 모두가 다를 수밖에 없는 것이다. 그래서 사람들마다 불안을 느끼는 수준도 모두 다르다. 어떤 사람은 별것 아닌 일에도 심한 불안을 느끼고 어떤 사람은 충격적인 사건이나 사고에도 대수롭지 않게 반응하며 불안을 크게 느끼지 않는다. 이처럼 사람들이 느끼는 불안은 개인의 불안 수준에 따라 달라지게 되는 것이다.

　인간은 먼 조상의 유전자를 이어받은 장기유전형질과 더불어 부모나 가까운 조상의 유전자를 이어받은 단기유전형질을 함께 가지고 태어난다. 이렇게 모든 인간은 저마다 다른 유전형질을 가지고 태어나며 타고난 유전을 바탕으로 이후에 어떤 학습과 경험을 반복하는가에 따라 유전적 성향이 그대로 발현되기도 하고 변형되어 발현되거나 억제되기도 한다. 이와 같이 사람들마다 타고난 유전적 기질이 다르고 성장과정에서 반복적인 학습과 경험이 다르기 때문에 개인이 가진 불안 수준도 각자가 다를 수밖에 없는 것이다.

우리가 불안을 느끼는 긍정적인 의도는 미래에 닥칠 수도 있는 좋지 않은 일에 대한 준비를 사전에 함으로써 안전과 생존에 더 유리한 상태를 만들기 위해서이다. 아무리 더 좋은 선택권을 가지기 위해 긍정적 의도를 가지고 불안을 느끼는 것이라고 하더라도 불안이 만성적이거나 충격적인 불안한 상태를 유지하기 위해 심리적 기전과 신체기능들을 과잉활성화시켜 안정적인 항상성을 무너뜨리게 되면 여러 가지 심리적, 생리적, 신체적인 문제를 일으키게 된다.

사람들마다 느끼는 전반적인 불안 수준은 상당히 안정적인 성격특성이자 타고난 유전적인 기질이라고 할 수 있기 때문에 쉽게 바뀌지 않는다. 그래서 성격특성으로 굳어진 높은 불안 수준은 의식적 차원에서 불안한 정서를 떨쳐내기 위해 노력해도 쉽게 헤어나오지 못하게 되는 것이다. 다행한 것은 성격특성으로 굳어져 쉽게 바뀌지 않는 불안 수준도 반복적인 멘탈 훈련을 통해 신경회로의 배열과 조합을 새롭게 바꾸고 화학물질의 분비를 조절할 수 있다면 불안을 조절, 통제하는 것이 가능하다는 사실이다.

멘탈코칭센터에서는 일반인과 학생, 운동선수들을 대상으로 마음의 쿠션을 강화하는 멘탈 훈련을 통해 불안 수준을 조절, 통제할 수 있는 능력을 향상시킨다. 대부분의 불안은 학습에 의해 융합된 상태이기 때문에 반복적인 멘탈 훈련을 통해 분리시키는 탈학습이 얼마든지 가능하다. 궁극적으로 멘탈 훈련을 통해 융합과 분리를 자유롭게 할 수 있게 만든다. 그리고 안정적이고 편안한 재학습을 통한 바람직한 새로운 융합도 얼마든지 가능하다.

이처럼 사람들마다 다른 불안 수준을 나타내는 이유가 타고난 유전적 기질이 다르고 학습과 경험에 의한 기억이 모두 다르기 때문이다. 사람들은 타고난 유전적인 영향뿐만 아니라 수많은 반복적인 학습과 경험이 체계적으로 누적되어 자신만의 주관적인 세상모형을 만들어 각자 다른 세상을 경험하기 때문에 모두가 다른 불안 수준을 가지고 살아가게 될 수밖에 없다.

불안은 우리 삶을 건강하고 안전하게 유지할 수 있도록 도움을 주는 아주 정상적인 기능이다. 걱정하는 마음 상태가 현실에서 생기지 않도록 예방해주기 때문에 불안이 무조건적으로 나쁜 것은 아닌 것이다. 다만 불안 수준이 우리가 통제할 수 없는 상태가 되어 불안이 우리를 통제하게 되면 불안의 좁혀진 경계에 갇혀 불안이라는 부정적인 감정에 중독되는 것이 문제가 될 뿐이다.

공포 반응

자연생태계에서 '약육강식'은 먹이사슬이 유지되는 자연스러운 현상이라고 할 수 있다. 자연 속에서 살아가는 동물의 삶은 순간순간이 생존을 위한 끊임없는 투쟁의 연속이다. 동물의 세계에서는 자신의 생명을 노리는 수많은 포식자의 존재를 경계하면서 굶어죽지 않기 위해 먹을 것을 구해야 한다.

불확실한 주변의 위협으로부터 안전을 확보할 수 있어야만 생존이 가능하기 때문에 끊임없는 경계와 투쟁은 생존을 위한 정상적인 기전인 것이다. 그 과정에서 목숨을 잃을 수도 있지만 생존을 위한 먹이를 구하기 위해 그러한 위험을 감수하면서까지 투쟁을 멈추지 않는다. 동물이 먹이를 구하여 굶주리지 않고 생존을 이어가기 위해서는 포식자로부터의 위험에 어느 정도 노출될 수밖에 없다.

그래서 TV에 방송되는 동물의 왕국과 같은 프로그램을 보면 약육강식이 지배하는 동물의 세계는 생존을 위해 위험한 도전과 모험을 포기하지 않는다는 것을 알 수 있다. 때로는 그러한 도전과 모험이 안전과 생존을 위태롭게 만들기도 하지만 그렇다고 그것을 포기할 수는 없는 것이다. 이와 같이 동물이 생존에 위협이 되는 위험에 노출되면 위협에 대응하기 위한 방어 시스템을 가동시키게 되는데 이것이 공포와 불안의 핵심 기반이다.

이런 상태에서 동물이 공포에 질리면 싸움-도주 반응을 하거나 반응이 불가능할 경우 얼어붙기 행동을 선택하는 방어 시스템을 가동시키게 된다. 공포나 불안 상황에서 싸움-도주 반응뿐만 아니라 얼어붙기 행동을 하는 이유는 움직이지 않고 얼어붙는 행동이 포식자에게 발각될 위험을 줄여줄 수 있기 때문이다.

인간도 동물과 마찬가지로 원초적으로 자신의 안전과 생존을 위해 어느 정도의 위험을 감수하면서까지 원하는 것을 추구한다. 하지만 인간은 동물과는 달리 자신의 욕심을 충족시키기 위해 치열한 경쟁을 벌이며 다투는 과정에서 생존과 관련된 물리적인 위협보다 그 사건에 대한 부정적인 예측 때문에 더 많은 공포와 불안을 느끼게 된다.

공포와 불안에 대한 반응은 사람과 동물이 다른 부분이 있지만 생존에 위협을 느낄 정도의 공포와 불안에 노출되면 사람도 동물과 마찬가지로 자신의 안전과 생존을 위해 싸움-도주 반응을 선택한다.
더 심한 위험상황에서는 얼어붙기를 선택하여 꼼짝 않고 숨도 제대로 쉬지 못한 채 굳어버리거나 몸을 웅크리는 반응을 보인다.

심한 불안장애나 우울증, 트라우마로 인한 외상 후 스트레스 장애를 겪고 있는 사람들의 경우 얼어붙거나 도주 반응을 선택하여 심리적, 신체적인 문제뿐만 아니라 사회적인 관계 능력에도 걸림돌을 갖게 된다. 이런 상황에서 교감신경이 급격히 활성화되면서 호흡을 증가시키고 젖산을 근육의 주된 에너지인 포도당으로 전환시켜 위협에 반응한다. 심한 경우 과한 공포와 불안 때문에 아무런 반응도 하지 못하고 무기력하게 얼어붙어버릴 수도 있다.

　일반적으로 이렇게 활성화된 교감신경은 심박수를 높여 순환계의 혈류를 증가시키고 근육에 에너지가 전달되는 것을 돕기 위해 아드레날린을 분비한다. 뇌와 내장, 피부의 혈류가 팔과 다리의 근육으로 신속하게 이동되고 관련 신체 조직의 혈관을 수축하거나 이완시킨다. 피부에 혈류가 줄게 되면 싸움-도주 반응에서 상처를 입었을 때 출혈을 줄이게 되는 예방효과가 있다.

　만약 교감신경이 지나치게 활성화되면 체내에 이산화탄소 농도가 높아지면서 신체 내부의 생리적 위험신호에 의해 공기가 부족한 호흡곤란에 이르는 반응을 나타내기도 한다. 이 상태에서 공황장애를 겪기도 하는데 체내 시스템이 이러한 변화를 위험한 수준으로 잘못 감지하고 과호흡을 유발하는 상태가 지속되면 이산화탄소 농도가 더욱더 올라가게 된다. 이 상태에서 생리적 변화를 잘못 해석하여 어지럼증과 두통 등의 심각한 공황상태를 만들게 되는 것이다.

불안의
순환고리

　바닷가에 파도가 밀려왔다가 바위와 모래에 산산이 부서져 없어지고 다시 밀려와서 또다시 부서지는 패턴이 끊임없이 반복되는 것처럼 우리의 마음도 끊임없이 각성과 이완을 반복하게 된다.

　마찬가지로 우리가 느끼는 편안함과 불안이라는 양가적 감정도 자율신경계의 통제 속에서 우리의 의지와 상관없이 일정한 패턴을 계속 유지하려는 관성을 가지고 있다. 이렇게 불안한 상태의 항상성을 편안하고 안정적인 항상성을 유지할 수 있는 상태로 변화시키려고 할 때 기존의 불안한 패턴을 유지하기 위해 마음과 몸에서는 여러 가지 반응을 일으켜 저항을 하게 된다.

　예전과 같은 불안한 방식으로 생각하지 않고 반응하지 않음으로써 우리 마음과 몸이 불안이라는 항상성을 유지하기 어려워지면 몸의 모든 세포는 불안한 감정을 계속 느낄 수 있는 방법을 찾기 위해 강력한 응집력을 발휘한다. 의식적 차원에서는 불안에서 벗어나고 싶어 새로운 선택과 행동을 시도하지만 잠재의식적 차원에서는 불안을 계속 유지할 수 있는 모든 수단을 동원하게 된다.

그래서 불안한 마음과 몸 상태를 활성화시키고 유지하기 위해 특정한 신경회로에 메시지를 보내 불안상태의 항상성을 유지할 수 있는 화학물질을 계속 분비하게 만든다. 이때 세포의 수용체 부위에 우리에게 익숙한 감정의 펩티드가 도달하지 못하면 세포들은 이러한 변화를 정확하게 감지하여 말초신경계를 통해 척수를 거쳐 뇌에 불안한 상태를 빨리 만들어달라고 강력한 시그널을 보내게 된다. 불안한 상태가 정상적인 기저선이라고 착각하기 때문에 불안한 상태를 활성화시킬 수 있는 강력한 화학물질을 요구하게 되는 것이다.

그래야만 원래의 불안한 상태에 빠지는 기저선을 회복할 수 있기 때문이다. 이렇게 되면 뇌의 시상하부에서는 혈액 속의 화학물질의 농도를 감지해 체내의 화학적 상태를 불안한 감정을 유지시키는 최적의 상태로 바꾸어 순식간에 의식적 관여 없이 잠재의식 차원에서 불안에 빠지게 만들어버린다. 결국 불안에 중독된 항상성을 가진 사람들은 자신의 자유의지가 작동되지 못한 상태에서 원래의 불안한 상태로 다시 돌아가는 선택을 할 수밖에 없어지는 것이다.

이렇게 되면서 불안한 감정상태가 심해질 때 생리적, 신체적 불안이 인지적 불안을 부추기고 인지적 불안이 다시 생리적, 신체적 불안을 증폭시켜 불안에 완전히 굴복하는 노예가 되어버린다.

그래서 생각하는 대로 느끼고 느끼는 대로 생각하게 되면서 불안한 감정의 분출을 도저히 멈출 수 없게 되는 것이다.

이러한 불안과 관련된 기전과 패턴은 맛있는 음식을 입에 넣었을 때 멈추지 못하고 적절하게 분쇄시킨 후 식도를 통해 위로 보내는 것처럼 멈추기가 쉽지 않다. 그 음식에 나쁜 성분이 포함되어 있거나 열량이 높아 건강에 해롭다는 정보가 제공된다고 해도 맛있게 먹고 있는 음식을 다시 뱉어내지 못하는 것이다.

불안한 감정은 중독된 상태에 있는 것이기 때문에 마약 중독, 알코올 중독, 니코틴 중독, 도박 중독, 게임 중독과 같은 것으로 이해할 수 있다. 중독의 속성은 더 큰 쾌감을 위해 화학물질의 농도를 높이도록 몸을 완전히 자극할 때까지 이 패턴을 멈출 수 없게 만든다. 쾌락을 느끼게 하는 나쁜 중독과 마찬가지로 불안한 패턴이 만들어지기 시작하면 최고의 불안상태에서 고통을 느껴야만 만족할 수 있기 때문에 멈출 수가 없는 것이다.

의식적으로 불안을 거부하거나 극복하기 위해 노력을 기울여보아도 잠재의식에서는 불안한 중독 상태를 유지하기 위해 모든 근거를 찾게 되고 불안을 정당화시키는 합리화를 통해 관련된 신경회로를 활성화시키고 화학물질을 분비하게 만든다. 이성적인 뇌와 감정적인 뇌가 갈등을 빚거나 싸우게 되면 대부분 감정의 뇌가 승리하게 된다. 그래서 의식적으로 불안에서 벗어나려 해도 쉽게 벗어날 수 없는 것이다.

뇌가 어떤 감정의 펩티드를 통해 체내의 화학적 상태를 바꾸게 되면 그 감정과 관련된 전용신경회로가 굵게 만들어지고 쉽게 활성화된다.

우리가 느끼는 감정은 화학물질에 의해 만들어지기 때문에 이미 분비된 불안과 관련된 화학물질과 일치된 마음과 몸 상태를 만들어 의식적으로 통제가 불가능한 불안상태에 빠지게 되는 것이다.

우리 마음과 몸은 그것이 좋은 것이든 나쁜 것이든 상관없이 중독된 상태를 편하고 안전하게 느끼기 때문에 중독에서 벗어나는 것에 대해 강력히 저항하게 된다. 이러한 상황에서 중요한 것은 기존의 나쁜 중독에서 벗어날 수 있는 두 가지 방법을 선택하는 것이다.

또 다른 관점으로 보면 자신의 자유의지와 자기통제력을 발휘하여 하향식으로 몸을 통제할 수도 있다. 이것을 중추기원설이라고 한다. 반대로 신체적, 생리적 안정을 느낄 수 있는 훈련을 통해 상향식으로 뇌를 통제할 수도 있다. 이것을 말초기원설이라고 한다.

멘탈코칭센터에서는 일반인과 운동선수들을 대상으로 상향식과 하향식을 활용한 체계적인 멘탈 상담과 훈련을 진행하고 있으며 마음과 몸이 유기적으로 협업시스템을 구축할 수 있게 하여 불안을 효율적으로 극복할 수 있도록 도움을 주고 있다. 일반적인 상담만으로 불안에 중독된 상태에서 벗어나는 것이 쉽지 않기 때문에 멘탈 훈련을 병행하여 상향식과 하향식 훈련의 효과를 얻게 해준다.

불안과
트라우마

　불안은 대부분 후천적인 학습과 경험에 의해 과잉활성화된 신경회로의 조합과 관련된 화학물질의 분비가 반복되거나 지속되어 중독된 상태에 있는 것으로 볼 수 있다.

　실제로 멘탈코칭센터를 방문하는 내담자들이 가지고 있는 불안장애의 대부분이 유전이 아닌 성장과정에서의 트라우마나 부모와의 건강한 애착관계와 긍정적인 라포를 제대로 형성하지 못했기 때문에 생겼다는 사실은 불안이 후천적으로 학습된 것이라는 분명한 사실을 증명하고 있는 것이다. 물론 부모 외에 주변 사람들과의 다양한 관계 속에서도 많은 영향을 받게 되지만 마음의 쿠션을 만드는 근본적인 심리적 내성과 응집력은 대부분 부모와의 애착형성과 라포에 의해 만들어진다.

　만약 성장과정에서 부모로부터 사랑과 관심, 격려, 긍정적인 피드백을 받지 못하고 가정폭력이나 차별적 대우, 무시, 방치 등을 반복적으로 겪게 된다면 애착결핍과 라포상실로 심각한 발달 트라우마를 겪게 된다. 이러한 트라우마 경험이 장기기억으로 남게 되면 외상 후 스트레스 장애로 발전되어 불안, 공황장애, 강박, 우울, 무기력, 대인공포 등과 같은 부정적인 세상모형을 가지게 될 수 있다.

　세상모형은 우리가 세상을 만나는 주관적이고 편향된 마음의 창이기 때문에 세상모형에 어떠한 색깔을 입히는가에 따라 우리가 만나는 세상이 다르게 보인다. 그래서 부정적인 세상모형을 갖게 되면 모든 것을 부정적으로 볼 수밖에 없는 것이다.

　이 상태에서는 마음의 편안함과 안정감을 유지하기 힘들어질 뿐만 아니라 오히려 불안과 같은 부정적인 세상모형을 유지하는데 자신의 자원과 에너지를 낭비하게 된다. 이렇게 되면 창의적 사고나 공부, 일, 인간관계, 미래에 대한 설계, 자유의지 등에는 자원과 에너지가 고갈되어 자신의 능력을 일부밖에 사용하지 못한다.

　이와 같이 불안과 관련된 생존본능기전이 과잉활성화되면 일상생활 속에서 불필요한 높은 각성을 유지하기 때문에 생산적이고 창의적인 부분에는 산만함과 무기력한 상태가 되어 편향된 세상모형을 가지게 된다. 편향된 세상모형에 의해 반복적으로 불안을 느끼는 상태를 유지하며 생존을 위한 경계태세를 높게 유지시키기 위해 긴장과 스트레스를 반복적으로 경험하게 되는 것이다.

　멘탈코칭센터에서 멘탈 상담과 훈련을 진행하다 보면 성장과정에서 부모나 주변 사람들, 친구와의 관계에서 받은 상처 때문에 심리적으로 고통을 겪으며 살아가는 사람들을 많이 만나게 된다. 그들을 상담하고 훈련을 진행하면서 한 인간의 성장과정에서 부모와의 애착형성과 라포형성이 얼마나 중요한지를 뼈저리게 느낀다. 성장과정에서 건강한 관계형성이 중요한 이유는 어릴 때의 건강한 애착관계와 라포형성이 성인이 된 이후의 안정되고 행복한 삶에 필요한 마음의 쿠션을 강화시켜 주는 데 절대적인 영향을 미치기 때문이다.

한 개인의 존재와 정체성은 부모로부터 물려받은 유전적 요인과 더불어 후천적인 학습과 경험 등의 환경적 영향을 받아 형성되지만 유전적 요인보다 성장과정에서의 환경적 영향을 더 많이 받게 된다.

특히 성장기에 부모와의 애착과 라포를 어떻게 형성하는가에 따라 자신만의 독특한 전용신경회로를 구축하여 주관적이고 자기중심적인 세상모형을 만들기 때문에 성인이 된 이후에 갖고 있는 대부분의 심리적인 문제는 성장과정에서 부모의 영향을 받아 형성된 것이라고 해도 지나친 말이 아니다.

만약 이 시기에 부모가 폭력을 행사하거나 심한 학대를 하게 되면 아이는 부모와의 건강한 애착관계와 라포를 형성하지 못하기 때문에 심각한 정신적 외상을 입어 회복하기 힘든 정신적 후유증을 앓게 될 수도 있다. 충분한 수용과 공감을 바탕으로 따뜻한 관심과 사랑, 칭찬, 격려, 존중이 필요한 시기에 부모의 부정적인 코칭이 반복되면 아이의 거울뉴런은 부모의 부정적인 표정이나 말, 행동뿐만 아니라 감정까지 그대로 스캔하여 내면화시켜버린다.

이렇게 내면화된 부정적인 감정을 일으키는 화학물질이 반복적으로 분비되어 전용신경회로를 구축하게 되면 불안과 같은 나쁜 감정의 중독 상태에 빠지게 되면서 다른 사람들과 환경에 부적응적인 세상모형을 가지게 될 가능성이 높아진다. 불안을 느끼게 하는 화학물질에 의해 전용신경회로가 더욱더 강화되어 불안한 감정상태가 지속되면서 완전한 불안의 중독 상태에 머물게 되는 것이다.

중독 상태가 오랫동안 지속되면서 부정적인 자기 제한 신념체계가 만들어지면 세상을 온통 부정적으로 보는 왜곡되고 편향된 세상모형을 가지게 될 가능성이 높아진다. 부정적으로 편향된 세상모형을 만든 자기 제한 신념체계와 불안이 한 사람의 인생 각본이 되어 성인이 된 이후의 삶에서 자신의 의지와 상관없이 반복적으로 재연되는 고통에 시달리게 만드는 것이다.

성인이 된 이후에 겪게 되는 대부분의 불안한 감정이나 자기 제한 신념체계는 어릴 때의 잘못된 학습과 경험, 피드백에 의해 생긴 것일뿐 자기 자신이 선택한 것은 아니다. 어릴 때는 자신의 의지로 선택할 수 있는 능력이 없었기 때문에 부모나 어른들의 사고나 가치관이 내사된다. 그래서 많은 사람들이 자신의 의지와 상관없이 내사에 의해 선택된 불안과 관련된 심리적 걸림돌 때문에 좁혀진 자신의 안전지대와 경계를 만들어 그 속에 갇힌 상태로 살아가고 있다.

중요한 것은 자신의 의지와 상관없이 자신을 구속하고 있는 좁혀진 경계와 안전지대는 새로운 선택을 통해 얼마든지 바꿀 수가 있다는 사실이다. 타고난 유전과 이미 지나간 과거를 지금 현재에서 바꿀 수 있는 사람은 아무도 없다. 우리가 바꿀 수 있는 것은 현재의 불안한 상태에 머물러있는 자기 자신을 편안한 상태로 바꿀 수 있는 새로운 선택과 행동을 하는 것이다.

현재의 상태를 바꾼다고 해도 과거의 부정적인 경험에 대한 기억 자체를 바꿀 수는 없다. 하지만 과거에 대한 정서는 원하는 상태로 얼마든지 바꿀 수 있기 때문에 지금 현재 자신의 상태를 바꿀 수 있는 새로운 선택과 행동이 중요하다.

그것이 말처럼 쉽지는 않지만 현재에서 새로운 학습과 경험을 반복하게 되면 기존의 불안과 관련된 전용신경회로를 차단할 수 있게 된다. 뇌는 무엇이든 반복하면 믿음을 만들기 때문에 반복적인 새로운 학습과 경험을 통해 편안함과 안정감을 주는 새로운 전용신경회로를 구축하는 작업을 한다면 불안과 관련된 전용신경회로가 차단되어 원하는 상태로 얼마든지 바꿀 수 있게 되는 것이다.

우리 뇌는 탁월한 가소성을 가지고 있기 때문에 초점이 일치된 새로운 학습과 경험이 반복되면 분명한 현실을 창조하는 능력을 가지고 있다. 중요한 것은 우리가 선택할 수 있는 변화는 지나간 과거나 다가올 미래가 아니라 지금 현재라는 사실을 깨닫는 것이다.

감정의 기저선

　포유류 뇌인 변연계는 모든 감정을 조절하는 중추적인 기능을 담당하고 있다. 감정조절뿐만 아니라 본능적인 욕구를 충족시키고 외부의 위험요인을 감지하여 적절하게 대응할 수 있는 모니터링 기능을 하며 쾌락과 고통을 구분할 수 있는 감별사의 역할도 함께 수행한다.

　그뿐만 아니라 안전과 생존에 중요한 우선순위를 정해 관련된 자극과 정보를 신속하게 알아차리고 반응할 수 있는 중요한 역할도 함께 맡고 있다. 변연계가 단순히 감정적인 부분뿐만 아니라 다양한 사회적 관계 속에서 발생할 수 있는 여러 가지 문제에 효율적으로 대응하는 핵심적인 역할을 맡고 있는 것이다.

　불안한 감정을 느끼게 만드는 정서적 영역과 모든 학습, 경험에 의한 기억 시스템에도 변연계는 중요한 기능을 수행하고 있다.

그래서 변연계가 심하게 활성화된 상태에서의 불안한 학습과 경험은 관련된 화학물질을 다량으로 분비하게 만들어 특정한 신경적 반응을 일으키는 전용신경회로를 구축하게 되는 것이다.

예를 들어 운동선수가 기술과 동작을 수행하는 과정에서 실수를 했을 때 코치가 꾸중이나 처벌을 하는 경우가 많다. 이때 선수의 변연계가 과잉활성화되면서 운동수행과 불안한 감정상태가 연합되어 이후에 불안과 관련된 특정한 신경적 반응을 상습적으로 일으키는 전용신경회로를 구축하게 된다.

이것은 훌륭한 선수로 성장할 수 있는 가능성을 가진 선수를 평범한 선수로 성장하게 만드는 잘못된 코칭 방법이다. 선수가 실수했을 때 처벌보다 격려가 필요한 이유는 실수에 대한 처벌이 두려움과 불안을 재연하는 특정한 신경적 반응을 일으키게 만들기 때문이다.
반면에 실수했을 때 즉각적인 격려가 주어지면 실수해도 괜찮다는 특정한 신경적 반응을 일으키는 전용신경회로를 구축하기 때문에 실수에 대한 불안이 만들어지지 않는 것이다.

변연계가 과잉활성화된 상태에서 일시적으로 집중능력이 높아지고 운동수행능력이 향상되는 과정에서 성적이 잘 나오게 되면 코치가 부적 강화되어 잘못된 코칭 방법을 반복하며 합리화하는 어리석은 선택을 계속하게 된다. 특히 변연계에서 시상은 감각정보가 드나드는 중요한 관문으로서 입력된 정보에 감정을 코팅하여 다른 곳으로 보내는 종합터미널과 같은 핵심적인 역할을 맡고 있다.

이곳에서 학습과 경험에 의해 입력된 모든 정보에 긍정적인 느낌과 부정적인 느낌을 덧입혀 특정한 기억 시스템을 구축하게 만든다.

만약 견디기 힘들 만큼의 충격적인 사건이나 사고로 인하여 시상이 제 기능을 온전히 하지 못하게 되면 학습과 경험한 기억들이 전체성을 가진 하나의 시나리오로 통합되지 못한다. 각각의 기억과 감정들이 뿔뿔이 흩어진 조각으로 기억되면 통합된 시나리오를 갖지 못하기 때문에 합리적인 사고와 느낌, 말, 행동에 제약이 생긴다.

특히 충격적인 사건이나 의미 있는 정서적 경험은 이성적 뇌인 전두엽에서 알아차리기도 전에 편도체가 먼저 자극되어 불안을 느낄 수 있도록 심리적, 생리적, 신체적인 반응을 촉진시키게 된다. 시상에서 전달된 정보가 편도체를 자극하여 위험신호를 보내게 되면 코르티솔, 아드레날린과 같은 강력한 스트레스 호르몬의 분비가 촉진되면서 심장박동수와 혈압, 호흡수가 증가하고 안전과 생존을 위한 본능적인 기전을 빠르게 발현시킨다.

이 상태의 불안한 느낌이 너무 강하거나 오래 지속되면 불안한 정서에 중독된 상태를 만들기 위해 광케이블처럼 굵은 전용신경회로가 구축된다. 이렇게 불안과 관련된 굵은 전용신경회로를 구축하게 되면 이후에 미세한 자극과 단서에도 민감하게 반응하며 과거의 불안한 느낌을 현재에서 그대로 재연하게 되는 것이다.

다행히 이러한 신호의 강도와 빈도, 시간이 약하거나 단발성으로 그칠 때 원래의 안정된 상태로 돌아가는 항상성이 작용하여 우리 몸을 정상적인 상태로 다시 회복시켜준다. 특히 심리적 내성과 응집력을 바탕으로 마음의 쿠션을 강화시켜두면 일시적으로 불안한 상태에 빠지게 되더라도 원래의 정상적인 상태로 빠르게 회복된다.

하지만 충격의 강도가 너무 강렬하거나 불안과 관련된 부정적인 감정 상태가 반복적으로 오랫동안 지속되면 정상적인 회복을 하지 못하고 불안한 상태를 유지하게 되면서 불안한 감정상태에 중독될 수도 있다. 불안한 느낌을 반복적으로 경험하게 되면 자신의 의지와 상관없이 불안한 감정상태를 유지하게 만들어 원래의 정상적인 안정상태를 유지시키는 기저선 상태를 찾지 못하게 될 수도 있는 것이다.

이렇게 불안한 감정의 중독 상태에 오랫동안 빠지게 되면 비정상적인 항등성과 기저선을 설정하기 때문에 원래의 건강한 상태로 돌아갈 수 있는 신호를 보내도 반응을 하지 않게 된다. 편도체가 과잉활성화되기 전에는 이성적 뇌인 전두엽의 자유의지가 충분한 통제력을 가지고 합리적인 사고와 느낌, 말, 행동을 할 수 있지만 감정적 뇌인 편도체가 이미 과잉활성화된 상태에서는 안전과 생존을 위한 시스템이 가동되기 때문에 전두엽의 자유의지가 제대로 작동이 안 되는 것이다.

이미 뇌가 불안한 감정상태에 중독되어 있기 때문에 전두엽의 합리적인 선택과 판단이 작동되지 않는 것으로 볼 수 있다. 그렇기 때문에 평소에 멘탈이 건강할 때 미리 멘탈을 강화시키는 노력을 해야 하는 것이다. 멘탈을 강화시키는 노력을 해야 하는 이유가 이미 멘탈이 치료가 필요할 정도로 심각하게 붕괴된 이후에는 원래의 건강한 상태로 회복하는데 너무나 많은 노력이 필요하기 때문이다.

감정의 경계

　어느 날 갑자기 끔찍하고 충격적인 사건을 경험하여 불안을 학습한 사람은 오랜 시간이 지난 이후에 과거 경험과 비슷한 작은 자극만 주어져도 과거의 불안을 그대로 재연하게 된다. 이성적으로는 그것이 과거의 사건뿐이라는 사실을 충분히 이해할 수 있고 어떻게 반응해야 할지를 잘 알고 있지만 자신의 이성을 관장하는 의식과 상관없이 잠재의식에서 불안한 감정이 순식간에 올라와 과거 사건 당시의 끔찍한 충격 속에서 헤매게 만드는 것이다.

　분명히 이성적으로는 어떻게 하는 것이 자신에게 도움이 되는지를 잘 알고 있지만 불안을 증폭시키는 화학물질에 중독된 뇌는 이성적인 생각과는 별개로 부정적인 감정의 순환고리에 갇히게 되면서 불안을 다시 불러내는 중독 상태에 빠지게 된다. 그러면서도 잠재의식적 차원에서 불안을 일으키는 부정적인 감정이 활성화되면 그것이 괴로워 의식적 차원에서 현재의 부정적인 감정상태를 벗어나고자 하는 노력을 동시에 하는 이중성을 보인다.

이렇게 되면 자신의 감정과 이성이 싸우는 과정에서 감정이 절대적 우위를 가지기 때문에 이성은 감정에 보조를 맞추어주는 제한된 역할밖에 하지 못한다. 이성적 사고와 판단이 불가능해진 상태에서 불안과 관련된 자신의 부정적 감정이 고통스럽기 때문에 그러한 고통에서 벗어나기 위해 더 나쁜 선택을 하는 경우까지 만들게 된다.

즉 현실에서의 고통스러운 불안한 감정에서 도피하기 위해 극단적인 선택을 하거나 마약, 게임, 알코올에 의존하기도 하고 과식을 하거나 도박에 빠지기도 하는 것이다.

그러면서 자신을 조금씩 더 무기력하게 만들거나 심한 경우 세상과 단절시키는 좁혀진 경계를 만들어 우울증과 범불안장애 때문에 더 큰 고통을 겪게 된다. 심한 우울증과 불안상태가 반복되거나 지속되면 자신과의 참만남이 어려워질 뿐만 아니라 다른 사람과의 소통도 힘들어지게 되면서 대인관계에 심각한 걸림돌을 갖게 될 수도 있다.

부정적 감정을 건강하게 표출하지 못하고 왜곡시키거나 억압시키는 과정에서 점점 더 자신을 상실하게 되어 이성적 판단과 선택, 행동을 할 수 없는 무기력한 감정상태에 머물게 되는 것이다.

자신을 잃어버리고 허약해진 감정상태에서 자신과 주변 사람들에게 더 이상 상처를 주지 않기 위해 감정을 점점 더 왜곡시키고 억압시키면서 좁혀진 경계에 스스로를 더 구속시킨다. 이러한 과정에서 자신과 타인을 연결해주는 친밀한 감정조차 잃어버리게 되면서 마치 고장 난 기계처럼 감정을 왜곡하거나 상실하게 된다.

왜곡되거나 억압된 감정이 처음에는 자기 스스로를 비하시키지만 나중에는 다른 사람과 세상을 원망하는 삐뚤어진 감정으로 굳어져 다른 사람들과의 소중한 라포까지 모두 상실하게 만들어버리는 것이다.

이와 같이 충격적인 사건 때문에 생긴 불안한 감정을 표출시키거나 해소하지 못하게 되면 미해결 과제로 남아 이후의 모든 생각과 느낌, 말, 행동이 불안한 감정의 영향을 받게 된다.

이러한 상태는 표면적으로 별문제가 없는 것처럼 보이지만 마음은 이미 병적인 감정상태를 만드는 화학물질에 중독되어 불안과 관련된 전용신경회로를 구축한다. 이렇게 되면 이후 자신에게 고통을 주었던 감정과 관련되거나 비슷한 자극과 경험이 주어지면 과잉적인 회피나 도피적 심리상태에 빠지기 쉽다. 심한 경우 아무런 감정도 느끼지 못하는 무감각 상태까지 만들어 오로지 당장의 고통스러운 감정에서 벗어나기 위해 극단적인 선택을 하거나 비합리적인 판단과 행동을 할 가능성이 매우 높아진다.

예를 들어 많은 사람들 앞에 노출되어 불안을 느낀 경험에 대한 억압된 감정이 자기 안에 존재하고 있다면 조금이라도 자신을 불안하게 하는 노출되는 상황에 대해서는 처음부터 피하려고 하는 대인기피 행동을 하게 된다. 그래서 사람이 많이 모이는 곳을 싫어하거나 피하게 되고 혼자만의 작은 감옥을 만들어 그 속에서 편안함을 느끼는 좁혀진 경계와 안전지대를 만들게 되는 것이다.

결국 좁혀진 인간관계와 소극적인 삶의 태도로 인하여 타인과 세상을 편안하게 접촉하기가 어려워지고 호기심을 가지고 새로움에 도전하는 어떠한 선택도 하지 못하는 무기력 상태에 빠지게 된다.

이러한 삐뚤어진 감정상태는 단기적으로 자신을 편안하게 만들어주기도 하지만 자신을 속이는 거짓된 감정이 누적되면서 점차 자신을 상실하게 되어 더 큰 불안한 감정의 블랙홀에 빠진다.

또한 자신의 부정적인 감정을 접촉할 수 있는 용기가 없어 사건 자체를 편향하거나 왜곡시켜 자신의 감정을 부인함으로써 불안한 감정상태에서 벗어나려는 선택을 하기도 한다. 하지만 그렇게 생각하고 말하며 행동하려고 의식적 차원에서의 노력을 시도해보지만 편향되고 왜곡된 감정이 집요하게 변화에 저항하도록 만든다.

자신을 힘들게 하고 있는 사건이 얼마나 충격적이었는지, 얼마나 나의 자존심을 무참히 짓밟았는지, 얼마나 배신감이 들게 만드는지, 남이 나를 어떻게 속였는지, 어떻게 일이 이렇게 악화되어버렸는지, 왜 하필 나에게 이런 일이 닥쳤는지에 대한 생각을 계속하게 만든다.

사건 자체보다 사건에 대한 생각 때문에 더 힘들어지고 나중에는 생각에 대한 생각 때문에 감정이 점점 더 격해져 부정적인 감정의 회오리에 갇히고 만다. 결국 자신의 감정에 더욱더 불을 지르는 나쁜 선택을 스스로 하게 되는 것이다.

이와 같이 자기 자신의 솔직한 감정을 만나지 못하고 회피하며 스스로를 속이는 것은 우선은 편안함을 느끼게 할 수도 있지만 나중에 더 나쁜 결과를 얻게 된다. 왜냐하면 자신의 감정을 속이고 무시하게 되면 나중에는 감정이 자신을 속이게 되면서 감정의 강도는 점점 더 높아져 더 큰 고통을 안겨주기 때문이다.

처음에는 자기 자신이 감정을 속이지만 나중에는 왜곡된 감정이 자기 자신을 속이게 되는 것이다. 이러한 왜곡된 감정을 더 키우게 되면 자기 자신을 비하해서까지 감정의 고통에서 벗어나려고 하는 왜곡된 생각과 말, 행동을 한다. 자신에 대한 비하가 심해지면 모든 것은 자신이 잘못해서 이런 일이 생겼다고 생각하며 스스로를 자학하게 된다. 이처럼 자신을 자학하거나 비하해서라도 고통스러운 감정에서 벗어나려는 몸부림을 치게 되는 것이다.

충격적인 사건에 대한 부정적 감정을 회피하거나 부인, 비하하는 것이 자신의 감정상태를 일시적으로 편하게 해줄 수는 있지만 근본적인 문제 해결이 안 되기 때문에 나중에 더 큰 고통을 받을 수도 있다. 그렇기 때문에 부정적인 감정을 직면하여 감정을 효율적으로 이용할 수 있는 자세를 가져야 한다.

그래서 감정과 정서를 무시하거나 그것을 무조건 억압해서는 안 되며 감정을 속이거나 방치해서도 안 되는 것이다. 우리의 이성으로 감정을 이길 수는 없지만 감정을 잘 활용할 수만 있다면 감정이 이성을 도와 전체성과 합리성을 갖게 해준다. 이렇게 되면 불안한 감정상태에 구속된 삶의 경계가 넓혀지는 긍정적인 역할을 하게 된다.

감정의 접촉

불안과 관련된 부정적인 감정이 자신을 짓누를 때는 한발 뒤로 물러나 관조적 입장에서 지금 내가 느끼는 불안이라는 감정의 실체가 무엇인지에 대해 스스로에게 질문을 해보아야 한다. 자신의 부정적인 감정을 알아차리고 접촉할 때 감정의 회오리에 휘말리지 않도록 한발 뒤로 물러서서 관조할 수 있게 되면 좀 더 객관적이고 냉철하게 부정적인 감정을 파악할 수 있기 때문이다.

만약 지금 내가 격하게 불안을 느끼고 있다면 지금 현재에서 내가 경험하고 있는 사건 때문에 불안을 느끼고 있는 것인지 아니면 사건에 대한 나의 부정적인 신념이 격하게 불안을 느끼는 지금의 상태를 만든 것인지 물어보아야 하는 것이다.

그리고 격한 나의 불안한 정서가 외부 사건이 만든 불안인지 아니면 원래 내 안에 내재되어 있었던 불안이 외부 자극에 의해 불려 나온 것인지 물어보아야 한다. 이처럼 지금 자신이 느끼는 불안의 실체에 대해 관조적 입장에서 질문을 하며 접촉하는 순간 불안한 감정이 약해지는 것을 느낄 수 있게 된다. '강 건너 불구경 하듯이'라는 말처럼 불안한 감정에 중독된 상태에서는 한발 물러나 객관적이고 합리적인 알아차림과 접촉이 필요한 것이다.

알아차림과 접촉이 중요한 이유는 어떤 사건에 의해 자기 안에 억압된 대부분의 부정적인 감정은 처음 그 감정과의 올바른 알아차림과 접촉이 이루어지지 못해 생기는 경우가 많기 때문이다. 부정적인 감정의 실체를 확인한 후 뒤로 한발 물러서서 그 감정을 알아차리고 접촉하는 과정에서 그러한 알아차림과 접촉이 처음에는 다소 고통스러울 수 있기 때문에 저항 심리가 생길 수도 있다.

하지만 감정의 실체를 객관적으로 파악하고 접촉하여 문제를 해결하며 적응해가는 과정에서 자신의 감정을 스스로 조절하고 통제할 수 있게 되면 더 이상 부정적인 감정이 자신을 통제하는 비정상적인 왜곡이 일어나지 않도록 만들 수 있게 된다. 우선 당장의 심리적 안정과 편안함을 느끼기 위해 불안과 관련된 부정적인 감정을 제대로 파악하지 못하고 접촉하지 못한 상태에서 부정적인 감정을 계속 회피하기만 한다면 장기적으로 훨씬 더 큰 고통을 겪는 대가를 치러야 할 수도 있다.

우리는 표면적으로는 이성적인 존재이지만 실제로는 감정의 지배를 받고 있는 존재이다. 그리고 우리가 느끼는 감정 자체가 절대적인 긍정과 부정이 있는 것도 아니다. 다만 우리가 감정을 어떻게 알아차리고 해석하여 처리하느냐에 따라 그 감정이 우리 삶의 긍정과 부정의 결과를 얻게 해줄 뿐이다.

어떻게 보면 모든 감정은 형태만 다를 뿐 우리 삶에 도움이 되는 소중한 자원으로 활용이 가능한 것이다. 다만 그 감정을 어떻게 해석하고 반응하느냐에 따라 긍정과 부정의 결과를 만들 뿐 감정 자체는 어떠한 것이든 도움이 되는 소중한 자원이다. 어떤 사건에 의해 생긴 부정적인 감정이 처음에는 우리에게 스트레스를 주기도 하지만 그 감정의 실체를 알아차리고 접촉하는 과정에서 오히려 감정을 조절하고 통제하는 능력을 갖게 해주기 때문이다. 그래서 관조적 입장에서 감정을 있는 그대로 알아차리고 접촉하여 그 감정을 통해 깨달음과 지혜를 얻을 수 있게 해주어야 하는 것이다.

슬플 때는 슬픔의 감정을 알아차리고 접촉할 수 있어야 하고 화가 날 때는 화의 감정을 알아차리고 접촉할 수 있어야 한다. 또한 기쁠 때나 사랑할 때도 그 감정을 알아차리고 접촉할 수 있어야 한다.

이렇게 감정을 회피하지 않고 직면할 수 있을 때 그 감정이 해소되어 건강한 삶의 순환고리를 만들 수 있게 된다.

감정의 조절

　견디기 힘들 만큼의 충격적인 사건이나 사고로 인하여 극도의 불안한 감정상태를 경험하게 되면 이후 그 상황과 관련된 미세한 자극만 주어져도 과거의 불안을 현재에서 재연하게 된다. 이와 같이 불안한 상태를 만드는 재연은 의식적 차원에서 일어나는 것이 아니라 잠재의식적 차원에서 자연스럽게 일어나는 것이다.

　불안과 관련된 모든 학습과 경험은 뇌의 기억 시스템에 저장되어 있으며 그 기억에는 학습과 경험 당시에 느꼈던 불안한 감정이 선명하게 덧입혀져 있고 이후에 새로운 경험을 할 때도 기억 시스템에 저장된 불안한 감정이 덧입혀진다. 불안한 감정상태의 경험이 뇌에 기억될 때는 대부분 언어로 부호화되어 저장되며 그 과정에서 뇌의 전체성에 의해 기존의 기억 시스템뿐만 아니라 이후의 새로운 학습과 경험 과정에도 불안한 감정을 덧입히게 되는 것이다.

이후에 불안한 감정을 강하게 느꼈던 과거 불안한 기억과 관련된 미세한 자극이나 단서만 주어져도 과거의 불안한 감정상태를 재연하기 위해 전용신경회로를 과잉활성화시켜 불안과 관련된 신경적 반응을 불러일으키게 된다. 이렇게 과잉활성화된 전용신경회로에 어떠한 화학물질이 분비되어 감정이 덧입혀지는가에 따라 편도체의 활성화 정도가 달라지게 되는 것이다.

특히 견디기 힘들 만큼의 심각한 불안과 공포를 느끼게 만드는 충격적인 사건이나 사고, 정서적 경험을 하게 되면 스트레스 물질의 분비와 더불어 편도체가 과잉활성화되기 때문에 불안과 공포를 빠르게 느끼는 전용신경회로가 광케이블처럼 굵게 구축된다.

이후에 그것과 관련된 미세한 자극과 단서에도 편도체가 과민하게 반응하여 경험 당시의 불안과 공포를 재연하도록 관련된 화학물질을 순식간에 분비시켜 전용신경회로를 활성화시킨다. 이처럼 불안과 관련된 대부분의 심리적 장애는 과거에 불안을 느끼게 만들었던 학습과 경험이 뇌에 기억되어 있기 때문에 생긴다.

견디기 힘들 만큼의 충격적인 사건이나 사고, 의미 있는 정서적 경험을 하게 되면 합리적인 판단과 선택을 할 수 있는 전두엽이 제 기능을 하지 못하기 때문에 일반적으로 감정의 뇌가 통제력을 갖게 된다. 알코올이나 마약, 담배, 게임, 도박, 약물 등에 중독되면 쉽게 극복하기가 어려운 이유도 합리적이고 이성적인 판단과 선택을 할 수 있는 전두엽의 기능보다 중독 과정에서 분비된 화학물질에 의존성을 가진 감정의 뇌가 더 활성화되기 때문이다.

심한 공포 상태나 불안, 분노를 느낄 때는 논리적이고 합리적인 말이 전혀 귀에 들어오지 않게 되는 것도 감정의 뇌가 과잉활성화되면서 전두엽이 제 기능을 하지 못하기 때문에 나타나는 현상이다. 그래서 인간을 감정의 동물이라고 부르는 것이다.

만물의 영장이라고 불리는 인간은 분명 표면적으로 이성적이고 합리적인 판단과 선택을 하는 것처럼 보인다. 하지만 뇌는 전체성으로 연동되고 있기 때문에 이성의 뇌는 감정의 뇌와 협업을 통해 모든 정보를 처리하고 반응한다. 좀 더 정확하게 말하면 감정의 뇌에서 먼저 반응한 후에 전두엽에서 종합적으로 판단하고 반응하게 되는 것이다.

만약 편도체가 과잉활성화되어 과하게 불안한 감정상태를 느끼는 비정상적인 상태에서 전두엽이 종합적인 판단과 선택을 하게 된다면 상황에 적합하지 않는 엉뚱한 반응을 하게 될 수도 있다. 반대로 이성적인 뇌가 먼저 지각과 해석을 하고 그 해석과 선택에 따라 특정한 감정상태를 일으키게 될 수도 있다.

특정한 생각을 하는 것만으로도 특정한 감정이 생기게 되는 현상은 이성적 뇌가 감정적 뇌와 연동되어 있다는 증거이다. 물론 이러한 과정은 거의 동시적으로 찰나의 짧은 순간에 일어난다. 일반적으로는 이성적 뇌인 전두엽과 감정적 뇌인 변연계가 대립하거나 싸우게 되면 대부분 감정적 뇌가 이길 수밖에 없다. 그 이유는 감각정보가 감정적 뇌인 시상을 거쳐 전두엽에 전달되기 때문이다.

시상은 뇌에서 중계소 역할을 하며 모든 감각적 정보를 취합하고 분류하여 전두엽과 편도체에 전달하는 역할을 맡고 있다.

전두엽이 뇌의 모든 연결회로와 정보를 통합하고 지시하는 총사령관 역할을 하는 것이라면 편도체는 싸움과 도주에 관한 신호를 보내는 화재경보기와 같은 역할을 맡고 있다. 편도체의 중요한 기능은 유입된 정보가 안전과 생존에 관련이 있는지 확인하여 공포와 불안한 감정을 느끼게 만드는 신호를 보내는 것이다. 이 기능은 안전과 생존에 관련되어 있기 때문에 신속하고도 자동적으로 진행되어야 한다.

편도체는 시상에서 전달된 정보를 전두엽보다 더 빨리 처리하므로 유입된 정보가 생존에 위협이 되는지를 전두엽보다 먼저 알아차리고 반응하게 된다. 편도체의 중요한 기능은 안전과 생존을 위해 전두엽에서 판단과 선택을 하기도 전에 싸움과 도주 반응을 할 수 있게 준비를 하는 것이기 때문이다.

불안한 감정상태를 만들게 되면 변연계 영역이 활성화되고 전두엽의 활성화를 일시적으로 제한하게 된다. 이러한 불안정한 감정상태에서 자기 자신을 이성적이고 합리적으로 통제하는 능력을 회복시키기 위해서는 멘탈에 대한 이해와 사용법을 알고 활용할 수 있어야 한다.

멘탈코칭센터에서는 멘탈 공부와 훈련, NLP, 이완훈련, 자율훈련, 신체훈련 등의 다양한 프로그램을 접목하여 이성의 뇌와 감정의 뇌가 협업을 통해 건강한 전체성을 가질 수 있게 도움을 주고 있다.

감정의 재연

갑작스럽게 충격적인 사건이나 사고를 당하게 되면 안전과 생존을 위해 감정적 뇌가 과잉활성화되기 때문에 합리적이고 균형 있는 판단과 선택, 반응을 하도록 하는 이성적 뇌가 충분히 제 기능을 할 수 없게 된다. 이 과정에서 불안장애나 트라우마, 공황장애, 외상 후 스트레스 장애와 같은 심리적 걸림돌을 만들게 되며 불안과 관련된 부정적인 감정상태에 중독되는 것이다.

특히 이러한 부정적인 경험이 지워지지 않는 트라우마로 기억되면 자신의 의지와 상관없이 반복적으로 재연되는 고통에 시달리게 된다.
이처럼 불안과 관련된 과거의 고통스러운 기억이 뇌에 프로그래밍되면 자신의 의지와 상관없이 습관적으로 재연되면서 이성적 판단과 합리적 사고, 느낌, 말, 행동에 제약을 받게 될 수 있다.

이성적인 뇌에서는 어떻게 판단하고 반응해야 하는지 일시적으로 지각하고 이해할 수 있지만 감정적인 뇌가 이미 불안과 관련된 부정적인 상태에 중독되어 있기 때문에 합리적인 사고와 느낌, 말, 행동을 하지 못하게 되는 경우가 많은 것이다.

이성적 뇌에서는 고통스러운 상황에서 벗어날 수 있는 정상적인 선택과 행동에 대한 답을 알고 있지만 불안에 중독된 상태에 있는 감정적 뇌에서는 이성적 뇌와는 별개로 불안과 관련된 부정적인 감정의 순환고리에 갇히게 된다. 이 상태에서는 더 나은 선택과 변화를 위한 아무런 행동도 하지 못하게 되는 것이다.

이와 같이 사람들은 자신의 과거 기억이 만든 불안과 관련된 부정적인 감정상태의 포로가 되어 스스로 구속당하면서도 순간순간 그 상태에서 벗어나기 위한 의식적 노력을 반복하는 이중성을 가지고 있다. 이러한 이중성이 대립하게 되면 대부분 감정적 뇌가 절대적인 우위를 가지며 주도권을 행사하기 때문에 이성적 뇌는 감정적 뇌에 보조를 맞추어주는 제한된 역할밖에 하지 못하게 된다.

감정적 뇌가 과잉활성화된 상태에서는 이성적이고 합리적인 사고와 판단이 힘들어지게 되면서 당장 눈앞의 고통스러운 상황에서 벗어나기 위해 더 나쁜 선택을 할 수도 있다. 즉 당장의 고통스러운 부정적인 감정상태에서 벗어나기 위해 극단적인 선택을 하거나 알코올, 약물, 게임, 도박 등에 의존하기도 하는 것이다.

심지어는 이런 불안한 감정상태에 있을 때 자신의 존재와 정체성을 느끼는 나쁜 중독 상태에 빠지게 될 수도 있다. 이렇게 나쁜 중독 상태에서 자신의 자유의지가 제대로 작동되지 못하고 나쁜 선택에 의존성을 가지기 때문에 점점 더 심한 자기 상실을 겪게 되면서 무기력해지거나 불안한 감정에 빠지게 되는 것이다.

이렇게 불안과 관련된 부정적인 감정상태가 반복적으로 오랫동안 지속되면 중독된 상태에서 자기 상실을 겪게 될 뿐만 아니라 좁혀진 경계에 의해 타인과의 정상적인 소통과 관계에도 걸림돌을 가지게 된다. 자기 상실과 타인과의 관계 단절로 인해 자신과 타인을 연결해주는 친밀한 감정조차 잃어버리기 때문에 점점 더 왜곡되고 좁혀진 세상모형을 가지게 되는 것이다.

불안한 감정상태가 처음에는 자기 스스로를 부정적인 세상모형에 가두게 만들지만 나중에는 그 부정적인 세상모형이 타인과 세상까지도 불안한 감정으로 덧씌워버린다. 이러한 좁혀진 세상모형이 만든 경계로 자신에 대한 라포를 상실하고 궁극적으로는 다른 사람들과의 정상적인 라까지 상실하게 된다.

이처럼 불안과 관련된 부정적인 감정상태를 외부로 표출시키지 못하거나 해소시키지 못하게 되면 미해결 과제로 남아 이후의 모든 생각과 느낌, 말, 행동까지 불안한 감정상태에 영향을 받게 만든다. 이러한 상태는 표면적으로 별문제가 없는 것처럼 보이지만 불안한 감정상태를 만드는 화학물질에 중독된 상태에서 전용신경회로가 구축되어 있기 때문에 언제든지 과잉적인 회피나 공격성 등으로 표출될 수 있다. 심한 경우 아무런 감정도 느끼지 못하는 감정인지불능 상태나 학습된 무력감에 빠져 현재의 고통스러운 현실을 벗어나기 위한 그 어떤 선택과 도전도 하지 못하는 상태에 머물게 될 수도 있는 것이다.

　예를 들어 성장과정에서 발표불안을 경험한 부정적인 기억이 밖으로 표출되어 해소되지 못하고 미해결된 과제로 억압되어 있는 경우 오랜 시간이 흐른 이후에 약간이라도 자신이 겪었던 과거의 발표불안 경험과 유사한 상황에 노출되는 것은 처음부터 회피하려는 행동을 한다. 그래서 사람이 많이 모이는 장소를 싫어하게 되고 과거의 불안과 관련된 부정적인 감정상태를 다시 불러낼 수 있는 그 어떤 만남과 상황에 대한 선택도 기피하게 되는 것이다.

　아주 친한 사람과의 만남이나 익숙한 곳이 아니면 새로운 만남의 경계를 더 이상 확장하지 않기 때문에 좁혀진 세상모형에 제한된 관계만 형성하게 된다. 이러한 좁혀진 세상모형과 제한된 관계형성에 의해 안전지대를 만들게 되면 우선은 스트레스를 받지 않고 편안함을 느끼게 만들어주기도 한다.

　하지만 장기적으로는 자기 상실로 인한 가짜 자기로서 살아가도록 만들기 때문에 더 큰 부정적인 감정의 블랙홀에 빠지게 될 수도 있다. 그뿐만 아니라 자기 자신의 불안과 관련된 부정적인 감정을 알아차리고 접촉할 수 있는 용기가 없기 때문에 현실을 부정하거나 자신의 감정을 부인하는 편향을 하게 된다.

　그러면서도 현실을 바꾸기 위해 의식적 차원에서 많은 노력을 해보지만 중독된 감정상태에서는 전두엽의 자유의지가 제대로 작동되지 않기 때문에 변화가 쉽지 않다. 전용신경회로를 구축하게 만든 화학물질에 중독된 뇌는 현재의 상태를 그대로 유지시키기 위한 강력한 관성을 가지고 있기 때문에 새로운 변화가 쉽지 않은 것이다.

오히려 불안한 감정상태를 유지하기 위해 필요한 화학적 중독 상태에 계속해서 머물며 반복된 생각, 느낌, 말, 행동을 하게 된다.

이렇게 되면 반복된 생각이 느낌을 만들고 느낌이 다시 생각을 일으키는 순환고리를 만들어 점점 더 강한 중독 상태에 빠지기 쉬우며 이러한 순환고리가 불안한 감정상태에 중독되도록 만든다.

우리는 자유의지를 지닌 이성적이고 합리적인 존재이다.

그러면서도 철저하게 감정의 조종을 받는 존재이다. 그렇기 때문에 충격적인 사건이나 사고를 경험하거나 반복하게 되면 오랜 시간이 지난 뒤에도 비슷한 자극이나 신호가 주어지면 과거의 경험을 재연하게 된다. 그래서 우리의 자유의지가 제대로 작동될 수 있도록 마음의 쿠션을 강화시킬 수 있는 멘탈에 대한 공부와 훈련이 필요한 것이다.

기존의 불안에 중독된 감정의 패턴을 파괴하고 편안함과 안정감을 주는 새로운 전용신경회로를 구축하기 위해 멘탈 공부와 훈련을 반복한다면 불안이 더 이상 우리를 통제하지 못하게 된다. 그러한 과정이 말처럼 쉽지는 않지만 전문가의 도움을 받을 수 있다면 부정적 감정의 중독 상태에서 얼마든지 벗어날 수가 있다.

중독 상태

　우리 마음속에는 두 개의 거울이 비추고 있다.

두 개의 거울 중 하나는 긍정적인 생각과 느낌, 말, 행동을 반복하게 만드는 거울이고 다른 하나는 부정적인 생각과 느낌, 말, 행동을 반복하게 만드는 거울이다. 우리의 마음 상태를 만드는 것은 초점을 일치시킨 거울이 마음 상태를 만드는 것으로 이해할 수 있다.

　마음을 비추는 두 개의 거울은 서로가 서로에게 영향력을 행사하고 있으며 서로 대립하며 주도권을 행사하기 위해 싸움을 하기도 하고 서로 협력하여 균형과 조화를 이루기도 한다. 만약 두 개의 거울이 서로 대립하여 싸움을 하게 되면 우리가 초점을 더 많이 일치시킨 거울이 더 강한 힘을 가지게 되는 것이다.

　신경생리학적 관점에서 우리의 존재는 지금 여기에서의 반복된 생각과 느낌, 말, 행동의 일관성을 유지시키는 신경회로의 활성화와 화학물질의 분비에 의해 특정한 상태에 있는 것으로 볼 수 있다. 우리의 생각과 느낌, 말, 행동이 일어나게 하는 것은 활성화된 신경회로와 분비된 화학물질이기 때문이다. 그렇기 때문에 신경회로의 조합이 바뀌거나 화학물질의 분비가 달라지게 되면 생각과 느낌, 말, 행동이 바뀌게 되고 반대로 생각과 느낌, 말, 행동을 반복해서 바꾸어도 신경회로의 조합과 화학물질의 분비가 달라지게 되는 것이다.

우리가 어떤 경험을 할 때 특정 화학물질이 분비되면서 활성화된 신경회로에는 수많은 기억들이 걸쳐져있다. 그 기억에는 다양한 감정들이 연합되어 있기 때문에 반복적인 특정한 경험은 특정한 감정적인 중독 상태를 유지하게 만든다. 어떤 형태의 중독 상태든 반복적인 경험에 의해 뇌가 감정의 중독 상태에 빠지기는 쉽지만 한번 빠진 중독 상태에서 빠져나오는 것은 쉽지가 않다.

만약 불안한 감정상태를 재연하게 되면 반복적으로 관련된 화학물질이 과잉 분비되어 전용신경회로가 구축되면서 완전한 중독 상태에 빠지기 때문에 자신의 의지로 그 상태에서 빠져나오는 것이 어려워진다. 이렇게 불안한 감정상태가 반복되는 현상은 뇌가 화학물질에 완전히 중독된 상태이며 다른 말로 불안한 감정상태를 만드는 화학물질의 노예가 된 것과 같은 것이다.

이와 같이 불안과 관련된 특정한 경험이 반복되는 과정에서 분비된 화학물질에 의해 전용신경회로가 구축되면 일정한 패턴을 만들어 나중에는 자신의 의지와 상관없이 불안을 반복적으로 느끼게 되는 중독 상태를 계속 유지하게 된다. 이렇게 되면 나중에는 불안이 일반화되어 처음 불안을 일으켰던 경험과 상관없는 평범한 일반적인 자극이나 단서에도 중독 상태에서 일어나는 반응을 재연시키기 위해 화학물질을 계속 분비하게 만든다.

이렇게 중독 상태가 심해지면 불안한 감정을 느낄 수 있는 중독 상태를 유지하기 위한 자극과 신호를 끊임없이 찾게 되고 그러한 자극과 신호가 주어지지 않으면 외부의 요인을 억지로 만들어서라도 중독 상태를 유지하게 만드는 화학물질을 분비시킨다. 뇌는 불안과 관련된 중독 상태에 빠지게 되면 불안한 중독 상태를 유지하기 위해 수단과 방법을 가리지 않고 관련된 화학물질을 분비할 수 있는 최선의 전략을 선택하게 되는 것이다.

만약 외부에서 불안한 중독 상태를 활성화시키는 자극과 신호가 주어지지 않게 되면 내부적으로 스스로 불안을 만들 수 있는 부정적인 신경회로의 조합을 만들어서라도 중독 상태를 유지하는 전략을 선택하게 된다. 이렇게 최선을 다했는데도 불안한 중독 상태를 유지하는 나쁜 상태를 만들지 못하게 되면 잠재의식에서는 기존의 중독 상태를 대신할 수 있는 새로운 자극과 신호를 끊임없이 갈망하게 되면서 더 나쁜 선택을 할 수도 있다.

만약 자신의 감정상태가 별것 아닌 일에도 불안한 반응을 습관적으로 하는 중독 상태에 있다면 자신도 모르게 과민하게 반응하여 감정이 격해지는 중독 상태를 계속 유지하고 있는 것으로 볼 수 있다.

이미 불안한 중독 상태에 자신의 항상성이 설정되어 있기 때문에 잠재의식 차원에서 어떠한 방법을 찾아서라도 불안을 만들어내는 화학적 반응에 중독되는 상태를 선택할 수밖에 없는 것이다.

술이나 담배, 게임, 도박, 약물, 마약 등에 중독되는 것과 마찬가지로 불안도 중독에 의해 자신의 의지와 상관없이 반복적으로 불안이 재연되는 상태를 만들게 된다. 불안에 중독된 상태에서 활성화된 신경회로와 화학물질의 분비가 반복되면 불안을 지속적으로 느낄 수 있는 심리적 왜곡과 생리적 각성, 신체적 긴장 등의 기저선을 만들어 광케이블처럼 굵은 전용신경회로를 활성화하여 불안을 자동화시킨다.

불안을 반복적으로 느끼는 중독된 상태에서 자신의 불안한 상태를 유지시켜주는 자극과 신호가 지속적으로 주어지지 않으면 끊임없이 자극을 찾게 된다. 이 상태에서는 불안한 상태에 빠지게 만드는 일이라면 무엇이든 선택하게 되는 비정상적인 상태에 빠진다. 만약 이 상태에서 불안을 느끼게 하는 자극이 계속해서 주어지지 않으면 금단증세까지 생기게 된다. 이러한 힘든 상태를 벗어나기 위해 잠재의식에서는 현재의 상태를 바꾸거나 대체할 모든 전략을 수립하여 스스로 불안을 느끼는 반복된 패턴을 보이게 되는 것이다.

결국 불안한 감정상태를 반복적으로 경험하게 되면 과잉된 각성상태를 유지하게 만드는 고정된 패턴을 갖게 되어 자신의 의지와 상관없이 과거의 불안을 재연하려는 중독된 상태를 보일 수밖에 없어진다.

그래서 우리는 반복적인 어떤 경험에 대해 어떤 화학물질을 반복적으로 분비하여 어떠한 전용신경회로를 구축하였는가에 따라 불안의 수준이 달라지고 상태가 결정되는 것이다.

우리 뇌는 두개골 안에 안전하게 자리 잡고 있기 때문에 외부에서 입력되는 모든 정보를 감각정보에 의존한다. 이렇게 학습과 경험 과정에서 입력된 감각정보는 뇌 시상에서 감정을 덧입혀 연결되기 때문에 모든 학습과 경험은 정서적 의미를 묻혀 뇌에 기억된다. 이와 같이 모든 기억은 감정이 연합되어 있기 때문에 경험 과정에서 일어났던 특정한 신경적 반응이 함께 프로그래밍되어 저장되는 것이다.

우리 뇌가 가진 별명이 착각의 챔피언이다. 어떤 경험이든 반복되면 그것을 사실로 받아들이고 사실로 받아들인 것에 대해서는 굵은 전용 신경회로를 구축하여 믿음과 신념을 만들어 우리를 통제하는 중독 현상을 일으키게 된다. 중독은 그것이 게임이든 알코올이든 도박이든 불안이든 중독 상태에 있을 때 편안함을 느끼게 만든다.

우리 뇌는 그것이 긍정적인 것이든 부정적인 것이든 가리지 않는다. 그것이 불안이든 안정감이든 우리의 상태를 만드는 것은 반복이기 때문에 불안이 아닌 안정감에 초점을 일치시키고 반복적인 생각과 느낌, 말, 행동을 반복한다면 새로운 중독 현상이 일어나게 되는 것이다.

도파민 분비

1992년 처음 등장한 스마트폰은 사람들과의 일상적인 소통뿐만 아니라 정보를 얻거나 공유하는 기능, 주식투자, 교육, 은행업무, 게임, 메모장, 녹음, 촬영 등의 다양한 기능을 갖고 있다. 현대인들은 소셜네트워크서비스(SNS)와 스마트폰에 반복적으로 노출되면서 자신도 모르게 과잉몰입하는 중독된 습관을 형성하게 된다. 이러한 과잉몰입이 자주 반복되는 과정에서 우리의 뇌는 스마트폰에 조금씩 중독된 패턴을 형성하기 시작하는 것이다.

요즘 사람들을 보면 스마트폰이 마치 자석처럼 손에 붙어 떨어지지 않는다. 실제로 사람들은 잠시라도 손에서 스마트폰이 없으면 초조해지고 불안을 느끼며 안절부절못한다. 우리의 뇌가 이미 스마트폰이 가진 절대적인 힘에 통제당하고 있는 것이다. 스마트폰의 전자파가 얼마나 우리 뇌에 나쁜 영향을 미치는지의 진위를 떠나서 스마트폰 중독이 우리 뇌 구조와 기능에 얼마나 부정적인 영향을 미치는가에 대해서는 관심을 가져야 할 때가 됐다.

우리 뇌는 그 무엇이든 반복하면 그것을 사실로 받아들이고 그것에 대한 믿음을 만들어 스스로 그 믿음에 통제당하는 착각의 챔피언이다. 그래서 뇌는 반복적인 자극이 주어지면 그 자극에 반응하는 화학물질을 분비하여 굵은 전용신경회로를 구축하게 되면서 중독된 패턴을 가지게 되는 것이다.

미국의 컴퓨터 과학자 주디스 도나스는 "SNS에 과도하게 몰입하면 뇌 구조가 바뀐다"라고 주장했다. 그에 따르면 반복적인 스마트폰 사용이 인간의 뇌에서 분비되는 수백 가지 물질 중에서 도파민(dopamine)이라는 호르몬의 기능에 문제를 일으킨다고 했다. 도파민은 주로 신경충격의 전달을 억제하는 신경전달물질이며 도파민이 부족하면 조절 통제 능력에 문제가 생겨 파킨슨병에 걸리게 된다. 도파민은 쾌락과 행복감, 몰입 및 의욕, 성취감과 관련된 감정을 느끼게 만드는데 일상생활에서의 여러 가지 감정과 행동에 영향을 미치고 있다.

도나스는 뇌과학 실험을 통해 SNS에서 자주 쓰이는 알림음이 도파민 분비를 자극한다는 사실을 확인했다. 이렇게 도파민이 자주 반복해서 분비되면 뇌는 이 상태를 '이상신호'로 판단하여 과민반응하게 된다. 그 결과 뇌는 도파민 수용체 개수를 줄여서 도파민이 비정상적으로 자주 분비되더라도 제대로 작용하지 못하게 만드는 반응을 하게 만들어 정상적인 상태를 유지하게 한다.

이러한 일이 계속 반복되면 뇌는 웬만한 자극이나 성취, 즐거움, 행복을 주는 외적 요인에 대해 보상체계를 발동시키지 않는 경색된 뇌 구조를 만들게 되어 점차적으로 둔감해진다. 이것은 우리 뇌가 지나친 자극에 도파민을 과잉 분비하여 더 이상 도파민을 분비하지 못하는 상태에서 일어나는 현상이다. 이 현상이 바로 아이들이 게임이나 스마트폰에 중독되면 건전한 활동이나 운동, 공부에 흥미를 잃고 집중을 하지 못하는 이유를 설명하는 것이다.

이와 같이 뇌상태가 비정상적인 반응 상태로 바뀌면 조용한 독서나 가족, 친구들과 함께 있는 시간이 무의미하게 느껴지고 아름다운 자연을 접촉하거나 여행을 하는 것도 별 감흥이 없어진다. 심지어는 재미있는 코미디 프로그램을 봐도 제대로 웃지 못하거나 감명을 주는 영화를 봐도 감정이 느껴지지 않게 된다.

그렇게 되면 자신만의 좁혀진 세상모형을 갖게 되어 비사회적이라는 평가를 받기 쉬워진다. 이러한 왜곡 상태가 오랫동안 지속되면 자신의 지향적 목표와 동기를 잃어버리게 되어 성취를 위한 초점 일치시키기가 안되고 그것을 이루기 위해 노력을 하는 것에 대한 가치도 알지 못하게 된다. 이 상태는 마약, 게임, 도박, 알코올 등에 중독되거나 사행성, 유흥에 자주 노출될 때 일어나는 현상과 같은 것이다.

만약 성장과정에서 스마트폰 게임을 반복적으로 하게 되면 성장과정에서뿐만 아니라 성인이 된 이후에도 이러한 게임중독 상태가 일으키는 부작용을 겪을 가능성이 매우 높아진다. 결국 이러한 스마트폰 중독이 또 다른 불안을 야기하는 중요한 원인이 된다.

중독된 패턴

　착각의 챔피언인 뇌는 무엇이든 반복해서 많이 사용하게 되면 관련된 화학물질의 분비와 전용신경회로를 굵게 형성하면서 자신의 존재와 정체성까지 바꾼다는 사실은 이 책을 읽으면서 알 수 있게 되었다.

　자신의 자원과 에너지가 긍정적인 것이든 부정적인 것이든 상관없이 반복적으로 많이 사용한 만큼 관련된 전용신경회로를 구축하여 신념체계를 형성하고 그 신념이 스스로를 통제하게 된다. 즉 반복적으로 많이 사용하는 전용신경회로가 만든 신념체계가 자신의 존재와 상태를 만들게 되는 것이다.

　그래서 우리는 일상생활 속에서 좋은 생각이나 느낌, 말, 행동을 많이 하고 좋지 않은 생각이나 느낌, 말, 행동은 많이 사용하지 않아야 한다. 뇌는 그 무엇이든 반복하면 습관을 만들고 습관에 의해 차츰 중독 현상을 나타내기 때문에 어떤 생각과 느낌, 말, 행동을 선택하여 반복을 하느냐에 따라 자신의 존재와 상태를 결정짓게 된다. 습관적인 행동을 계속 반복하게 되면 그 패턴은 더욱 강화되며 자신의 의지와 상관없이 중독 상태를 만들어 점점 더 자동화되어간다.

예를 들어 오랫동안 불안 때문에 고통을 받고 있는 사람이 불안은 도움이 되지 않는다는 사실을 깨닫고 이제는 불안해하지 않겠다고 굳은 결심을 하지만 불안은 점점 더 심해진다. 의식 차원에서는 불안해하지 않겠다는 의지를 일시적으로 키우게 되지만 잠재의식 차원에서는 여전히 불안한 상태를 유지하기 위한 중독된 패턴을 찾는 충동에서 헤어나지 못하는 불일치를 겪게 된다.

이것은 그동안 불안을 느끼는 반복된 행동에 의해 뇌와 몸이 이미 중독되어 통제불가능한 습관을 형성하고 있기 때문이다.

의식적으로는 자신을 고통 속에 가두는 불안에서 벗어나겠다고 굳은 결심을 해보지만 생리적으로는 불안하고 싶은 화학물질에 중독된 상태에 있기 때문에 불안한 상태를 다시 찾을 수밖에 없다. 그래서 특정한 감정이나 행동이 반복에 의해 중독 상태가 되면 의식적 차원에서 그 감정과 행동을 바꾸려 해도 어려워지게 되는 것이다.

반복으로 인한 중독된 습관에 스스로 통제당하는 상태에서는 아주 특별한 방법을 사용하거나 주변의 도움을 받지 않고 스스로의 의지와 노력만으로 변화하기가 쉽지 않다. 이것이 불안이라는 감정상태가 아니라 술이나 담배, 마약, 게임, 약물 등 어느 것이든 한번 중독되면 그 상태에서 쉽게 벗어나기 어려운 이유이다.

이러한 나쁜 중독으로 자신의 정신과 신체가 점점 더 망가져가도 그 중독에서 벗어나지 못하는 이유가 중독 자체에 우리의 뇌와 몸이 길들여져 있기 때문이다. 이미 오랜 기간 반복에 의해서 강화된 불안과 관련된 전용신경회로와 화학물질에 의해 중독된 상태를 오히려 익숙하고 편안하게 받아들이기 때문에 불안한 현재 상태에서 벗어나 자신의 자유의지를 갖는 것이 결코 쉽지가 않은 것이다.

뇌의 신경회로는 그 무엇이든 자주 사용하게 되면 활성화되어 연결이 아주 굵게 강화되고 반대로 자주 사용하지 않으면 연결이 차단되거나 약해진다. 즉 아무리 좋은 전용신경회로도 자주 사용하지 않으면 위축되거나 연결이 끊어져서 그 기능을 상실하게 되는 것이며 반대로 나쁜 전용신경회로라도 자주 사용하면 활성화되고 더 굵게 강화되어 자신의 존재와 정체성을 결정짓게 된다.

그래서 할 수 있다는 성공 신념과 목표, 긍정적인 자원과 에너지에 초점을 맞추고 자주 반복하여 굵은 전용신경회로를 만들어두어야 한다. 아무리 좋은 회로도 오랜 기간 사용하지 않으면 자연스럽게 관련된 신경회로가 위축되거나 단절될 수밖에 없기 때문이다.

그렇기 때문에 우리 삶에 도움이 되는 긍정적인 전용신경회로를 더 많이 강화할 수 있도록 일상생활 속에서 좋은 생각과 느낌, 말, 행동을 반복하는 것이 중요하다. 그러한 경험이 비일상적 실재인 NCR의 상상이든 일상적 실재인 CR의 현실이든 상관없이 많이 반복하여 중독된 습관을 만드는 것이 중요하다. 긍정적으로 중독된 습관이 중요한 이유는 긍정적인 습관이 자신의 존재와 상태를 만들 뿐만 아니라 원하는 현실을 창조하는 힘을 가지고 있기 때문이다.

우리의 똑똑한 뇌는 그것이 긍정이든 부정이든 상관없이 그 경험이 반복되거나 충격적으로 들어오게 되면 강력한 전용신경회로를 형성하여 자신의 존재와 정체성을 바꾸게 된다. 그 무엇이든 오랜 기간 반복하거나 강렬한 정서적 경험을 하게 되면 더 많은 신경섬유가 합쳐지고 화학물질을 분비하여 굵은 전용신경회로를 구축하게 되고 자신의 존재와 상태까지 바꾸게 되는 것이다.

뇌에 광케이블처럼 굵고 강한 전용신경회로가 만들어지면 미세한 자극에도 언제든지 쉽고 빠르게 활성화되기 쉬운 상태로 존재한다. 심지어는 오랜 기간 반복된 경험이 습관화되고 중독된 패턴을 만들게 되면 유전에까지 영향을 미치게 된다. 유전자는 고정된 것이 아니라 우리의 반복적인 생각과 느낌, 말, 행동의 영향을 받아 언제든지 변화하고 진화할 준비가 되어 있기 때문이다.

이처럼 우리의 존재는 오랜 기간 반복에 의해 형성된 중독된 습관이 자동화된 것이며 우리의 반복적인 생각과 느낌, 말, 행동에 의해 전용신경회로가 구축된 것이 곧 우리의 존재이다.

감정의 중독

우리는 살아가면서 자신의 존재와 정체성에 대한 답을 얻기 위해 사고와 질문을 끊임없이 되풀이하지만 그것에 대한 명료한 해답을 쉽게 찾지 못한 상태로 살아가는 경우가 많다. 자기 자신의 존재와 정체성을 찾기 위해 '나는 누구인가'에 대한 평범한 질문에도 우리는 쉽게 그 답을 구하지 못한다. 이처럼 사람들은 자신의 존재와 정체성을 찾으려 노력을 하면서도 그것을 쉽게 찾지 못하고 오히려 자기 자신을 망각하거나 상실한 채 살아가는 이유가 수많은 학습과 경험 과정에서 생략, 왜곡, 일반화된 세상모형을 가지고 있기 때문이다.

우리는 다른 사람들과의 다양한 관계 속에서 사회적 정체성을 형성하게 된다. 이러한 사회적 관계 속에서 정체성이 잘못 형성되면 자기 자신을 관찰하거나 만날 수 있는 자기인식능력이 결여되기 쉽다.

만약 자기인식능력이 결여되면 환경적인 정보와 자기 자신을 부정적으로 왜곡하여 스트레스와 불안을 지속적으로 느끼게 되어 부정적인 감정에 중독된 상태로 살아가게 된다.

이러한 스트레스와 불안이 오래 지속되면 현재의 부정적인 자신의 상태에 항상성과 기저선을 유지한 채 자신이 왜 이러한 부정적인 감정상태에 빠져있는지에 대한 사고와 질문조차 하지 못할 수도 있다.

자신의 건강한 자아상태로 지금 현재의 자기를 제대로 관찰하고 알아차리지 못하게 되면 스트레스와 불안에서 벗어날 수 있는 그 어떤 선택과 도전도 거부하게 된다. 이렇게 부정적인 감정의 중독 상태에 빠진 자신을 변화시키거나 치유하기 위한 첫 번째 도전은 자신에게 어떤 문제가 있는지를 알아차리는 것이다.

자기 자신의 긍정적인 변화를 이끌어내기 위해서는 성격과 사고패턴, 감정상태, 행동의 특징에 대한 디테일한 부분까지 스스로 인식할 수 있어야 한다. 이러한 인식능력은 엉뚱한 곳에 초점을 사용하면서 그동안 사용하지 않았을 뿐이지 그러한 능력과 기술이 자기 안에 없는 것이 아니다. 자신을 관찰하고 인식할 수 있는 능력과 기술은 누구나 갖고 있지만 주변 환경과 관계 속에서 잘못 형성된 부정적인 신경회로 때문에 그것이 일시적으로 가려져 있을 뿐이다.

그렇기 때문에 새로운 변화를 위한 분명한 목표와 주의집중력을 유지할 수만 있다면 잃어버린 자기 자신을 만나는 것이 어렵지 않다.

이러한 과정을 혼자서 극복하기가 쉽지 않기 때문에 전문가의 도움이 필요한 것이다. 그리고 현재의 자기 자신을 좀 더 객관적으로 바라보면 부정적 감정에 중독된 자신을 관찰할 수 있게 되고 그러한 자신에 대한 비판적 관점을 가질 수도 있다.

수학에서 마이너스가 두 번이면 플러스가 되는 것처럼 전문가의 조언과 피드백을 받아 부정의 감정에 중독된 자신의 상태를 객관적인 큰 틀에서 바라보며 건전하게 비판할 수 있다면 자신의 부정적 감정이 약해지는 것을 느낄 수 있게 된다. 그 과정에서 객관적인 자기인식을 통해 스스로를 관찰하고 부정의 감정에 중독된 자신의 상태를 비판하게 되면 합리적 사고와 감정상태에서 자기 자신을 긍정의 상태로 변화시킬 수 있는 새로운 초점을 만들 수 있게 되는 것이다.

만약에 많은 사람들 앞에 노출될 때마다 긴장과 불안을 느끼며 심한 스트레스를 받고 있다면 도대체 무엇이, 어떻게 현재 자신의 감정상태를 만드는가에 대해 사고하고 질문하며 관찰할 수 있어야 한다.

이러한 선택은 지금 현재의 부정적인 상태를 만들 수밖에 없는 자신의 과거 학습과 경험에 대한 객관적인 관점을 갖기 위해서이다. 지금의 감정상태는 자신의 뇌에 형성되어 있는 전용신경회로가 활성화된 것이며 이것은 우리가 경험 당시의 연합된 감정을 그대로 재연시키는 화학물질에 중독된 상태에 있는 것이다.

더 중요한 것은 이러한 감정의 중독 상태는 자신의 항상성과 기저선 상태를 유지하기 위해 끊임없이 관련된 외부 자극을 찾고 있으며 만약 외부 자극이 없으면 자기 내면에서 만들어서라도 부정적인 감정상태를 유지시키려 한다. 이러한 감정의 중독 상태에 빠지게 되면 그것이 우울이든 불안이든 활력이든 행복이든 가리지 않고 익숙해져 있는 기저선 상태를 유지하게 된다. 결국 대인관계의 심한 불안이나 스트레스는 자기 안에 불안한 감정상태를 간절하게 갈구하는 중독된 기저선 상태가 있기 때문이다.

처음에는 주변 사람들이나 환경이 이러한 부정적인 감정을 만드는 원인이 되기도 하지만 나중에는 자기 안에 부정적인 감정의 중독 상태를 익숙하게 느끼는 기저선 상태가 만들어져 스스로를 통제하게 된다.
그래서 불안한 감정에 부정적으로 중독된 상태에 대한 자기인식을 통해 스스로를 관찰하고 건전하게 비판할 수 있어야 하는 것이다.
부정에 대한 부정의 초점이 만들어지는 순간 부정의 감정상태를 긍정의 감정상태로 바꾸어주는 변화가 일어나게 된다.

불안한 감정상태를 편안함과 안정감의 감정상태로 변화시키기 위해서는 변화를 위한 분명한 목표와 주의집중력이 필요하다.
우리가 생활 속에서 멘탈에 대한 관심과 공부를 계속해야 하는 이유가 불안한 감정상태를 외면하거나 회피하지 않고 직면하여 그것을 부정함으로써 왜곡된 기저선 상태를 긍정적으로 변화시키고 부정적인 감정의 중독 상태에서 벗어날 수 있는 힘을 얻을 수 있기 때문이다.

느낌

흔히 인간의 존재에 대해 정의할 때 감정의 동물이라는 비유를 많이 사용한다. 그만큼 우리의 존재와 정체성을 형성하는데 감정상태가 중요한 역할을 하고 있기 때문이다. 이성과 감정은 이론적으로는 서로 구분할 수 있지만 마음에서는 서로 연결된 하나의 시스템으로 작동되기 때문에 분리될 수 없다.

우리의 존재는 지극히 이성적일 때도 있고 지극히 감정적일 때도 있지만 이 두 가지는 하나에 다른 하나가 함께 전체성을 이루어 작동되기 때문에 서로가 완전한 분리가 아닌 연합 상태로 이해할 수 있다. 그래서 우리는 완전한 이성적인 존재도 아니고 완전한 감정적인 존재도 아닌 것이다.

이성에 감정이 함께 작동되고 감정에 이성이 함께 작동되고 있기 때문에 이 둘은 적절한 균형을 이룰 수 있도록 끊임없이 조율 작업을 거친다. 만약 그 과정에서 생존과 관련된 감정의 뇌와 고차원적인 기능과 관련된 이성의 뇌가 대립하게 되면 뇌는 생존을 가장 중요하게 여기기 때문에 감정의 뇌가 주도권을 행사하게 될 가능성이 높아진다.

물론 특별한 의식적 훈련을 통해 이성의 뇌 영역인 전두엽의 자유의지가 강하게 작동되고 있다면 이성의 뇌가 주도권을 행사할 수도 있지만 대부분의 경우 감정의 뇌가 주도권을 행사하게 된다. 그래서 인간을 감정의 동물이라고 하는 것이다.

한 사람의 성장과정과 일상적인 삶 속에서 이루어지는 수많은 학습과 경험들이 뇌신경망의 기억 시스템에 저장될 때 감정적인 요소가 함께 연합된다. 만약 우리가 지금 현재에서 과거의 불안한 경험과 관련된 특정한 기억을 회상하게 되면 경험 당시에 느낀 불안한 감정까지 그대로 재연할 수 있다. 우리가 과거의 불안한 기억을 떠올린다는 것은 그 기억과 관련된 특정 신경회로를 활성화시키는 것이고 관련된 화학물질을 분비하게 만드는 것이다.

불안한 감정을 느끼게 했던 특정 기억에 대해서는 굵은 전용신경회로를 구축하고 있기 때문에 오랜 시간이 흐른 뒤에도 미세한 자극만 주어지면 과거에 활성화되었던 특정한 신경회로가 쉽게 활성화된다. 이 과정에서 과거 경험 당시의 불안한 감정상태를 재연시키는 관련된 화학물질을 다량으로 분비하여 전용신경회로를 활성화시키고 지금 현재에서 과거를 생생하게 재연하게 되는 것이다.

이러한 불안한 감정을 느끼는 재연이 반복되면 과거에 대한 짧은 생각만으로도 자신의 의지와 상관없이 과거의 불안한 상황으로 돌아가서 불안한 감정에 중독된 상태에 빠져버린다. 예를 들어 불안과 관련된 트라우마 경험 때문에 정신적 외상을 입게 되면 불안한 감정을 반복적으로 경험하게 되어 오랜 시간이 흐른 뒤에도 과거의 경험과 유사한 미세한 자극이나 단서만 주어져도 트라우마 사건을 겪을 때 느꼈던 불안한 감정을 현재에서 재연하게 되는 것이다.

이로 인해 스트레스와 관련된 화학물질을 다량으로 분비시키고 신체 감각을 민감하게 만들어 충동적이고 공격적인 행동을 촉발시키거나 신경질, 짜증, 분노, 우울, 무기력한 상태를 만들어버리기도 한다.
학습과 경험에 의해 형성된 기억 하나하나에는 각각의 감정이 묻어있기 때문에 그 기억을 재연하는 생각과 말, 행동을 반복하는 것만으로도 각각의 특정한 느낌이 함께 불려 나온다.

이처럼 특정한 생각뿐만 아니라 일상적으로 사용하는 모든 말과 행동에도 그와 관련된 특정한 감정이 묻어있다. 그래서 지금 현재에서 불안과 관련된 특정한 생각과 말, 행동을 반복하게 되면 과거 경험 당시에 느꼈던 불안한 감정이 함께 불려 나올 수밖에 없는 것이다.

우리가 어떤 일을 경험하여 기억화시킬 때 그 경험을 언어로 부호화시켜 뇌에 저장한다. 이때 경험이 언어로 부호화될 때 반복된 경험이나 정서적으로 의미가 있는 경험에 대해서는 그 경험을 오랫동안 기억하기 위해 강한 감정을 느끼게 만드는 특정한 화학물질을 분비하여 기억을 강화시키게 된다.

특히 불안과 관련된 경험은 생존과 관련된 중요한 정보이기 때문에 감정을 강하게 연합하여 뇌에 강력한 전용신경회로를 구축하게 되는데 그 이유는 이후에 그러한 부정적인 경험을 다시는 하지 않기 위해 내현 기억화시켜 저장하는 것이다.

불안을 느끼는 경험 과정에서 감정이 강렬하게 연합된 기억은 자신의 생존에 매우 중요한 정보이기 때문에 그 경험과 관련된 굵은 전용신경회로를 구축하여 이후에 그와 유사한 작은 자극에도 빠르게 반응할 수 있는 민감한 상태를 만들게 된다. 이처럼 불안과 관련된 부정적인 감정상태를 일으키는 우리의 기억 시스템은 그것과 관련된 특정한 생각이나 말, 행동에 의해 자극을 받게 되면 특정한 신경적 반응을 자동적으로 일으키도록 세팅되어 있다.

우리의 생각과 말, 일상적인 모든 행동에는 특정한 감정이 연합되어 있기 때문에 어떤 행동을 한다는 것은 특정한 신경적 반응을 일으키는 것이며 이 상태에서 관련된 여러 가지 화학물질을 분비하게 되는 것이다. 행동을 바꾸면 감정상태가 바뀌는 이유가 모든 행동에는 특정한 감정을 느끼게 하는 화학물질이 분비되기 때문이다.

우리가 무엇인가를 느끼고 있다는 것은 이미 관련된 신경회로가 활성화되고 화학물질이 분비된 상태이기 때문에 자기 자신에게는 그것이 절대적인 사실이 된다. 뇌와 몸은 정서에 우선적으로 반응하여 느낌대로 생각하고 느낌대로 말하며 느낌대로 행동하기 때문이다.

이러한 느낌과 관련된 신경회로를 더 활성화시키고 더 많은 화학물질을 분비시켜 우리의 상태를 느낌대로 만들 수 있기 때문에 느낌을 바꾸는 훈련을 통해 긍정적인 변화를 할 수 있게 된다.

반복적인 느낌은 우리의 상태를 만들어 유지시키며 그것이 긍정적인 것이든 부정적인 것이든 가리지 않고 강한 신념체계를 만들어 스스로를 통제하게 되는 것이다.

어떤 감정이든 반복에 의해 순환고리가 만들어지면 자신의 의지와 상관없이 그 상태를 유지하는 패턴이 반복되면서 화학적인 중독 상태에 빠지게 만든다. 심리적 장애를 일으키는 불안한 감정이 반복적으로 느껴지게 되면 그것과 관련된 전용신경회로가 활성화되어 부정적인 자기제한 신념체계가 만들어지고 그 상태를 유지하기 위한 화학적인 중독 상태가 된다. 이렇게 되면 자신의 의지와 상관없이 불안장애를 반복해서 겪게 되는 자동화된 순환고리를 만들게 되는 것이다.

만약 새로운 변화를 바란다면 기존의 신경학적 구조를 바꿀 수 있을 정도의 새로운 학습과 경험을 반복하여 편안함과 안정감을 느낄 수 있게 해야 한다. 새로운 변화란 반복적인 자극을 통해 그동안 굵게 구축해둔 불안과 관련된 전용신경회로를 차단하고 편안함과 안정감을 느끼게 해주는 새로운 전용신경회로를 구축하는 작업이다.

편안함과 안정감을 주는 긍정적인 감정을 반복적으로 느낄 수 있는 생각과 말, 행동을 통해 뇌에 그와 관련된 전용신경회로가 구축될 수 있다면 새로운 신념체계가 형성될 수 있다.

편도체와 불안

    자신이 견디기 어려울 만큼의 충격적이고 끔찍한 사건이나 사고, 자연재해와 같은 트라우마 경험이 장기기억으로 남게 되면 외상 후 스트레스 장애를 일으켜 불안, 우울, 무기력, 분노, 산만함, 대인기피 등 여러 가지 심리적인 문제를 일으킨다.

    그중에서 불안한 감정상태와 깊은 관련이 있는 편도체가 지나치게 각성되어 정상적인 기저선을 유지하기 어려워진다. 편도체의 지나친 각성으로 불안이라는 부정적인 감정을 일으키는 화학물질을 지속적으로 분비하게 만들어 뇌에 전용신경회로를 구축하게 되면 자신의 의지와 상관없이 부정적 감정이 재연되는 중독 상태를 유지하게 된다.

    이와 같이 불안과 관련된 부정적인 중독 상태가 지속되면 과거의 부정적인 경험과 유사한 작은 자극만 주어져도 과거에 불안을 느꼈던 부정적인 경험과 감정이 통째로 불려 나와 지금 현재에서 생생하게 불안이 재연되는 고통을 겪는다.

이렇게 부정적인 감정반응이 자신의 의지와 상관없이 자동적으로 일어나는 이유는 우리 뇌가 착각에 의해 공포와 불안을 느끼게 하는 화학물질을 분비하도록 신호를 보내기 때문이다. 신호를 보내는 편도체가 과거와 현재를 구분할 수 있는 기능을 갖고 있지 않기 때문에 현실에서 존재하지 않는 불안을 실제처럼 느끼게 되고 그러한 경험이 반복되면서 불안은 단순하고 일시적으로 느끼는 것이 아닌 완전한 현실이 되어 불안을 일으키는 강력한 신념체계를 작동시킨다.

이미 지나간 과거의 부정적인 경험을 회상하거나 아직 오지 않은 미래의 걱정을 상상하는 것에 대해서도 편도체는 그것을 사실로 받아들여 위험신호를 보내게 된다. 그래서 우리 뇌가 과거와 미래, 현실과 상상을 구별하지 못하는 착각의 챔피언인 것이다.

그것이 실제 경험이든 상상에 의한 가짜 경험이든 감정을 일으키게 하는 강렬한 자극이나 충격이 주어져 변연계가 과잉활성화되면 불안과 공포를 일으키게 하는 센서 기능의 편도체가 재빨리 각성되어 위험신호를 보내게 된다. 이 상태에서 스트레스 호르몬의 과잉 분비에 의한 여러 가지 반응들이 나타나게 된다.

아울러 위험한 자극과 정보라고 판단했던 외부의 상황에 신속하고 효율적으로 반응할 수 있도록 하기 위해 심장박동을 빠르게 증가시키고 혈압을 상승시키며 산소 흡입량도 최대한 늘린다. 이와 같은 편도체의 각성된 상태는 안전과 생존을 위한 싸움-도주 반응을 빠르게 할 수 있도록 준비하는 매우 중요한 과정이다. 뇌의 기능 중에 가장 중요한 것이 자신의 안전과 생존을 위해 뇌의 각 부위가 우선순위를 가지고 신속하게 반응하는 것이다.

그래서 편도체는 자신의 안전과 생존을 위해 시상에서 전달된 자극이나 정보를 전두엽보다 더 빨리 처리한다. 편도체는 입력된 정보가 자신의 안전과 생존에 위협이 되는지 여부를 전두엽에서 알아차리기 전에 빠르게 결정과 반응을 하게 만든다. 그렇기 때문에 어떤 상황에서 어떤 심각한 상태에 있는지 전두엽에서 알아차렸을 때는 이미 전두엽의 자유의지와 상관없이 편도체의 각성에 의해 신체가 각성된 상태에서 불안과 공포를 느끼고 있는 것이다.

이러한 시스템 때문에 뇌는 부정적 긍정문을 제대로 해석하지 못하고 합리적인 반응을 할 수 없게 된다. 예를 들어 뇌는 '불안하지마'라는 부정적 긍정문을 직접적으로 처리하지 못하기 때문에 불안이라는 단어에 이미 편도체를 먼저 각성시켜버린다. 그 이유는 뇌에 '불안'이라는 단어가 입력되면 찰나의 순간에 그 단어를 해석하게 되고 편도체가 먼저 각성되어 위험신호를 보내면 특정 화학물질을 분비하여 몸 상태를 순식간에 바꾸어버리기 때문이다. 이렇게 이미 부정적인 감정상태에서 듣는 '하지마'라는 지시어를 정상적으로 처리하지 못하게 되는 것이다.

그래서 전두엽에서 '불안하지마'라는 긍정적인 문장을 해석했을 때는 이미 편도체에서 불안을 느끼도록 신호를 보내 불안과 관련된 화학물질을 분비시켜버리기 때문에 자신의 의지와는 반대로 더 불안한 상태를 유지하게 된다. 이것이 뇌가 착각의 챔피언이라는 별명을 가진 이유이다. 이러한 뇌의 착각 기능은 현실이 아닌 마음으로 상상한 것에 대해서도 실제 현실로 받아들여 편도체가 각성되면서 위험하다는 신호를 보내 순식간에 불안을 느끼게 만든다.

이와 같이 뇌의 착각에 의해 편도체가 신호를 보내게 되면 코르티솔, 아드레날린과 같은 강력한 스트레스 호르몬의 분비를 촉진시킨다. 그 결과 심장박동수, 혈압, 호흡수, 호흡량이 빠르게 증가하면서 싸움-도주 반응을 빠르게 할 수 있는 상태를 만들어 위험에 대비한다.

이러한 불안을 느끼게 만든 위협상태가 일정한 시간이 지나고 위협상태라고 해석했던 상황이 사실이 아닌 착각이었으며 지금은 안전하다는 사실을 깨닫는 순간 신체를 원래의 정상적인 기저선 상태로 회복시키게 된다. 이때 높은 각성상태를 유지하게 만든 화학물질이 과잉 분비된 상태이기 때문에 회복하는데는 일정한 시간이 소요되며 비온 뒤에 땅이 더 단단히 굳어지는 것처럼 심리적 회복단계에서 더 큰 마음의 쿠션을 만들기도 한다.

그러나 과거의 부정적인 경험이 미해결된 상태로 전용신경회로를 구축하게 되어 뇌가 불안한 감정에 중독된 상태에 있는 경우 마음의 쿠션이 바닥난 상태가 되어 정상적인 회복 기능이 약해질 수도 있다. 이 상태에서는 불안을 반복적으로 느끼는 중독된 반응을 오히려 정상으로 느끼게 된다. 회복 기능이 약해진 상태에서 상시적으로 싸움-도주 반응 상태를 유지하게 되는 이유가 과거의 미해결된 불안과 관련된 부정적인 전용신경회로가 구축되어 있기 때문이다.

불안을 부추기는 전용신경회로가 활성화되면서 불필요하게 편도체를 각성시켜 자신의 안전과 생존을 위한 자극과 신호를 반복적으로 보내게 된다. 이처럼 편도체의 착각에 의한 자극과 신호가 반복되면서 불안하지 않는 상황에서도 불안과 공포를 지속적으로 느끼며 흥분상태를 유지하게 되는 것이다.

불안과 관련된 부정적인 정서를 느끼게 만드는 전용신경회로가 뇌에 구축되면 특정 상황이 위험한 것인지 안전한 것인지 해석과 판단을 잘못하는 비율이 높아져 불안과 공포를 반복적으로 더 많이 느끼는 잘못된 항상성을 만들게 된다. 이렇게 잘못된 해석과 판단에 의해 자기 자신을 구속하는 부정적 자기 제한 신념이 강화되면서 부정적으로 왜곡되고 편향된 세상모형을 가지게 될 가능성이 높아진다.

자신의 세상모형이 부정적으로 편향되면 자기 자신뿐만 아니라 다른 사람들과 세상까지도 모두가 부정적으로 비치게 된다. 그 상태에서 자기 상실과 더불어 사회적 관계 능력이 떨어지고 새로운 학습과 경험을 하는데도 걸림돌을 가지게 된다. 그래서 편향된 세상모형이 만든 가짜 세상 속에서 가짜 삶을 살아가게 되는 것이다. 결국 편향된 우리의 세상모형을 바꾸는 새로운 학습과 경험이 필요한 것이다.

편도체의 기능

일반적으로 편도체는 불안과 공포를 느끼게 하는 기능이라고 알고 있지만 실제로 편도체의 중요한 기능은 위험에 대한 준비를 할 수 있도록 각성 수준을 높이는 신호를 보내 우리의 안전과 생존에 유리한 각성상태를 만드는 중요한 역할을 하는 것이다.

이러한 편도체의 정상적인 기능 때문에 특정 위험에 노출되었을 때 신속하고 효과적으로 대응하는 것이 가능해진다. 대뇌변연계에 속한 편도체의 크기와 모양은 아몬드와 비슷하며 감정을 조절하고 공포에 대한 학습 및 기억에 매우 중요한 기능을 맡고 있다.

뇌는 안전과 생존을 가장 우선적으로 여기고 반응하기 때문에 편도체가 뇌의 전체적인 기능과 일상적인 생활에 지속적이고 광범위하게 영향을 미치게 된다. 그래서 편도체의 정상적인 활성화는 안전과 생존을 지켜주는 중요한 기능이기 때문에 전혀 문제가 되지 않는다.

다만 편도체가 과잉활성화되어 불안과 공포를 일으키는 부정적인 정서가 심하게 편향, 왜곡, 일반화되면서 정상적인 뇌의 기능에 장애를 일으키는 것이 문제가 될 뿐이다.

만약 과잉활성화된 편도체의 기능이 뇌에 불안한 감정을 강하게 지속적이고 반복적으로 일으키게 되면 중독된 패턴이 만들어져 이후의 모든 학습과 경험 과정에서 불안한 감정이 수시로 불려 나오게 된다. 이러한 현상은 과거의 학습과 경험이 누적되어 있는 뇌의 기억 저장 영역과 편도체가 연결되어 있기 때문에 나타난다.

그래서 불안과 관련된 특정한 자극이 주어지거나 부정적인 과거 기억을 회상하는 과정에서 편도체가 과잉활성화되면 부정적인 감정이 순식간에 불려 나오게 되어 이성적인 기능을 하는 전두엽의 역할이 일시적으로 제한되거나 정지되는 것이다.

전두엽의 기능이 정상적이지 못한 상태에서는 지금 현재에서 자기 자신과 다른 사람, 환경을 전체성으로 알아차리거나 온전하게 접촉하지 못한다. 이렇게 되면 불안을 느끼도록 만드는 특정 자극이나 신호에 우선적으로 초점이 모아지게 되면서 그와 관련된 과거의 부정적인 경험에 연합되어 있는 불안한 감정이 자연스럽게 재연되어 뇌가 순식간에 불안상태에 빠지게 된다.

이러한 상태가 자신의 의지와 상관없이 자동적으로 반복해서 재연되는 것이 불안장애이다. 정상적인 경우 일상적 자극이나 상황에 초점을 일치시키고 주의를 기울이게 되면 선택적 주의집중에 의해 자극과 상황에 맞지 않는 부정적인 신경회로의 확장을 차단할 뿐만 아니라 불필요한 정보 간섭을 일으키는 다른 정보들을 무시해버린다.

만약 이때 전체성과 선택적 주의집중을 방해하고 정보 간섭을 일으키는 자극이나 신호를 불안한 감정과 관련된 것으로 인지하게 되면 편도체가 인식과 해석에 개입하게 된다. 이와 같은 상황에서 편도체가 과잉활성화되면 암묵적으로 처리되는 감정적 자극들을 심리적, 생리적, 신체적으로 드러내는 기능을 수행하게 되는 것이다. 그래서 심리적으로 사고의 폭이 좁혀지고 생리적으로 심장박동이 빨라지며 신체적으로 긴장상태를 드러낸다.

편도체는 위험에 대비한 중요한 센서 기능과 각성 수준을 높이는 경보적인 기능을 하고 있기 때문에 자신의 안전과 생존에 관련된 자극과 정보에 대해서는 신속하게 자동적인 반응을 하게끔 작동된다. 그렇기 때문에 과잉활성화된 편도체로부터 입력되는 불안과 관련된 감정 신호는 전두엽과 전 운동영역에 부정적인 영향을 주어 정상적인 차분한 행동을 하는데 방해를 준다. 이렇게 편도체의 과잉활성화로 불안한 상태가 오랜 시간 지속되면 생략, 왜곡, 일반화된 부정적인 자기 세상모형을 만들어 그 속에 갇히기 때문에 전체성을 가지고 합리적인 사고와 행동을 하는 것이 어려워진다.

뇌신경회로는 편도체에서 전두엽으로 들어가는 신경섬유가 전두엽에서 편도체로 나가는 신경섬유보다 훨씬 많기 때문에 불안과 관련된 자극이 주어지면 편도체가 주도권을 행사하게 된다. 전두엽은 뇌 전체를 총괄하고 있기 때문에 뇌의 모든 영역과 연결되어 있으며 이러한 연결은 편도체도 예외가 될 수 없다. 그래서 편도체가 과잉활성화되면 뇌의 전체성과 합리성에 구멍이 생기게 되는 것이다.

우리 뇌는 비국소성으로 연결된 전체성으로 작동되기 때문에 모든 자극과 정보가 거쳐가는 시상으로부터 전달된 정보가 전두엽과 편도체에 함께 전달된다. 이렇게 동시에 자극과 정보가 전달되지만 전두엽과 편도체에 전달되는 속도는 동일하지 않다. 편도체는 우리의 안전과 생존을 지켜주는 중요한 기능을 하기 때문에 불안과 공포와 관련된 자극과 정보에 대해서는 아주 민감하고 신속하게 반응해야 한다. 그렇기 때문에 전두엽으로 전달되는 시간보다 편도체에 전달되는 시간이 더 빨라야 되는 것이다.

시상에서 전달된 불안과 관련된 정보가 자신의 안전과 생존에 위협이 되는지에 대해 전두엽에서 인식하기도 전에 편도체는 생리적이고 신체적인 불안 반응을 일으키도록 신호를 보내 불안한 상태를 만들어버린다. 전두엽과 편도체의 기능을 이해하게 되면 불안과 관련된 자극이 주어지는 상황을 우리가 인지했을 때는 이미 우리 몸이 불안한 상태에 먼저 빠지게 되는 이유를 알 수 있게 된다. 그래서 생리적, 신체적으로 불안 반응이 격하게 일어났을 때 그러한 감정상태를 진정시키는 것이 어려운 것이다.

우리 뇌는 불안과 관련된 자극과 정보를 시상에서 편도체로 보내게 되면 편도체는 신속하게 위험신호를 보내 코르티솔, 아드레날린과 같은 강력한 스트레스 호르몬의 분비를 촉진시킨다. 이러한 전기화학적인 변화가 심장박동수를 증가하게 만들고 혈압을 높이며 호흡수를 증가시켜 위험상황에 맞서 치열하게 싸우거나 도망, 얼어붙기 반응을 준비할 수 있게 만든다.

위험에 대한 경계경보를 보내는 편도체의 이러한 기능이 없다면 우리는 위험에 아무런 준비도 하지 못한 상태로 노출되어 안전과 생존에 위협을 받게 될 수도 있다. 다행히 위험상황이 안정적으로 종료되었거나 실제 위험한 상황이 아니라는 인식과 판단이 생기게 되면 원래의 안정적인 상태를 빠르게 회복시켜 감정의 뇌가 가졌던 주도권을 다시 이성의 뇌에 넘기게 된다.

하지만 자연재해나 충격적인 사건, 사고와 같은 견디기 힘든 트라우마 경험에 의해 생긴 정신적 외상에 대한 기억이 뇌에 전용신경회로를 구축하고 있는 경우에는 정상적인 회복과정이 차단되어 편도체에서 상시적으로 불안상태를 유지하게 만드는 잘못된 신호를 계속 보내는 오류가 생기게 된다.

이와 같이 반복적으로 불안과 공포에 노출된 사람들의 경우 특정 상황이 안전한 것인지 위험한 것인지 정상적인 해석과 반응을 못하는 비율이 높아진다. 이 상태에서는 감정의 뇌가 완전한 주도권을 장악했기 때문에 합리적인 사고와 감정, 말, 행동을 하기가 어려운 것이다.

감정의 뇌

불안은 미래에 좋지 않은 일이 생길 수도 있다는 염려하는 마음에 의해 일어나지만 그 마음은 과거의 불안과 관련된 경험에 의한 기억 시스템에 바탕하고 있다. 그리고 그러한 기억에는 불안한 감정이 덧입혀져 있어 기억을 재연하게 되면 감정이 함께 불려오게 된다.

이렇듯 사람들은 서로 다른 학습과 경험에 의해 다른 기억을 갖고 있기 때문에 서로의 감정이 모두 다를 수밖에 없다. 그래서 사람들이 느끼는 불안 수준이 서로 다른 것이다.

우리가 일상생활 속에서 필요 이상의 불안한 감정을 느끼는 것은 이성적 뇌에서 담당하는 것이 아니라 감정적 뇌가 그 역할을 하고 있다.

이성적 뇌와 감정적 뇌가 주도권을 행사하기 위해 서로 대립하게 되면 대부분 감정적 뇌가 일방적으로 이기게 된다. 그 이유가 감정적 뇌는 이성적 뇌보다 더 원초적으로 자신의 안전과 생존에 관련되어 자동화된 시스템을 구축하고 있기 때문이다.

이처럼 인간의 뇌는 본능적으로 자신의 안전과 생존을 가장 우선적으로 여기기 때문에 이성적 뇌가 감정적 뇌를 이길 수가 없는 것이다. 이러한 이유로 사람들은 이성과 감정이 서로 대립하는 반대적인 개념이라고 착각하기 쉬운데 실제로는 두 가지 뇌는 서로 반대적인 기능만 하는 것이 아니라 양가성을 가지고 있으며 서로가 서로에게 긍정적인 영향을 미치는 상보적 관계를 유지하고 있다.

우리의 존재와 정체성을 형성하고 있는 기억 시스템을 구축하는 모든 학습과 경험은 이성적 뇌와 감정적 뇌가 서로 융합하거나 조화를 이루는 과정에서 이루어진다. 이 두 가지 뇌의 서로 다른 역할과 기능이 조화와 균형을 이루게 될 때 전체성을 가진 합리적인 세상모형이 만들어지게 된다. 결국 우리는 자신만의 독특한 주관적인 세상모형으로 다른 사람들과 세상을 알아차리고 접촉할 수 있기 때문에 두 가지 뇌가 서로 긍정적으로 융합되고 조화를 이루어야 한다.

이와 같이 이성적 뇌와 감정적 뇌가 긍정적으로 융합과 조화를 이룰 수 있게 하기 위해 필요한 것이 성장과정에서 긍정적인 학습과 경험, 피드백을 반복적으로 할 수 있게 해주는 환경이다. 만약 성장과정에서 겪지 않아야 할 끔찍하고 충격적인 사건이나 사고에 의해 자신의 안전과 생존을 크게 위협받는 불안한 상황이 반복되거나 오랫동안 지속되면 이 두 가지 뇌 시스템이 서로 융합과 조화를 이루지 못하고 균형을 잃게 되어 상당 부분 따로 기능하게 된다.

예를 들어 길을 걷고 있는데 갑자기 덤프트럭이 자신을 향해 돌진해 온다면 생존을 위해 이 두 가지 뇌는 서로 조화와 균형 속에 자신의 안전과 생존을 위한 가장 최선의 반응을 선택할 수 있게 작동한다.

자신을 향해 돌진해오는 덤프트럭을 보고 자신이 먼저 트럭을 향해 돌진할 수는 없기 때문에 빠르게 피할 것인지 아니면 그 자리에 얼어붙어 버린 상태로 굳어버리는 선택을 할 것인지를 신속하게 판단하여 반사적으로 반응해야 한다.

중요한 것은 이렇게 자신의 안전과 생존이 위협받는 공포 상황에서도 두 가지 뇌가 서로 조화롭게 균형을 맞추고 협업을 통해 가장 유리한 반응을 선택해야 한다는 것이다. 덤프트럭을 향해 달려드는 선택과 아무런 반응을 하지 못하는 얼어붙기 선택은 자신의 안전과 생존을 위한 현명한 선택이 될 수 없다고 이성적 뇌에서 판단을 하게 되면 적절한 각성 수준을 유지시켜주는 감정적 뇌의 도움을 받아 빠르게 피하는 반응을 통해 자신의 안전과 생존에 유리한 선택을 하게 된다.

다른 관점에서 보면 덤프트럭으로부터 피하는 판단과 행동을 할 경우에 이성적 뇌의 조력을 받아 감정적 뇌가 신속하게 위험에 대처할 수 있는 각성된 상태를 만들게 되는 것으로 볼 수도 있다.

위급한 상황에서도 이성적 뇌는 어디로, 어떻게 피해야 할지를 순식간에 결정하여 감정적 뇌가 신속하게 반응할 수 있도록 도움을 주고 감정적 뇌가 주도권을 행사하는 과정에서도 이성적 뇌는 계속 조력자의 역할을 하게 된다.

만약 너무 과도한 불안상태가 반복되거나 지속되면 이성적 뇌와 협업

할 수 있는 연결이 차단되어 자신의 안전과 생존에 불리한 잘못된 선택을 하거나 최악의 경우 제자리에 얼어붙기를 선택할 수도 있다.

이러한 선택은 인간관계나 낯선 환경, 새로운 변화에 노출될 때 불안한 감정을 느끼면서 얼어붙기를 선택하게 되는 것과 같은 것이다.

이때 이성적 뇌가 일시적으로 작동되지 못하고 통제불능의 상태에서 감정적 뇌가 상황에 적합하지 않는 엉뚱한 주도권을 행사하게 될 수도 있다. 다행히 덤프트럭이 방향을 틀어 자신이 안전하다는 판단이 서게 되면 이성적 뇌가 주도권을 회복하여 불안으로 각성된 마음과 신체를 원래의 정상적인 기저선 상태로 되돌리는 회복 시스템이 작동한다.

이러한 각성상태에서의 회복능력은 자연스러운 반응이며 상황이나 자극의 강도나 빈도, 지속시간에 따라 달라진다.

우리는 위험한 상황에서 불안을 경험할 때 이성적 뇌와 감정적 뇌가 서로 양가적인 기능을 하며 조화와 균형을 유지한채 반응할 수 있기 때문에 위험한 상황에서 생존에 좀 더 유리한 상태를 만들 수 있다.

그뿐만 아니라 이러한 양가적 균형이 위험상황에서 느꼈던 지나친 불안에서 벗어나 안전한 상황이 되었을 때 마음과 몸을 원래의 정상적인 상태로 회복할 수 있는 기능을 활성화시켜줄 뿐만 아니라 마음의 쿠션을 강화시켜준다.

만약 감정적 뇌가 통제할 수 없을 정도로 과잉활성화되어 불안이 지나치게 높아지게 되면 위험하지 않은 평범한 상황에서도 위험하다는 잘못된 신호를 계속 보내게 된다. 이 상태가 지속되면 뇌는 안정된 상태에서 전체성을 유지하고 균형을 맞출 수 있는 제어 능력을 상실하여 위기상황에서 아무런 기능도 하지 못하게 될 수도 있다.

이처럼 변연계에서 생존과 관련된 심각한 문제가 생겼다는 판단을 하고 특정 반응을 선택하게 되면 불안이 증폭되어 이성적 뇌 영역의 전두엽과 감정적 뇌 영역의 변연계가 연결이 약화되거나 차단되어버린다. 이렇게 되면 객관적인 통찰력과 이해력 같은 기능을 도와주는 이성적 뇌의 도움을 전혀 받지 못하게 될 수도 있다.

우리는 이성적 뇌와 감정적 뇌가 조화롭게 균형을 맞추고 있을 때 온전한 자기 자신으로서의 경험을 할 수 있을 뿐만 아니라 다른 사람들과 세상을 좀 더 객관적이고 합리적인 사고와 정서를 바탕으로 알아차리고 접촉할 수 있는 건강하고 유연한 경계가 열리게 된다.

만약 이 두 뇌가 서로 대립하고 갈등을 겪으며 조화와 균형을 잃게 되면 둘 사이에 주도권 싸움이 일어나게 되면서 신체적인 불편함과 정신적인 고통이 발생한다. 대부분의 심리적 장애는 바로 두 가지 뇌의 부조화와 불균형에서 생기는 부작용이라고 볼 수 있다. 그래서 두 뇌의 조화와 균형을 이룰 수 있는 건강한 멘탈 상태를 유지하기 위해 멘탈 공부와 훈련이 필요한 것이다.

회피적 행동

　인간의 뇌는 본능적으로 즐거움과 편안함을 추구하고 고통과 불안한 정서를 싫어한다. 그래서 고통과 불안한 상황이 예견되거나 닥치게 되면 그것으로부터 벗어나기 위한 회피적 행동을 하게 된다.

　현재의 스트레스나 불안을 느끼지 않거나 약화시키기 위해 회피적 반응을 선택하게 되면 일시적으로 편안함과 안정감을 느낄 수 있기 때문에 앞으로도 회피적 전략을 선택하고 행동할 가능성이 높아진다.

회피적 전략이나 행동이 지금 겪게 될 스트레스나 불안에서 벗어날 수 있게 해주기 때문에 효과적인 선택이 될 수도 있다. 하지만 우리 삶이 스트레스와 불안의 연속이기 때문에 그것을 영원히 피할 수는 없다.

　현대를 살아가는 우리 모두는 다양한 인간관계와 공부, 일을 하는 과정에서 스트레스와 불안을 겪지 않고 살아갈 수는 없기 때문이다.

어떻게 보면 우리의 삶 자체가 스트레스와 불안의 연속이라고 할 수 있다. 사람들이 스트레스나 불안이 닥쳤을 때 가장 일반적으로 보이는 반응은 그것으로부터 벗어나고자 하는 회피적 행동을 선택하는 것이다. 충격적인 경험이나 사건, 오랜 기간 누적된 좌절로 인해 학습된 무기력에 중독된 상태가 아니라면 현재의 스트레스나 불안에서 벗어나기 위해서 회피적 행동을 선택하게 된다.

우리는 뜨거운 난로 위에 손을 올렸을 때 뜨거움의 고통에서 벗어나기 위해 손을 재빨리 떼게 되고 한여름의 무더위에서 벗어나기 위해 햇볕을 피해 그늘을 찾거나 시원한 에어컨 바람이 있는 실내에서 더위를 피하는 행동을 한다. 이와 같이 고통을 피하기 위한 도피와 회피적 행동을 하고 편안함과 안정감을 주는 지향적 행동을 선택하는 것은 모든 인간이 갖고 있는 보편적인 심리이다.

사람들이 살아가면서 겪게 되는 스트레스와 불안에 대해 뇌에서는 생존에 부정적이고 고통적인 정보로 받아들이기 때문에 그러한 고통에서 벗어나기 위한 회피적 행동을 먼저 선택하도록 만든다. 특히 스트레스와 불안의 고통이 너무 강하게 느껴질 때 뇌에서는 그것을 위험신호로 해석하여 신속하게 현재의 고통에서 벗어나는 반응을 먼저 선택하게 만드는 것이다.

우리의 뇌는 심리적 고통을 주는 스트레스와 불안을 본능적으로 회피하고 심리적 안정감과 즐거움을 주는 새로운 자극을 갈망하고 있다. 그래서 뇌는 현재의 고통 상황에서 벗어나기 위해 더 큰 즐거움을 주는 대상이나 상황을 갈망하게 된다. 사람들이 스트레스나 불안이 주는 고통 속에서 마음이 많이 힘들 때 특정 종교에 의지하거나 평소 자신이 믿고 도움을 받을 수 있는 사람을 떠올리는 것도 이러한 기전이 발현되는 것으로 이해할 수 있다. 이러한 기전은 우리 뇌가 고통 상황에서 벗어나 즐겁고 안전한 상황으로 옮겨가기 위한 자연스러운 선택이라고 볼 수 있는 것이다.

고통 상황을 벗어나기 위한 지향적 행동으로 때로는 크게 소리를 지르거나 운동을 하는 등 신체활동으로 마음 상태를 전환하기도 한다. 만약 이러한 고통 상황에서 벗어나기 위해 잘못된 지향적 행동을 선택하게 되면 술이나 게임, 도박, 약물에 의존할 수도 있다. 특히 과거의 부정적인 경험이 만든 신경회로가 부정적인 정서에 중독된 상태라면 최악의 지향적 행동을 반복적으로 선택하는 위험한 중독 상태에 빠지게 될 수도 있는 것이다.

스트레스나 불안이 주는 고통이 과거의 부정적인 경험을 재연시켜 정서적 뇌가 통제력을 가지게 되면 전두엽의 이성과 자유의지 기능을 마비시켜 뇌 영역의 일부 기능을 정지시켜버린다. 이 상태에서 뇌가 정상적인 인식능력이 떨어진 채로 심한 불안이나 공포를 느끼게 되면서 강력한 진정 효과를 낼 수 있는 더 강한 자극을 찾게 된다. 자기인식을 객관적으로 할 수 있는 뇌 영역이 정상적인 기능을 하지 못하기 때문에 극단적인 자극을 주는 술이나 게임, 도박, 약물에 더 많이 의존하게 되는 것이다.

우리 뇌가 이러한 경험을 반복적으로 하게 되면 극단적인 자극이 주는 쾌락에 완전한 중독 현상을 나타내게 된다. 이후에 과거의 충격적인 경험이나 사건을 회상하면 마음과 신체가 그 당시에 느낀 직관적인 감각을 그대로 다시 경험하기 때문에 쾌락과 안정감을 주는 중독된 패턴을 계속 사용하게 되는 것이다.

이러한 중독 상태에서 알코올이나 게임 등의 더 나쁜 자극을 찾게 되면 뇌간과 변연계를 과잉활성화시켜 일시적인 안정감과 쾌락을 느끼게 만들기도 하지만 궁극적으로 두려움과 공포에 심리적으로 압도당하고 생리적, 신체적으로도 흥분상태로 활성화되어 심각한 중독 상태에 빠지게 된다. 이것이 많은 사람들이 의식적으로는 이성과 자유의지의 힘을 빌려 과거의 나쁜 중독 상태에서 벗어나려고 노력하지만 늘 똑같은 문제 상황에 빠져 고통을 겪게 되는 이유이다.

불안한 감정에 중독된 상태가 되면 자신의 내면에서 일어나는 일상적인 자극과 정보에 대해 편안함으로 인식하지 못하게 되어 뇌의 건강한 전체성을 잃어버리거나 공황상태에 빠진다. 이렇게 되면 감각적인 자극에 대한 반응이 정상적이지 못하게 된다. 이러한 중독 상태에서 스트레스와 불안과 관련된 생각과 감정이 가득 차게 되면서 부정적인 생각과 감정을 되풀이하는 악순환의 고리를 만들어 스스로를 불안한 상태에 통제당하게 되는 것이다.

안전과 위험

　우리는 누구나 크고 작은 트라우마를 하나 이상 가지고 살아가기 때문에 트라우마가 없는 사람은 없다고 해도 지나친 말이 아니다.
누구든지 견디기 힘들 만큼의 충격적인 사건이나 정서적 의미가 있는 부정적인 경험을 하게 되면 트라우마가 생기기 때문이다.

　부정적 경험에 의해 트라우마가 생기게 되면 일상에서도 자신의 각성 상태를 높여 환경적 자극과 정보에 대해 위험을 감지하는 감각이 지나치게 발달되어 극도로 예민해진다. 심한 경우 환경적인 모든 자극과 정보에 대해 자신을 위협하는 것으로 착각하게 되어 현재 상황에서 벗어나기 위한 잘못된 회피나 도피, 얼어붙기 등의 방어 행동을 촉발하게 된다. 이러한 잘못된 지각과 방어 행동으로 인해 뇌가 각성상태를 계속 유지하면서 스트레스 반응을 일으키게 되는 것이다.

이 상태가 오랫동안 반복되거나 지속적으로 일어나게 되면 뇌는 불안을 일으키는 감정적인 중독 상태를 만들고 불안을 아주 친한 친구로 받아들여 불안과 자신을 하나로 만들어버린다. 불안과 친한 친구가 되었다는 것은 뇌가 불안한 감정을 상시적으로 유지시키는 중독 상태에 있다는 것을 의미한다. 이렇게 뇌는 부정적인 중독 상태에 비정상적인 항상성과 기저선 상태를 만들면서 불안한 상태를 원래의 정상적인 항상성으로 착각하게 된다.

잘못된 기저선이 형성되면 과거에 자신이 겪었던 트라우마와 관련된 미세한 자극과 신호에도 민감하게 반응한다. 중요한 것은 이 상태가 지속되면 인간관계 등의 건강한 사회적 자극과 신호에 대해서는 반응을 약하게 하거나 차단해버린다는 사실이다. 그리고 긍정적인 자극과 신호를 차단할 뿐만 아니라 심한 경우 신체를 무감각하게 하거나 무기력한 상태를 만들어 좁혀진 안전지대에 숨는 회피적 행동을 하게 된다. 이러한 현상은 자신의 자원을 반쪽만 사용하는 것과 같은 것이다.

다른 관점에서 보면 자신에게 필요한 긍정적 자극과 신호는 차단시키고 부정적인 자극과 신호를 우선해서 사실로 받아들이는 편향을 일으켜 부정적인 신경회로를 우선적으로 활성화시키기 때문에 자원을 거꾸로 사용하는 것과 같다.

이와 같이 잘못된 기저선이 형성되어 자신의 자원을 반쪽만 사용하거나 거꾸로 사용하게 되면 부정적인 상태에 점점 중독되는 패턴을 유지시키기 때문에 정상적으로 신체를 통제하지 못하게 된다.

이것은 공황장애가 있는 사람이 발작을 할 때 자신의 신체감각에 전혀 대응하지 못하는 것과 같은 상태를 만든다.

많은 사람들 앞에서 중요한 발표를 할 때 지나친 긴장을 하거나 운동선수가 중요한 경기에서 각성과 불안 때문에 자신의 마음과 신체를 통제하지 못해 운동수행에 방해를 받게 되는 것도 같은 원리이다.

이렇게 위험하지 않는 일반적인 자극과 신호에 대해서도 오로지 위험에만 초점을 맞추는 편향적인 관점을 만들어 예민하게 반응하게 되면서 전혀 사실이 아닌 부정적이고 편향된 지각과 반응이 최소한 본인에게는 절대적인 사실로 굳어지게 된다.

우리의 뇌는 원래 편향된 지각과 부정적인 반응을 바로잡아주는 기능을 가지고 있지만 이미 나쁜 감정에 중독되어 있는 뇌는 그러한 정상적인 기능을 상실한 상태에 있다. 이러한 현상이 나타나는 이유는 트라우마로 인해 불안장애가 생기면 뇌의 정상 기능인 안전과 위험을 구별하는 일을 맡고 있는 편도체를 과잉활성화시키기 때문이다.

트라우마로 인해 편도체가 과잉활성화되면 공포와 불안한 감정에 중독된 상태를 만들기 때문에 안전과 위험을 정상적으로 지각하고 반응하는 기능이 저하되는 것이다.

뇌가 트라우마로 인해 공포와 불안을 심하게 느끼는 경우 안전과 위험을 정상적으로 구별하지 못하기 때문에 이미 일어난 불안을 가라앉히는 소거 활동이 방해를 받게 되면서 마음이 정상적인 안정상태로 회복되는 능력을 상실하게 된다. 불안한 감정에 중독된 뇌가 위협 자극으로 인하여 불안을 소거하는 작업에 방해를 받게 되면 환경적인 신호나 자극의 위협 가치를 약화시키는 역할을 제대로 하지 못해 필요 이상의 과잉반응을 계속 유지하게 되는 것이다.

이렇게 뇌가 착각을 하여 과잉활성화된 반응을 소거하지 못하고 지속하는 과정에서 에너지를 모두 사용해버리게 되면 정작 중요한 창조적인 사고나 집중, 학습, 계획, 인간관계에 사용할 에너지가 고갈되어 무기력한 상태에 빠지는 부작용을 겪게 된다. 그 과정에서 부정적인 중독 현상을 일으키게 만드는 전용신경회로가 구축되어 긍정적으로 사용되어야 할 자원과 에너지가 각성과 불안을 일으키거나 유지하는데 과다하게 사용되면서 부작용이 생기게 되는 것이다.

이 부정적인 상태가 반복되거나 지속되면 중요한 화학물질이 과다 분비되어 조기에 고갈될 수도 있으며 긍정적인 자극과 신호에는 반응을 하지 못하는 상태가 될 수도 있다. 일반적으로 정상적인 뇌는 안전과 위험을 구별할 수 있기 때문에 신호나 자극의 위협이 자신에게 해롭지 않다는 것을 경험하면 소거를 통해 편도를 조절하여 위험의 의미를 약화시켜 안정을 유지한다.

이것이 원래 우리가 가지고 있는 마음의 회복력을 유지시키는 내성과 응집력이며 이러한 소거와 회복력, 내성과 응집력은 건강한 전두엽의 통합적인 조절 능력에 의해 형성되는 것이다. 하지만 트라우마는 우리의 뇌를 건강하지 못한 비정상적인 상태로 만들어 안전과 위험을 정상적으로 구분하지 못하게 만들기 때문에 불안한 현재 상태를 계속 유지하는 모든 방법을 동원한다.

트라우마로 인해 불안장애가 지속되면 조절되지 않는 과도한 행동을 보이거나 인지적 회피, 도피, 얼어붙기 등의 반응을 보이게 된다.

특히 초기에 위험으로 지각한 신호나 자극에 대한 회피행동이 위험에서 벗어날 수 있는 안전한 선택이 될 수 있다고 착각하게 되면 강력한 믿음을 만든다. 이러한 행동이 위험에 노출되는 상황을 막아주는 경험을 되풀이하게 되면 회피행동이 습관화된다.

잘못된 회피행동이 조건형성되어 습관으로 굳어져 반복되면 어떤 문제를 객관적으로 관찰하거나 합리적으로 판단할 수 있는 기회를 상실하여 위험과 안전을 구분하거나 대처하는 부분을 배우지 못한다. 이렇게 습관적인 회피를 하게 되면 불안을 느낄 수 있는 자극이나 사건이 현실적으로 만들어지지 않기 때문에 인지적 회피는 더 강화된다. 그래서 회피가 안전과 생존을 위해 절대적으로 필요하다는 잘못된 신념체계를 형성하게 되는 것이다.

이것이 부정적 자기 제한 신념과 불안한 감정상태에 중독된 경계를 갖게 만드는 뇌의 메커니즘이다. 반복적인 회피반응이 중독된 습관으로 굳어졌다는 것은 그만큼 이성적 뇌인 전두엽의 역할이 줄어들었거나 상실되었다는 의미이다. 그래서 자신의 세상모형을 심각하게 생략, 왜곡, 일반화시키거나 편향시켜 자기 자신과 세상을 있는 그대로 만나지 못하는 좁혀진 경계와 안전지대를 만들어 그 속에 갇히는 선택을 반복하게 되는 것이다.

또한 트라우마에 의해 불안장애를 가지고 있는 사람은 심하게 편향된 세상모형을 가지고 있기 때문에 정상적인 사람들에 비해 세상을 부정적으로 보는 판단 편향을 갖게 된다. 그렇기 때문에 부정적 사건이 일어나는 가능성을 더 높게 볼 뿐만 아니라 결과에 대해서도 심각하게 예상하는 판단 편향이 생긴다. 이렇게 왜곡과 판단 편향이 심해지면 외부적인 자극이나 신호가 없어도 스스로 부정적 상황을 예상하여 스트레스를 만들 수 있게 된다.

이러한 현상은 부정적 사건이 일어날 가능성이 아주 낮더라도 부정적 결과를 마음에 시각화하여 위험의 유의성과 가능성을 과대평가하는 것이다. 만약에 성장과정에서 부모의 언어적, 신체적 폭력에 반복적으로 노출되면 트라우마를 경험하게 되어 심한 불안장애를 겪게 된다. 가정에서 애착과 라포의 대상인 부모로부터 폭력이 반복되는 환경에서 성장하게 되면 안정적인 건강한 멘탈 상태가 붕괴되기 때문에 다른 사람과의 정상적인 관계 능력이 떨어지고 자신이 폭력의 가해자나 피해자가 될 가능성이 매우 높아진다.

자신을 지킬 힘이 미약한 상태에서 부모로부터 일방적으로 당하는 폭력은 자신의 안전과 생존을 위협하는 자극이 되기 때문에 최고의 각성상태를 유지하며 불안한 정서를 갖게 된다. 이 불안한 정서를 자신의 기저선으로 착각하여 항상성이 엉뚱하게 설정되면 항상 불안한 사람이 되는 것이다. 이것이 트라우마가 우리를 망가뜨리는 메커니즘이며 우리가 멘탈에 대한 공부와 훈련을 해야 하는 이유이다.

분노의 감정

분노는 외부의 자극이나 상황에 위협을 느끼거나 공격당했다고 지각했을 때 외부적으로 반응하는 정상적인 감정이다.

때로는 이러한 반응이 외부의 자극 없이도 내면의 억압된 감정이 분출되면서 일어나는 내적인 것일 수도 있다. 분노를 느낄 때의 대표적인 반응은 근육의 긴장, 심장박동수 증가, 열기가 달아오름, 초조, 불안, 언어적 공격, 폭력, 부정적 관점 등이다. 이처럼 분노의 감정과 반응은 자신의 안전과 생존을 위한 정상적인 기전이면서 자기 자신을 정당화하거나 합리화하기 위한 가장된 반응일 수도 있다.

멘탈 상담과정에서 만나는 내담자 중에는 성장과정에 부모로부터 방치되었거나 학대, 폭력, 억압 등의 부정적 경험이나 친구들로부터의 소외, 무시, 왕따, 폭행을 당한 경험에 대한 기억 때문에 심리적 고통을 호소하는 사람들이 많다. 이런 내담자들의 공통점은 오랜 시간 억압된 감정이 자기 내면에서 증폭되거나 변형되어 심한 불안 증세를 나타내거나 분노로 드러나기도 한다는 것이다. 그러한 반응의 대상이 타인이 되기도 하지만 때로는 자기 자신이 되기도 한다.

친구들로부터 따돌림과 폭력을 당했던 기억이 있는 내담자는 상담과정에서 너무 억울하고 화가 나는 자신의 솔직한 감정을 드러낸다. 왜 자신이 멘탈 상담을 받아야 하는지를 생각하면 과거에 자신을 괴롭혔던 친구를 찾아가 죽이고 싶은 마음이 든다고까지 표현한다. 자신을 괴롭혔던 그 친구들은 즐겁고 편안하게 생활하는데 자신은 멘탈 상담을 받으며 불안의 깊은 수렁에서 헤매고 있는 것이 너무나 억울하고 화가 난다는 것이다.

충분히 이해가 되는 반응이며 내담자 입장에서는 지극히 당연한 감정의 표현이다. 이러한 분노의 감정이 솟구칠 때면 스스로를 통제하기 힘들 정도의 흥분과 불안이 엄습해온다. 그때 일만 생각하면 초조나 불안, 분노의 감정이 회오리처럼 올라와 현실에서 안절부절못하고 무엇인가에 쫓기는 심정이 되는 것이다.

이 내담자는 멘탈 상담과 훈련을 통해 자신의 내면에 억압된 분노의 감정을 직면하게 하여 미해결된 과제를 해소한 이후 통제할 수 없었던 분노 감정의 속박에서 해방될 수 있었다. 그리고 편안함과 안정감을 느끼게 하는 멘탈 훈련을 통해 새로운 전용신경회로를 구축하는 작업과정에서 자신을 회복할 수 있게 되었다. 내담자의 분노는 생각에 의한 느낌일 수도 있고 느낌에 의한 생각일 수도 있다. 분노를 느끼는 원인이 무엇이든 자기 자신이 왜 분노를 느끼는 것인지에 대해 제대로 이해할 수 있어야 한다.

첫째, 좌절감에서 분노의 싹이 자란다. 사람들의 욕구 중에는 생존의 욕구, 안전의 욕구, 존중의 욕구, 명예의 욕구, 자아실현의 욕구 등이 있다. 이러한 욕구가 충족되지 못하고 좌절될 때 분노의 감정이 생긴다. 불행히도 우리의 삶은 원하지 않는 좌절이 계속될 수 있기 때문에 분노의 싹은 계속 자라게 된다.

둘째, 무시당할 때 분노의 싹이 자란다. 상대의 의도적인 무시는 자신의 자존감과 정체성을 훼손하는 것이 되기 때문에 부정적인 감정이 자라는 좋은 조건이 된다. 배려 받지 못하거나 관심과 사랑의 대상이 되지 못할 때 분노의 싹이 계속 자라게 되는 것이다.

셋째, 자신의 가치체계와 세상모형이 사회적 가치와 준거에 의해 억압당할 때 분노의 싹이 자란다. 보편적으로 공유하는 사회적 가치인 상호성의 부족은 자신이 준만큼 돌려받지 못하기 때문에 분노를 느끼게 만든다. 또한 자신이 우선하는 가치와 신념체계에 벗어나는 사람이나 상황에서 불일치를 느끼며 다름이 아닌 틀림으로 받아들이기 때문에 분노의 싹을 더 키우게 된다.

넷째, 분노 표출로 다른 사람이나 상황을 통제할 수 있다고 착각하는 데서 분노의 싹이 자란다. 인간의 보편적 심리는 자신보다 강한 대상에게는 분노를 잘 드러내지 않고 상대적으로 약한 대상에게 분노를 쉽게 드러낸다. 분노를 드러냄으로써 상대와 상황을 통제할 수 있다는 잘못 조건형성된 경험에 의해 분노를 드러내는 것이다.

다섯째, 부정적 경험에 의한 감정이 해소되지 못하고 억압되면 내면에서 분노의 싹이 자란다. 자신의 힘이 약하거나 통제력이 없어 부정적인 감정들을 마음속에 쌓아두면 해소되지 못한 부정적인 감정들끼리 다양한 융합을 통해 엉뚱한 해결 방법을 찾아 밖으로 표출하는 과정에서 분노를 드러내는 것이다. 감정의 억압이 일시적으로 편안함을 주지만 내면에서 분노의 싹을 더 키워 조건형성됨으로써 나중에는 통제할 수 없는 괴물로 자라게 될 수도 있다.

여섯째, 반복적인 분노 감정을 느끼거나 표출하게 되면 분노의 싹이 자란다. 우리 뇌와 몸은 그 무엇이든 반복하면 그것을 사실로 믿고 신념을 만들어 스스로 그 신념에 갇히게 된다. 반복적인 분노 감정은 그와 관련된 화학물질을 다량으로 분비하고 신념체계를 만드는 전용신경회로를 구축하기 때문에 나중에는 자신의 의지와 상관없이 분노의 감정이 폭발하게 되는 것이다. 이 상태가 되면 중독된 습관을 형성하여 자신의 의지와 관계없이 습관적으로 분노를 드러내게 된다.

분노의 감정은 우리가 통제할 수 있을 때 안전과 생존, 건강한 상태와 활력을 유지해주는 정상적인 기전이 되지만 우리의 통제를 벗어나게 될 때 분노가 우리를 통제하게 된다는 사실을 깨달아야 한다.

전두엽의 기능

인간의 뇌는 다양한 학습과 경험에 의해 천억 개가 넘는 뇌세포의 특정한 시냅스 연결이 반복적으로 활성화되면서 광케이블처럼 굵은 전용 신경회로를 구축하게 된다. 반복적인 학습과 경험에 의해 뇌에 전용신경회로가 구축되면 자신의 의지와 상관없이 특정한 생각과 느낌, 말, 행동이 반복적으로 일어나게 되면서 전두엽의 관여가 줄어든다.

우리의 모든 학습과 경험은 기억화되는 과정에서 언어로 부호화되어 뇌에 저장되며 그 과정에서 특정한 감정이 연합되어 기억의 전체성을 완성한다. 기억화되는 과정에서 신경화학적 작용에 의해 특정한 신경적 반응을 일으키는 전용신경회로가 구축되면 개인의 존재와 정체성까지 영향을 미치게 된다.

우리 뇌의 기억에는 학습과 경험에 의한 단순한 정보만 저장되는 것이 아니라 그 당시에 느꼈던 특정한 감정까지 함께 연합되어 저장되기 때문에 모든 기억에는 감정이 묻어 있다. 특히 반복되거나 강한 정서를 느끼게 하는 자극이나 정보에 대해서는 그것을 절대적인 사실로 받아들이고 강한 믿음을 만드는 다량의 화학물질을 분비하여 전용신경회로를 구축하게 되면서 의식적 개입 없이도 자동적인 반응을 하게끔 중독 상태를 만들게 된다.

전용신경회로에 의해 자신의 의지와 상관없이 반복적으로 특정한 신경적 반응이 활성화되고 과거의 특정한 경험이 자연스럽게 재연되는 상태를 중독이라고 한다. 일반적으로 중독이란 단어가 부정적 의미로 많이 쓰이며 알코올, 니코틴, 도박, 게임, 마약, 약물 등에 반복적으로 노출되어 자극이 계속적으로 주어지지 않으면 정상적인 사고나 느낌, 말, 행동을 하지 못하는 상태를 말한다.

마찬가지로 충격적인 사건이나 사고에 의해 불안과 관련된 전용신경회로가 구축되어 자신의 의지와 상관없이 반복적으로 불안이 재연되는 것도 중독 상태로 볼 수 있다. 또한 불안을 느끼게 하는 경험이 반복적인 신경화학적 작용을 일으켜 광케이블처럼 굵은 전용신경회로를 구축하여 자신의 이성과 합리적 사고가 작동될 수 없는 상태를 만드는 것도 불안에 중독된 상태로 볼 수 있는 것이다.

이러한 중독된 상태는 불안한 감정을 느끼게 했던 과거의 특정한 경험에 대한 생각을 떠올리거나 말을 하는 것만으로도 경험 당시의 사실뿐만 아니라 그 당시에 느낀 감정까지도 생생하게 재연하게 만든다. 이러한 현상은 불안과 관련된 경험이 뇌에 기억화될 때 언어로 부호화되는 과정에서 변연계가 과잉활성화되어 불안과 관련된 감정이 선명하게 덧입혀지기 때문이다.

변연계가 과잉활성화되면 어떤 경험이 긍정적인 것이든 부정적인 것이든 가리지 않고 특정한 감정을 덧입혀 기억을 강화시키게 된다. 그래서 과거에 정서적 영향을 많이 받았던 사건이나 사고를 회상하면 과거의 경험 당시에 느낀 직관적인 감각을 현재에서 선명하게 다시 경험할 수 있게 되는 것이다.

뇌의 변연계는 정서적 사건이나 사고에 의해 안전과 생존에 위협이 되는 상황에 놓이게 되면 생리적 흥분이 극대화되면서 동물적인 상태로 활성화된다. 불안과 관련된 동물적인 뇌가 주도권을 행사하게 되면 불안과 관련된 굵은 전용신경회로가 구축되어 언제든지 다시 재연될 수 있는 민감한 상태를 유지한다.

이렇게 불안과 관련된 전용신경회로가 굵게 구축되면 오랜 시간이 경과한 이후에 미세한 자극만 주어져도 불안과 관련된 특정한 신경적 반응을 활성화시켜 과거의 불안한 감정상태를 선명하게 재연시킨다. 이러한 불안한 감정상태는 이성적 뇌 영역인 전두엽이 정상적인 기능을 하지 못할 때 주로 나타난다. 이렇게 불안과 관련된 과거의 정서적 경험이 현재에서 선명하게 재연될 때는 이성적 뇌의 역할이 줄어들고 동물적 뇌가 완전한 통제력을 가지게 된다.

만약 성장과정에서 견디기 힘들 만큼의 충격적인 사건이나 사고에 의해 불안과 관련된 정서적 경험이 뇌에 프로그래밍되면 오랜 시간이 경과한 후에 성인이 되어서도 언제든지 재연될 수 있는 전용신경회로를 구축하여 활성화될 준비를 한다. 이러한 나쁜 전용신경회로가 활성화되면 일상생활 속에서 이성적 뇌와 감정적 뇌가 건강한 전체성과 조화를 이루기 힘들어진다.

만약 감정적 뇌가 과잉활성화되면 자유의지가 발현되는 전두엽이 정상적인 기능을 하지 못하게 된다. 이렇게 전두엽의 기능이 제한되면 감정적 뇌인 변연계가 완전한 통제력을 가지게 됨으로써 심리적, 생리적, 신체적인 불안을 증폭시키는 나쁜 순환고리를 만들게 될 수도 있다. 이처럼 나쁜 순환고리가 만들어지면 지금 현재에서 분명히 존재하지 않는 과거의 나쁜 기억 때문에 현재를 온전히 만나지 못하고 불안에 중독된 패턴에 구속된 삶을 살아가게 될 가능성이 높아진다.

멘탈코칭센터에서 멘탈 상담과 훈련을 진행하다 보면 위대한 성취를 이룬 사람들 중에도 과거의 불안과 관련된 부정적인 정서 경험 때문에 다른 사람들과 친밀한 인간관계 능력에 문제를 가진 사람들을 많이 만나게 된다. CR의 물질적인 성취를 크게 이룬 사람들 중에도 대인관계 문제 때문에 힘들어하는 사람들이 많은 이유가 성공의 과정에서 겪었던 부정적인 정서 경험이 해소되지 못하고 억눌려져 자신의 내면에서 계속 자기 자신을 괴롭히기 때문이다.

다른 사람들과 원만한 인간관계를 맺으려면 전두엽의 자유의지가 통합된 전체성을 가지고 정상적으로 작동되어야 하는데 불안으로 인해 정서적인 뇌가 과잉활성화되면서 전두엽의 기능이 위축된다. 전체성이 결여되면 내부의 분아가 일어나 자기 상실을 겪게 되면서 다른 사람들과의 친밀감과 라포를 형성하는 것이 어려워진다.

이렇게 되면 다른 사람들과의 관계에서 사소한 일로 불편한 정서를 갖게 되거나 갈등을 겪게 될 가능성이 높아지게 된다. 다른 사람들과의 관계에서 객관적이고 합리적인 피드백을 할 수 있는 전두엽의 기능이 제대로 작동되지 못하기 때문에 갈등이나 문제가 발생했을 때 동물적 뇌가 과잉활성화되어 이성적 뇌가 원만한 해결 능력을 발휘할 수 없게 되는 것이다.

이 모든 것이 성장과정에서 불안과 관련된 부정적인 감정상태를 제대로 해소하지 못하고 억압했기 때문에 생긴다. 그렇기 때문에 이러한 중독 상태에서 벗어나기 위해서는 지금 현재에서 자기 자신을 제대로 알아차리고 접촉할 수 있는 새로운 학습과 경험을 통해 기존의 중독에서 벗어날 수 있는 새로운 중독 상태를 만들어야 한다.

우리 뇌가 가진 별명이 착각의 챔피언이다. 착각의 챔피언인 뇌는 그 무엇이든 반복하면 그것을 사실로 받아들이고 그것에 대한 믿음을 만들어 스스로 그 믿음에 통제당한다. 불안한 감정을 느끼게 하는 잘못된 초점을 전환하여 편안함과 안정감을 주는 긍정적인 정서기억을 만드는 새로운 학습과 경험을 반복한다면 이성적 뇌인 전두엽의 정상적인 기능을 얼마든지 원하는데로 회복할 수 있다.

의식의 종류

　우리 삶의 좁혀진 경계를 만드는 공포와 불안의 감정은 선천적으로 타고나기도 하지만 대부분 성장과정에서의 잘못된 학습에 의해 조건형성된 것이다. 이러한 학습은 의식적인 경험을 통해 이루어지는 것이며 의식은 크게 세 가지로 구분할 수 있다.

　첫째, 표면적인 의식은 일반적으로 깨어있는 상태에서 자기 자신을 지각할 수 있고 다른 사람과 주변 환경에 대해서도 지각과 경계를 만들어 상호작용할 수 있는 상태를 말한다.

　둘째, 전의식은 의식 바로 아래에 가라앉아 있어 표면적으로 드러나 있지는 않지만 언제든 불러낼 수 있는 의식의 형태로 존재한다.

　셋째, 비의식적인 무의식은 마음의 가장 아래에 묻혀 있기 때문에 의식적 차원에서 접근하기가 쉽지 않지만 표면적인 의식과 상호 협력을 하며 잠시도 쉬지 않고 24시간 부지런히 일을 하고 있다.

의식에 눌려져 있는 전의식과 장기기억 영역인 무의식을 합쳐 잠재의식이라고 부르며 잠재된 의식에는 학습과 경험을 통해 저장된 기억과 정서가 조직화되어 표면적인 의식을 조종하거나 서로 보완적으로 협력한다. 우리가 일반적으로 많이 사용하는 무의식이라는 단어는 의식이 완전히 없는 상태라고 오해를 할 수 있기 때문에 잠재의식이나 비의식이라고 표현하는 것이 더 합리적이다.

수면상태나 이완, 명상, 트랜스, 최면상태에서는 표면적인 의식적 활동이 줄어들고 잠재의식이 활성화되기 때문에 의식적인 통제가 약해진다. 수면상태에서도 완전한 무의식 상태가 아니라 잠재된 의식이 함께 작동되어 표출되는 것이기 때문에 무의식이라는 말보다 잠재의식이라는 말이 더 합리적이라고 할 수 있는 것이다. 일반적으로 의식이라고 하면 표면적인 의식을 말하는 것이고 잠재의식은 전의식과 무의식을 포함하고 있는 것으로 이해하면 된다.

의식에 대해 조금 더 자세히 정리하면 동물이나 사람이 생리적으로 잠에서 깨어있는 상태를 '생물적 의식'이라고 부른다. 생물적 의식은 생리적으로 깨어있는 상태이며 학습과 경험, 지각, 판단 기능을 하는 표면적 의식인 '정신적 상태 의식'과는 구별되는 개념이다. 일반적으로 의식이라고 하면 생물적 의식과 정신적 상태 의식을 합친 것이다.

여기서 중요한 것은 사람들마다 생물적 의식은 거의 비슷하지만 정신적 상태 의식은 개인의 학습과 경험에 의해 형성된 전용신경회로에 따라 큰 차이를 가진다는 사실이다. 이것은 모든 사람들이 비슷한 생물적 의식을 가지고 있지만 정신적 상태 의식은 저마다의 신념체계와 신경회로의 연결, 세상모형에 의해 다를 수밖에 없는 것이다.

불안이 부정적 경험에 의해 의식적으로 잘못 학습한 것이라면 그것으로부터 자유로워질 수 있는 탈학습도 가능하고 재학습도 가능하다. 그것이 의식적인 경험이든 잠재의식적인 경험이든 상관없이 새로운 학습을 반복하거나 정서적으로 큰 의미가 있는 경험을 하게 되면 기존의 신경회로가 재배열되고 새로운 조합을 만들어낼 수 있기 때문이다.

오랫동안 불안에 반복적으로 노출되면 부정적인 생각과 느낌, 말, 행동에 중독된 패턴을 가지게 될 가능성이 높아지기 때문에 부정적인 패턴을 파괴시키는 새로운 학습과 경험을 반복해야 한다. 불안에 중독된 부정적인 패턴을 가지게 되면 좁혀진 안전지대와 경계에 갇히게 만들어 이성적인 존재가 아닌 동물적인 존재에 더 가깝게 만든다.

그래서 새로운 학습과 경험이 중요한 것이다.

불안이 우리의 생각과 느낌, 말, 행동의 패턴에 영향을 미치기도 하지만 우리의 반복적인 생각과 느낌, 말, 행동이 불안을 더 강화시키기도 한다. 나의 존재는 지금-여기에서의 생각과 느낌, 말, 행동을 반복하는 것이기 때문에 이 네 가지 중 어느 한 가지만 바꾸어도 나머지가 함께 바뀌어 우리의 존재와 정체성까지도 바뀌게 된다.

외적 요인과
내적 요인

불안은 과거의 부정적 경험에 의한 기억 시스템을 바탕으로 미래에 좋지 않은 일이 생길지도 모른다는 걱정하는 마음 상태이기 때문에 NCR의 비현실적인 상상일 뿐이다. 만약 우리가 현재 사실로 존재하지 않을 뿐만 아니라 미래에 그것이 현실로 일어날지도 모르는 불확실한 위협에 대한 NCR적인 상상만으로 자신의 경계와 안전지대를 좁히게 된다면 너무나 많은 긍정적인 자원과의 만남이 차단되고 더 많은 기회를 포기해야 하는 안타까운 일이 생길지도 모른다.

이것이 우리가 왜곡되고 편향된 마음의 상상에 의해 잘못 만들어진 '불안'의 실체이다. 이처럼 불안은 아직 일상적 실재인 CR의 현실로 존재하는 것이 아니라 다가올 비일상적 실재인 NCR의 미래를 미리 앞당겨 걱정하는 마음이기 때문에 실재하지 않는 허상일 뿐이다.

우리가 걱정을 하는 마음의 긍정적 의도와 목적은 미래의 위협이 현실로 다가오지 못하도록 자신과 환경적 요인을 미리 바꾸는 준비와 행동을 할 수 있게 만드는 것이다.

만약에 걱정하는 마음을 전혀 갖고 있지 않다면 우리가 가진 소중한 것들을 지키지 못하거나 안전과 생존을 위협받을 수도 있기 때문에 불안은 우리의 안전과 생존을 위한 너무나 중요한 정서적 심리기전이다. 다만 이 불안을 일으키고 관장하는 뇌 영역이 동물의 뇌인 변연계이기 때문에 변연계가 너무 과잉활성화되어 불안을 이성적으로 전혀 통제할 수 없는 상태가 되는 것이 문제가 된다.

변연계가 과잉활성화되어 불안이 너무 심해지면 이성의 뇌인 전두엽이 통제 조절 기능을 완전히 상실하게 되면서 뇌가 불안한 정서의 수렁에 빠져 헤어나지 못하는 상태가 되기 때문에 심각한 문제를 일으키게될 수도 있다. 감정의 뇌인 변연계가 불안과 관련된 강력한 화학물질의 작용으로 불안을 반복적으로 느끼게 되면 뇌는 불안한 감정상태를 유지하기 위해 굵은 전용신경회로를 구축하여 자동적이고 반복적인 패턴을 만들게 된다. 이렇게 자동적인 패턴이 반복되면 불안한 감정의 중독 상태에 빠지게 되는 것이다.

처음에는 대부분 외부의 자극과 요인에 의해 불안한 감정상태가 만들어지지만 일단 불안한 감정상태가 반복적으로 불안과 관련된 신경회로를 활성화시키게 되면 자신의 항상성을 불안한 상태에 고정시켜 기저선을 유지하게 만든다.

불안을 야기시키는 위협은 외적 요인과 내적 요인으로 구분할 수 있다. 외적 요인은 가난, 폭력, 전쟁, 전염병 등과 같이 외부적 자극이나 정보가 시공간적으로 근접한 상황에서 주어진다. 반대로 내적 요인은 개인의 정서와 성격적 특성에 영향을 많이 받으며 신경회로, 기억, 감정, 세상모형 등과 같이 유전적 배경과 반복적인 경험에 근거해 마음에서 만들어내는 것이다.

외적 요인과 내적 요인은 구분은 할 수 있지만 분리할 수 없는 상관성을 가지고 서로에게 영향을 미치고 있다. 예를 들어 불안을 야기할 수 있는 가난이라는 외부적 요인에 의한 자극에 대해 사람들마다 느끼는 정서와 반응이 다르다. 그것은 가난이라는 현실을 지각하고 해석하는 저마다의 세상모형이 다르기 때문이며 세상모형은 반복적인 학습과 경험에 의해 만들어진다.

어떤 사람은 가난을 원망하며 부자에 대한 시기와 질투의 감정을 일으키는 굵은 전용신경회로를 구축하여 반응한다. 어떤 사람은 가난을 숙명으로 받아들이고 자신의 가난한 삶에 충분히 만족하는 굵은 전용신경회로를 구축하여 반응한다. 또 어떤 사람은 현재의 가난에 대한 강한 회피적 동기를 활용하여 가난을 벗어나기 위한 전용신경회로를 구축하여 반응하게 되면서 큰 성과를 이룬다. 이와 같이 불안을 야기하는 가난이라는 외부적 요인에 대해 어떤 내적 요인이 융합되는가에 따라 반응이 달라지게 되는 것이다.

높은 불안의 항상성이 내적 요인으로 형성되어 있을 경우에도 주변에서 따뜻한 관심과 사랑을 반복적으로 보내주고 안전한 환경과 성취경험을 반복해서 제공해주면 불안의 내적 요인이 줄어들어 전체적으로 안정된 상태를 회복하게 된다. 내적 요인에 의해 심한 불안 증세를 갖고 있는 사람은 불안과 관련된 민감한 전용신경회로가 활성화되어 있기 때문에 불안한 자극이 아닌 일반적인 외적 자극에 대해서도 심한 왜곡과 편향을 통해 불안한 외적 요인으로 왜곡시켜 받아들이게 되어 불안을 더 많이 느낄 수 있다.

전용신경회로가 구축되어 불안 증세가 심해지면 스트레스와 불안을 느끼게 하는 외부활동이나 사람들을 만나는 것을 싫어하기 때문에 자신만의 안전지대라고 느끼는 경계 안에 머무는 선택을 더 많이 하게 된다. 이렇게 되면 외부 인간관계가 단절되고 사회적으로도 고립되는 부작용이 생길 수 있지만 그러한 인간관계 단절과 사회적 고립의 부작용이 스트레스와 불안에 노출되어 느끼는 고통보다 약하다는 편향된 믿음을 가지고 있기 때문에 회피하는 선택을 계속하게 되는 것이다.

이것을 수동적 회피라고 한다. 이처럼 우리는 전체성을 가진 존재이기 때문에 외적 요인과 내적 요인의 상호작용에 따라 불안을 다르게 느끼게 되고 위협에 반응하는 행동도 달라지게 되는 것이다.

잠재의식적 반응

 우리 뇌는 외부의 위협적인 자극과 정보가 주어지면 의식과 잠재의식이 상호 협업을 통해 가장 효율적인 판단과 반응을 선택하게 된다. 외부의 위협적인 자극과 정보를 대부분 의식적으로 먼저 지각한다고 착각하기 쉽지만 실제로는 의식적 개입보다 잠재의식적인 시스템과 편도가 먼저 자동적으로 활성화되기 때문에 공포와 불안 반응이 일어난다. 의식적으로 먼저 알아차리고 잠재의식적인 반응이 나타나는 것이 아니라 잠재의식적인 반응이 먼저 일어난 이후에 의식적으로 알아차릴 수 있게 되는 것이다.

 이러한 현상은 우리 뇌에 공포와 불안을 만들어내는 잠재의식적인 시스템이 존재하고 있기 때문이다. 우리 뇌에 공포와 불안과 관련된 잠재의식적인 시스템이 존재하기 때문에 외부의 위협적인 자극과 정보에 대해 의식적 분석이나 판단 없이도 그 시스템이 활성화되면서 위험한 상황에 대처할 수 있다.

예를 들어 주부가 맛있는 요리를 하기 위해 부엌에서 칼로 무를 썰다가 하마터면 손가락을 베일뻔한 아찔한 순간을 경험했다면 그것은 잠재의식이 먼저 위험에 대처하는 반응을 하고 의식이 나중에 아주 위험한 순간이었다는 것을 알아차리게 된 것으로 볼 수 있는 것이다. 무를 썰고 있는 동안에 주부는 의식적으로 전혀 위험을 지각하지 못하고 공포와 불안도 느끼지 못했지만 잠재의식과 편도는 위험을 빠르게 지각하여 처리하고 조건반응을 하게 된다.

이러한 사례는 자동차 전용도로인 고속도로에서 빠른 속도로 장시간 운전을 할 때도 쉽게 경험할 수 있다. 고속도로에서 긴 시간의 운전은 목표지점에 대한 의식적 개입이 일부 작용하지만 대부분의 운전은 자동화된 잠재의식적 차원에서 이루어지게 된다.

장시간 운전을 하는 과정에서 누적된 피로로 인해 몇 차례 짧게 졸음운전을 하는 상황이 발생할 수도 있지만 대부분 목표지점까지 사고 없이 안전하게 도착할 수 있다. 목적지에 도착한 후에 고속도로에서 졸음운전을 했던 순간들을 회상해보면 아찔한 기분이 들기도 한다. 이처럼 위험한 목적지까지 안전하게 도착할 수 있게 해주는 기능이 뇌에 존재하고 있기 때문에 고속도로에서 큰 사고를 일으키지 않고 안전하게 살아남을 수 있는 것이다.

이러한 긍정적인 기능은 생존을 위해 공포와 불안에 반응하는 뇌의 잠재의식적 시스템이 작동된 것으로 볼 수 있다. 이와 같이 잠재의식과 편도가 위험에 빠르게 반응하는 긍정적인 역할을 하기 때문에 짧은 순간 눈을 감은 상태에서도 몇십 미터를 사고 없이 달릴 수 있는 것이다. 만약에 잠재의식의 자동화시스템이나 편도의 기능이 없다면 고속도로에서 안전하게 달릴 수 있는 거리가 훨씬 짧아지게 되고 사고 가능성도 더 높아지게 될 것이다.

물론 사람에 따라 졸음이 오는 순간 큰 사고를 일으키기도 하지만 편도와 잠재의식은 우리에게 닥쳐오는 위험한 자극과 정보에 빠르게 반응하여 우리를 좀 더 안전하게 지켜주는 중요한 역할을 해준다. 의식은 졸음운전에 대해 사전에 지각할 수는 있지만 상황을 완전히 통제할 수 없기 때문에 일시적인 졸음운전에서 우리의 생명을 지키는 역할을 잠재의식과 편도에서 더 많이 하는 것이다.

도로에서 택시를 기다리는데 차량이 갑자기 자신에게 달려올 때 급하게 몸을 피한 후에야 자신의 반응을 근거로 자신이 조금 전에 목숨을 잃을뻔할 정도로 위험했다는 사실을 알아차릴 수 있게 된다. 이것은 우리가 의식적 통제 없이도 공포와 불안과 관련된 시스템이 우리를 지켜주는 반응을 자동적으로 하고 있다는 증거이다.

시상에서 전두엽에 보내는 신호보다 편도에 보내는 신호가 더 빠른 이유는 우리의 생존을 위해서 편도가 그만큼 중요한 기능을 하고 있기 때문이다. 편도가 활성화되어 몸이 먼저 반응한 이후에 전두엽에서 의식적으로 지각할 수 있기 때문에 의식적 지각이 일어났을 때는 이미 몸이 먼저 반응하고 있을 때이다.

그래서 '긴장하지마'라는 부정적 긍정문을 듣게 되면 '긴장'이라는 단어에 편도가 먼저 활성화되어 몸을 긴장상태로 만들어버리고 각성시키게 되면서 뒤에 따라오는 '하지마'라는 지시어에 의식적으로 긴장하지 않으려고 노력해보지만 아무런 소용이 없게 되는 것이다.

전두엽에서 '하지 마'의 말뜻을 분석했을 때는 이미 몸이 먼저 긴장이라는 자극에 반응하고 있기 때문에 의식이 아무런 통제 능력을 가지지 못할 뿐만 아니라 더 심한 긴장상태를 만들게 된다.

편도는 위험과 관련된 자극이 들어오면 그것을 해석하거나 판단하지 않고 빠르게 자동적으로 반응한다. 그래서 공포와 불안과 관련된 자극과 정보가 들어오면 재빨리 몸을 각성상태로 만들기 위해 감정적 뇌를 작동시키는 것이다.

이 상태에서 부정적인 생각과 느낌, 말, 행동이 반복되어 공포와 불안과 관련된 시스템을 가동시키게 되면 불안은 걷잡을 수 없이 확산된다. 외부의 위험에 대해 안전과 생존에 더 유리한 상태를 만들기 위하여 의식적으로 알아차리고 반응하는 것은 잠재의식적으로 가동되는 시스템보다 느리다. 의식은 느리고 의도적이지만 잠재의식은 빠르고 자동적이기 때문이다.

위험을 먼저 알아차리는 편도는 공포와 불안을 느끼는 몸의 반응을 먼저 일으킨 후에 늦게 알아차리는 의식적 지각과 반응에도 함께 관여한다. 뇌는 전체성으로 작동되기 때문에 이후에 일어나는 의식적 반응에도 편도에서 공포와 불안의 정서를 묻혀주어 의식적으로도 공포와 불안을 느낄 수 있게 해준다. 중요한 사실은 의식적 개입 전에 이미 우리의 잠재의식적 시스템이 공포와 불안을 느끼게 만든다는 사실이다.

마음훈련

우리의 마음은 1.4kg밖에 되지 않는 작은 뇌에서 만들어내는 산물이지만 그 마음의 크기는 우주를 전부 담을 수 있을 만큼 무한하다.

천억 개가 넘는 뇌세포의 다양한 시냅스 연결이 만든 신경회로에서 생성되는 생각과 느낌이 구조화되고 체계화되어 일관성을 가지게 되면 그것이 마음이 된다.

하나의 뇌세포가 다른 수만 개 이상의 뇌세포와 병렬적 연결을 지으며 다양한 생각과 느낌을 만들어내기 때문에 그 연결이 만들어내는 배열과 조합은 무한에 가까우며 마음은 무한에 가까운 신경회로의 조합에 의해 창조된 것으로 볼 수 있다. 불안이라는 감정도 결국은 무한에 가까운 신경회로의 조합에 의해 만들어지는 것이기 때문에 불안의 깊은 늪에서 빠져나오기 위해서는 마음을 긍정적으로 잘 사용할 수 있도록 새로운 신경회로를 만들 수 있는 기술을 가지고 있어야 한다.

마음은 어떤 사건이나 사고에 의해 큰 상처를 받거나 반복적인 스트레스 자극을 받게 되면 안정적인 적응을 위해 최고의 각성과 긴장상태를 유지하게 된다. 이러한 각성과 긴장상태를 정상적인 상태로 회복하기 위한 항상성을 잃어버리게 되면 나중에 좋은 환경에서 치료를 해도 원래의 건강한 상태를 회복하는 것이 쉽지가 않다.

마음의 회복이 힘든 이유는 지나친 각성과 긴장상태에서 관련된 화학물질을 다량으로 분비하여 마음의 상처와 관련된 전용신경회로가 활성화되었기 때문이다. 전용신경회로가 활성화되면 관련된 이웃 신경회로와의 다양한 연결을 확장하거나 강화하여 더 많은 화학물질을 분비시켜 완전한 중독 상태를 만든다.

그 과정에서 뇌는 복잡한 신경화학적 작용에 의해 현재의 불안한 감정상태를 진짜 자기로 착각하여 불안한 감정상태를 그대로 유지시키는 기저선을 만들게 된다. 충격적인 사건이나 사고에 의해 불안과 관련된 화학물질이 다량으로 분비되면 현재의 불안한 상태를 더 일반화시키거나 편향시켜 불안과 관련된 더 많은 전용신경회로를 구축하여 자신의 존재와 정체성까지 불안한 상태로 바꾸게 되는 것이다.

처음에는 일시적으로 불안한 상태에 빠지게 되지만 그러한 상태가 오랫동안 이어지거나 반복되면 광케이블과 같이 굵은 전용신경회로를 구축하게 된다. 이러한 현상이 일시적으로 불안한 '상태'가 아닌 영구적인 불안한 '존재'로 바뀌게 되면서 불안은 자신의 존재를 구속하는 좁혀진 경계가 될 수도 있다. 이렇게 불안을 일으키게 만드는 전용신경회로가 광케이블처럼 굵게 구축되면서 신경화학적 작용을 확장하게 되면 마음의 불안은 자신의 의지와 상관없이 내면적으로 더 증폭된다.

인간의 뇌는 천문학적인 숫자의 시냅스 연결을 짓고 있으며 새로운 시냅스 연결을 더 많이 확장하기 위해 끊임없이 새로운 배열과 조합을 만든다. 이렇게 확장된 신경회로의 배열과 조합이 불안한 감정상태를 일으키게 만드는 특정 요인에 의해 불안과 관련된 연결을 만들어 마음의 장애를 일으키게 되는 것이다.

마음의 상처를 입어 불안한 감정상태를 오랜 시간 반복적으로 느끼게 되면 불안과 관련된 전용신경회로가 구축되어 본래의 건강한 상태로 회복되는 것이 쉽지가 않다. 만약 불안과 관련된 잘못된 신경회로에 의해 생긴 불안한 마음의 상처를 빠른 시간내에 제대로 치유하지 못한다면 영구적으로 회복이 불가능해질 수도 있다. 그 이유는 잘못된 신경회로가 또 다른 나쁜 신경회로와 연결을 확장하고 확장된 연결을 강화하는 과정에서 전혀 엉뚱한 전용신경회로를 구축하여 복합적인 마음의 문제를 일으키기 때문이다.

그래도 다행한 것은 우리 뇌는 새로운 학습과 경험을 반복하게 되면 새로운 전용신경회로를 구축할 수 있는 가소성을 가지고 있다는 사실이다. 이미 구축된 불안의 전용신경회로를 없애기보다 편안함과 안정감을 주는 새로운 전용신경회로를 구축하는 반복적인 작업을 통해 기존의 불안과 관련된 전용신경회로를 차단하거나 약하게 만드는 것이 불안을 극복하는데 더 도움이 된다.

멘탈코칭센터에서는 내담자들의 불안 극복을 위한 멘탈 훈련을 반복적으로 실시하고 있으며 이러한 반복적인 멘탈 훈련을 통해 편안함과 안정감을 주는 전용신경회로를 새롭게 구축하여 불안을 극복하는데 큰 효과를 보고 있다.

어떤 문제를 해결하기 위해서는 처음 문제를 일으킨 그 의식수준으로 는 안된다. 차원이 다른 새로운 의식수준을 유지시켜주는 전용신경회 로를 만들어야 한다. 우리가 불안이라는 감정상태에 초점을 일치시키 고 있는 동안에는 불안에서 완전히 벗어날 수 없다. 불안에서 완전히 자유로워지기 위해서는 불안이 아닌 편안함과 안정감을 주는 새로운 초점을 만드는 반복적인 훈련을 해야 한다.

우리 뇌는 한순간에 한 가지밖에 초점을 일치시킬 수 없기 때문에 불 안이라는 문제가 아닌 편안함과 안정감을 느끼게 해주고 긍정적인 상 태에 초점을 일치시키는 멘탈트레이닝이 필요한 것이다.

변화가 힘든 것이 아니라 변화할 수 있는 정확한 방법과 기술을 알지 못하기 때문에 변화를 못하고 있었을 뿐이다. 우리의 초점을 불안이 아닌 편안함에 일치시키는 순간 우리의 존재는 변화하게 된다.

마음의
내성과 응집력

   세상 모든 것에는 중요한 때가 있다. 우리의 건강한 멘탈을 유지하기 위해서도 알맞은 때에 멘탈을 강화하는 훈련이 필요하다. 그 알맞은 때라는 것은 멘탈이 건강한 때를 말한다.

   멘탈코칭센터에서 불안을 극복하기 위한 상담과 코칭을 진행하면서 항상 안타깝게 느끼는 것은 내담자가 좀 더 일찍 멘탈에 대한 관심을 갖고 자신의 심리적 내성과 응집력을 강화시켰더라면 하는 것이다. 현재 내담자가 불안 때문에 겪는 정신적 고통의 대부분이 심리적 내성과 응집력이 부족해서 생기기 때문에 내담자의 마음 상태가 악화되기 전에 멘탈을 강화시키는 훈련이 필요한 것이다.

   마음이 좀 더 건강할 때 마음 사용법에 대한 공부와 훈련, 긍정적 피드백, 인간관계 능력을 향상시켜 심리적 내성과 응집력을 강화시키는 것이 중요하다. 누구나 살아가면서 한 번 이상은 자신이 원하지 않는 심한 스트레스나 충격적인 경험, 정서적 사건 등을 겪는 과정에서 불안을 경험하게 된다. 이럴 때 우리의 마음 상태가 중심을 잃고 병적으로 발전되지 않게 지탱해주는 힘이 바로 심리적 내성과 응집력이다. 그래서 심리적 내성과 응집력이 남아있을 때 미리 멘탈을 강화시키는 공부와 훈련이 필요한 것이다.

그 이유는 마음의 쿠션이 살아있고 건강한 상태일 때 심리적 내성과 응집력을 미리 강화시켜두면 앞으로 살아가면서 겪게 될 대부분의 심리적 고통에 구속되지 않고 자유로울 수 있기 때문이다. 이미 마음의 병이 너무 깊어졌을 때는 심리적 내성과 응집력이 바닥난 상태가 되어 회복에 너무나 긴 시간과 노력이 필요하기 때문에 미리 멘탈을 강화시키는 것이 중요하다.

정신건강을 위한 국가정책도 마찬가지로 이미 마음의 병이 깊어진 상태에서의 상담이나 치유 중심의 대응도 중요하지만 예방적 차원에서 멘탈을 강화할 수 있는 다양한 정책들이 우선되어야 할 필요가 있다. 그래서 어릴 때부터 멘탈을 강화할 수 있는 체계적인 교육시스템을 만드는 것이 중요하며 그러기 위해서 사회적 공감대 속에 국가의 교육정책도 변화할 필요가 있는 것이다.

정신건강에서 가장 중요한 것이 자신의 마음에 대한 이해와 사용방법, 주변 사람들과의 원만한 인간관계 능력이다. 특히 인간은 사회적 관계 속에서 자신의 존재와 정체성을 형성하기 때문에 주변 사람들과의 원만한 관계가 정신건강에 가장 중요한 영향을 미치게 된다.

결국 건강한 정신상태는 주변 사람들과의 건강한 관계에 의해 만들어지고 유지된다고 해도 틀린 말이 아니다.

우리는 주변 사람들이 자신의 말을 들어주고 수용해주며 공감해주는 과정에서 주변 사람을 통해 자기대상을 만들고 자신의 존재와 정체성을 확립하게 된다. 하지만 우리 주변을 잘 살펴보면 마음이 아주 힘든 상태에 있는 사람이 하는 부정적인 말에 마음으로 귀를 기울여주는 사람이 많지 않다는 사실을 발견할 수 있다.

마음이 힘든 사람이 하는 부정적인 말은 보통 사람과 공통적인 코드가 부족하기 때문에 듣는 사람의 입장에서는 수용과 공감, 피드백이 힘들다. 폐쇄적인 정신세계로 편향되고 부정적인 말과 감정, 행동을 반복적으로 표출하는 사람과의 부정적인 만남에 대해 사람들은 심적인 부담을 가져 점차 거리를 두기 시작한다. 이러한 상태가 오랜 기간 지속되면 인간관계의 폭이 좁아지고 궁극적으로는 외톨이가 되기 쉽다.

사회적 관계가 단절되어 소외된 외톨이가 되면 심리적 고립감이 더욱 심해지고 정신적으로도 점점 더 피폐해지면서 자신의 존재가 한없이 작게 쪼그라든다는 느낌을 갖게 된다. 처음에는 다른 사람들과의 원만한 관계를 위해 스스로 노력하는 모습을 보이지만 자신이 만든 마음의 경계에 갇혀 점차적으로 다른 사람들과의 관계를 스스로 차단하는 부정적인 악순환을 겪게 되는 경우가 많다.

이러한 부정적 상태에서는 현재 상황을 만든 원인을 외부에서 찾게 되며 자신을 멀리하거나 수용하지 못하는 사람에 대해 서운함을 키우거나 원망하는 마음으로 공격적인 반응을 보이기도 한다.

이렇게 점점 더 고립이 심해지면서 자기 자신의 왜소함과 열등감, 무력감 등이 혼재하게 되고 심리적 내성과 응집력이 약해져 멘탈이 붕괴되면 완전한 무력감에 빠지게 될 수도 있다.

심리적인 장애를 더 자세하게 이해하기 위해서는 미주신경에 대한 기본적인 이해가 필요하다. 보통 심리적인 고통이나 스트레스 없이 안정된 관계에서는 뇌간의 조절센터에서 그 상태와 관련된 신경들이 복합적으로 작동된다. 이 조절센터는 얼굴근육과 목, 중이, 후두를 활성화시키는 인접한 신경들로 구성되어 있다.

이 신경단위가 작동되면 다른 사람의 미소나 태도, 행동에 공감하면서 똑같이 반응하고 심장과 폐에도 신호가 전달되어 심장박동이 느려지며 호흡을 더 깊이 할 수 있는 상태를 유지시킨다. 그렇게 되면 정서적으로 차분하고 편안해지면서 마음이 중심을 잃지 않고 긍정적인 심리상태를 유지할 수 있게 된다.

하지만 심한 정서적 경험이나 반복적인 스트레스가 누적되어 사회적 유대에 구멍이 생긴 것을 알아차리게 되면 미주신경 복합체가 자극하는 영역에 부정적인 변화가 일어난다. 부정적인 정서상태를 느끼면 자동적으로 이 상태를 얼굴 표정과 목소리 톤에 나타나도록 신호를 보내는데 이러한 반응의 긍정적 의도는 다른 사람들에게 도와달라고 신호를 보내는 것으로 볼 수 있다.

이때 주변에서 아무런 반응이나 도움이 없으면 위험을 더 크게 느끼면서 변연계가 활성화되어 싸움 또는 도주의 태세를 취한다.

그래도 아무런 조치가 취해지지 않고 상황이 계속 악화되면 마음과 신체의 모든 응급시스템을 발동시켜 최대한 각성상태를 유지하게 된다. 이러한 부정적인 상태가 오랫동안 지속되거나 견디기 힘들 만큼의 정서적 경험이 반복되면 횡격막 아래의 위, 신장, 장까지 영향력을 행사해 몸 전체의 대사작용을 대폭적으로 감소시킨다. 이때 우울감이나 무기력을 경험하게 된다.

더 악화되면 심장박동이 비정상적으로 떨어지거나 숨을 제대로 쉬지 못할 수도 있으며 소화계는 기능을 멈추거나 배출을 유도하기도 한다. 이 모든 것이 우리의 심리적 내성과 응집력이 약해져 멘탈이 붕괴되는 과정에서 생기는 생리적인 부작용이다. 그래서 우리의 마음은 건강할 때 미리 강화시키는 멘탈에 대한 공부와 훈련을 통해 예방접종을 맞는 선택이 중요한 것이다.

공부를 하거나 운동, 인간관계, 여행, 다양한 체험활동, 독서, 좋은 음식, 멘탈 훈련 등은 우리의 심리적 내성과 응집력을 강화시켜주는 영양분이 된다. 우리가 멘탈이 좀 더 건강할 때 멘탈에 대한 공부와 훈련을 해야 하는 이유가 멘탈에 대한 예방접종이 심리적 내성과 응집력을 키워 건강한 삶을 살 수 있는 토양을 만들어주기 때문이다.

생각의 초점

　인생길이 오르막과 내리막이 있는 것처럼 우리의 마음도 늘 안정된 상태에 있는 것이 아니라 동요가 일어났다가 다시 안정이 되는 반복적인 순환고리를 가지고 있다. 특히 현대인들은 불안이라는 감정 때문에 마음의 동요를 자주 느끼게 된다.

　우리가 느끼는 대부분의 불안은 실제 불안을 일으켰던 특정 사건이나 자극 때문이기보다 불안에 대한 생각의 초점과 그 생각에 대한 또 다른 생각이 꼬리에 꼬리를 물면서 연쇄작용을 일으켜 생기는 착각인 경우가 많다. 현실적인 불안을 느끼게 만든 사건은 이미 지나간 과거일 뿐이지만 지금 현재에서 그 사건에 대한 생각을 지속적으로 반복하게 되면 그 생각에 대한 또 다른 생각이 감정을 연쇄적으로 불러일으키게 되면서 현실에서 존재하지 않는 과거와 미래의 관념적인 불안을 현재에서 생생하게 경험하게 되는 것이다.

우리가 생각의 초점을 어디에, 어떻게 오랫동안 일치시키는가에 따라 생각과 연관이 있는 수많은 신경회로의 배열과 조합을 만든다. 이렇게 되면 처음에 불안을 느끼게 만든 사건이나 요인과는 상관없이 신경회로의 연쇄작용과 생각의 순환고리 때문에 존재하지 않는 불안을 현실로 만들게 된다. 불안에 대한 반복적인 생각만으로 불안과 관련된 화학물질이 분비되면서 뇌신경회로가 활성화되고 우리의 뇌와 몸 상태를 불안하게 만들 수 있는 것이다.

이처럼 불안에 초점이 일치된 상태에서 불안한 생각을 반복하는 것만으로도 불안에 중독된 나쁜 상태를 만들 수 있다. 우리가 불안한 생각을 오랫동안 반복적으로 떠올리게 되면 그 생각과 관련된 시냅스 연결이 활성화되고 신경화학물질이 순식간에 분비되면서 우리의 상태를 불안하게 바꾸어버린다. 불안과 관련된 생각의 초점이 일치되면 감각 체계가 동원되고 감각과 관련된 전용신경회로가 활성화되면서 마음과 몸 상태가 순식간에 불안한 상태를 유지하기 위한 시스템으로 변화하게 되는 것이다.

우리의 존재를 결정짓는 뉴런은 하나의 뉴런이 수만 개 이상의 다른 뉴런들과 병렬적인 시냅스 연결을 짓고 있기 때문에 불안한 생각이 반복되면 불안과 관련된 신경회로가 끊임없이 재구성되어 발화된다. 다행한 것은 우리의 존재는 선택과 초점에 의해 얼마든지 변화할 수 있는 가소성을 가지고 있다는 것이다.

우리의 반복적인 생각과 초점을 불안이 아닌 편안함과 안정감을 주는 새로운 초점으로 전환할 수 있다면 더 이상 불안의 고통 속에서 허우적거리지 않아도 된다. 편안함과 안정감을 주는 생각을 반복하는 것만으로도 뇌의 전기화학적 작용에 의해 특정한 신경회로가 활성화되면서 신체는 순식간에 변화를 일으키게 되는 것이다.

우리 몸의 최고사령관 역할을 하는 뇌는 생각의 초점을 일치시키고 반복하는 것만으로도 관련된 전용신경회로를 구축하여 현실에서의 변화를 일으키게 된다. 편안함과 안정감을 주는 생각을 반복하는 것만으로도 편안하고 안정된 느낌이 생기고 그 느낌에 의해서 생각이 영향을 받는 순환고리를 만든다.

이처럼 편안하고 안정된 생각과 느낌이 반복되면서 순환고리를 만들게 되면 편안함과 안정감을 주는 새로운 전용신경회로를 구축하여 새로운 중독된 상태를 만들게 된다. 그뿐만 아니라 긍정적인 생각과 느낌이 자신의 긍정적인 마음을 만들고 그 마음이 긍정적인 몸 상태를 만들어 건강한 심신상관성을 갖게 해준다. 결국 긍정적인 생각의 초점이 긍정적인 느낌을 갖게 하고 그 긍정적인 느낌이 긍정적인 생각을 확장하여 생각과 느낌이 긍정적인 순환고리를 만들게 되는 것이다.

생각의 초점이 불안이라는 나쁜 순환고리를 만들 수 있듯이 생각의 초점을 전환하게 되면 편안함과 안정감을 주는 새로운 순환고리를 만들 수 있다. 우리의 존재는 초점이 일치된 생각만으로도 얼마든지 긍정적으로 변화할 수 있는 가소성을 가지고 있는 것이다.

잘못된 초점

우리는 반복적인 학습과 경험 과정에서 입력된 다양한 자극과 정보를 뉴런의 시냅스 연결을 통해 기억화시켜 독특한 개인의 존재와 신념체계를 형성한다. 천억 개가 넘는 뇌세포는 특정 자극과 정보가 반복적으로 입력되면 시냅스 연결을 다양하게 확장하여 활성화시킨다.

다양한 시냅스 연결 가운데 초점이 일치되거나 반복적으로 활성화된 시냅스 연결이 광케이블처럼 굵은 회로를 만들게 되는데 이것을 전용신경회로라고 한다. 이렇게 구축된 전용신경회로가 반복적으로 활성화되면서 개인의 독특한 신념체계가 형성되는 것이다.

우리의 상태를 만드는 신념체계는 다양한 시냅스 연결 중에서 어떤 전용신경회로를 구축하여 어떤 생각과 느낌, 말, 행동을 반복하는가에 의해 결정된다고 볼 수 있다. 우리 삶에 걸림돌이 되는 불안장애를 일으키는 것도 과거에 불안을 느끼게 만든 반복적인 학습과 경험 과정에서 불안과 관련된 전용신경회로를 더 많이 구축하여 부정적인 신념체계를 형성하고 있기 때문이다.

불안을 일으키는 전용신경회로에 의해 생각과 느낌, 말, 행동이 반복될 수도 있고 반복적인 생각과 느낌, 말, 행동에 의해 전용신경회로가 강화될 수도 있다. 중요한 것은 닭이 먼저냐 달걀이 먼저냐를 따지는 것이 아니라 두 가지는 어느 하나를 바꾸게 되면 나머지 하나도 함께 바뀌게 되는 상관성을 가지고 있다는 것이다.

그렇기 때문에 우리가 어떤 과제를 수행할 때 불안과 관련된 생각과 느낌, 말, 행동을 반복하게 되면 그와 관련된 전용신경회로가 굵게 형성되어 실제로 불안한 자신의 상태를 만들게 된다. 이 상태가 또다시 불안한 생각과 느낌, 말, 행동을 반복하는 순환고리를 만들게 되면서 개인의 독특한 신념체계가 형성되는 것이다.

그래서 편안함과 안정감을 느끼게 해주는 생각과 느낌, 말, 행동을 반복적으로 하게 되면 그와 관련된 전용신경회로를 강하게 형성하여 실제로 편안함과 안정감을 느끼는 긍정적인 상태를 만들게 해주는 신념체계가 형성될 가능성이 높아진다. 반복적인 생각과 느낌, 말, 행동이 뇌에 전용신경회로를 구축하여 강한 신념체계를 형성하게 되면 그 신념이 스스로를 통제하기 때문에 나타나는 현상이다.

우리가 불안장애를 겪게 되는 것은 불안한 상태에 초점을 맞추고 불안한 생각과 느낌, 말, 행동을 반복하여 전용신경회로를 구축했기 때문이다. 그 전용신경회로가 강력한 신념체계를 형성하여 불안을 더 키우는 어리석은 선택을 하게 된다. 불안한 상태는 잘못된 초점에 의해 형성된 부정적 자기 제한 신념 때문에 생긴 것이다.

모든 초점이 불안을 일으켰던 원인과 상태에만 일치되면서 부정적인 감정상태에 허우적거리게 만들어 현재의 불안한 상태를 만들었다. 그래서 초점을 불안이 아닌 편안함과 안정감을 주는 상태로 전환하는 결단이 필요하다. 불안한 상태에만 초점을 일치시키고 있는 동안에는 편안함과 안정적인 상태로 초점이 전환되지 못하기 때문에 반복적으로 불안을 느끼는 함정에 빠지게 된다.

일상생활 속에서 겪게 되는 불안과 같은 심리적인 문제는 문제를 일으킨 사건에 대해 우리의 생각과 느낌, 말, 행동을 반복하고 불안한 상태에만 초점을 일치시켰기 때문에 만들어지는 것이다. 우리가 초점을 어디에 맞추고 어떤 생각과 느낌, 말, 행동을 선택하여 반복하는가에 따라 긍정적인 상태를 만들기도 하고 부정적인 상태를 만들기도 한다. 이처럼 일상생활 속에서 겪게 되는 대부분의 불안한 감정상태는 과거를 기반으로 하는 미래에 대한 예측 때문에 생긴다.

관념적인 과거나 미래의 기억 자체가 정말로 견디지 못할 만큼 우리에게 큰 고통을 주거나 스트레스를 일으키지 않는다. 왜냐하면 어떠한 문제든지 그 문제 자체는 시간적으로 이미 과거가 되었고 지나간 과거가 현실을 통제할 수 없기 때문이다. 그렇기 때문에 우리는 불안에 구속될 이유가 전혀 없는 것이다.

그런데도 불구하고 우리는 불안에 잘못 맞추어진 생각과 느낌, 말, 행동의 초점 때문에 불안의 수렁에 깊이 빠져 불안한 상태를 계속 유지하려는 패턴을 형성하는 경우가 많다. 그렇기 때문에 지금 현재에서 우리가 걱정하고 있는 대부분의 불안한 상태는 과거 기억에 의해 현실에서 느끼는 착각일 뿐 현실에서의 불안은 처음부터 존재하지 않는다는 사실을 알아차리는 것이 중요하다. 그래서 어떤 불안이라도 우리가 지금 현재에서 초점을 긍정적으로 전환할 수 있는 능력을 가지게 된다면 극복이 가능해진다.

만약 정말로 우리의 힘으로 해결되지 않는 불안한 문제가 있다면 그건 우리가 걱정할 필요가 전혀 없다. 왜냐하면 우리가 어쩔 수 없는 불안한 문제라면 그것을 걱정한다고 해도 더 나은 결과를 만들 수 없기 때문에 걱정할 필요가 없는 것이다.

이처럼 우리가 불안 때문에 겪는 심리적, 생리적, 신체적인 고통은 대부분 불안을 느끼게 했던 처음의 사건과 사고 때문이 아니라 그 사건과 사고에 대한 생각과 느낌, 말, 행동이 반복되면서 나쁜 순환고리를 만들기 때문에 생긴다. 불안한 사건과 사고에 대한 초점에 의해 생각과 느낌, 말, 행동이 반복되면 존재하지 않는 더 큰 불안을 일으키게 되는 경우까지 생기게 된다.

이렇게 불안에만 초점을 일치시키게 되면 불안을 일으켰던 처음의 사건이나 사고는 더 이상 큰 문제가 되지 않고 불안에 잘못 맞추어진 생각과 느낌, 말, 행동의 초점 때문에 더 큰 불안이 새롭게 만들어진다. 처음에는 불안에 대한 생각을 반복하는 이유가 불안에서 벗어나고자 하는 긍정적인 의도를 가지고 있지만 반복적으로 불안에만 초점을 일치시키고 집착하게 되면서 불안이 점점 더 확산되고 증폭되어 나중에는 스스로 불안한 감정상태에 갇히게 된다.

우리 마음속에 반복된 불안과 관련된 부정적인 생각과 느낌은 그와 관련된 시냅스 연결을 더 활성화시키고 광케이블처럼 굵은 전용신경회로를 구축하게 된다. 불안과 관련된 반복적인 생각과 느낌이 부정적인 신념을 형성하는 힘을 가지고 있기 때문에 불안한 상태에 스스로를 구속시키게 되는 것이다. 불안한 상태에 의해 전용신경회로가 구축되면 좁혀진 경계를 만들어 스스로 그 속에 갇히게 된다.

이러한 원리를 활용하여 불안에 맞추어진 잘못된 생각의 초점을 긍정적인 질문을 통해 원하는 상태로 전환할 수 있다.
우리의 초점을 긍정적인 상태로 전환하는 순간 지금 현재에서 자신을 힘들게 하는 불안은 더 이상 존재하지 않게 된다. 어떤 문제든 생각과 느낌, 말, 행동의 초점을 전환하는 순간 그것은 이미 현재가 되고 현재는 곧 과거가 되기 때문이다.

부정적인 과거 경험은 이미 지나간 기억이기 때문에 현재와 미래를 구속하는 힘이 없다. 다만 생각과 느낌, 말, 행동의 초점을 과거의 불안한 상태에 맞추고 있을 때 과거가 미래를 통제하는 힘을 가지게 되는 것일 뿐이다. 우리의 똑똑한 뇌는 한순간에 한 가지밖에 초점을 일치시킬 수밖에 없다. 그렇기 때문에 간절히 원하는 상태에 초점을 일치시키게 되면 그것은 이미 현실적인 변화를 일으키는 힘을 갖게 된다.

전환

　우리의 존재에 대한 정의는 지금 현재에서 초점을 어디에 일치시키고 얼마나 지속하는가에 의해 결정된다. 살아가면서 느끼는 대부분의 불안과 심리적인 고통은 자신의 초점을 진정으로 원하는 것이 아닌 문제상황에 잘못 맞추기 때문에 생기는 경우가 많다.

　우리 뇌는 반복적으로 초점을 일치시킨 것에 대해 그것이 부정이든 긍정이든 가리지 않고 관련된 신경회로를 활성화시키고 전기화학적 작용을 일으켜 그것을 현실로 만드는 탁월한 능력을 가지고 있다.
문제에 초점을 일치시키는 순간 이미 뇌가 문제와 관련된 신경회로를 활성화시켜 그 문제가 파생시키는 부정적인 감정상태와 고통에 우리를 중독시켜버리는 것이다.

　부정적인 감정상태에 중독되면 더 나은 선택을 할 수 있는 의식이나 자유의지가 개입되지 못하고 오로지 생존을 위한 본능적인 반응만이 우선시되면서 걱정과 불안을 더 키우게 된다. 이러한 부정적인 감정상태나 문제에 대한 지나친 걱정은 문제 해결을 위한 합리적인 대응과 조치를 취하도록 도와주기보다 오히려 무력감이나 좌절감, 두려움 속에서 허우적거리게 만든다.

이렇게 되면 문제를 일으킨 그 당시의 의식수준과 부정적인 감정상태에서 한치도 벗어나지 못하고 나중에는 문제가 일으킨 지엽적인 문제까지 증폭시켜 완전히 문제의 포로가 되어버린다. 이러한 현상은 강자가 약자를 돕는 헵의 이론으로 충분히 설명할 수 있다.

헵의 이론은 어떤 자극에 의해 함께 활성화된 뉴런은 연결이 강화되고 연결이 강화된 뉴런은 이후에 함께 활성화되는 것이다.

불안을 일으키는 문제에 맞추어져 있는 초점에 의해 관련된 신경회로가 활성화되면 다른 비슷한 회로들과 병렬적 연결을 확장하거나 강화하게 되어 뇌는 온통 문제와 관련된 부정적인 신경망을 확장하게 된다. 이렇게 강화된 연결에 의해 나중에는 처음의 문제는 더 이상 문제가 되지 않고 문제에 대한 초점이 만든 부정적인 신경회로가 계속 확장되어 더 큰 심리적인 문제를 일으킨다.

착각의 챔피언인 뇌는 그 무엇이든 초점을 일치시키고 그것에 대한 생각과 느낌, 말, 행동을 반복하면 그것을 사실로 받아들이고 흔들림 없는 믿음을 만들어 스스로 그 믿음에 통제당한다. 그래서 문제에 잘못 맞추어져 있는 초점을 원하는 것으로 바꿀 수 있는 새로운 선택을 통해 원하는 결과를 얻어야 하는 것이다.

우리가 문제에 잘못 맞추어져 있는 초점을 원하는 것에 일치시키게 되면 원하는 것과 관련된 새로운 신경회로를 구축하기 때문에 자신의 상태를 얼마든지 바꿀 수가 있다. 그래서 문제에 잘못 맞추어져 있는 초점을 빠르게 전환하여 원하는 것에 일치시키거나 해결책에 초점을 모으는 선택이 중요한 것이다.

지금 현재의 부정적인 문제 상태에서 벗어날 수 있는 더 나은 선택과 해결책에 초점을 일치시키는 순간 이미 그와 관련된 신경회로가 활성화되어 자신의 상태를 부정이 아닌 긍정으로 바꾸게 된다. 자신의 상태를 부정의 경계와 안전지대에서 벗어나 원하는 긍정적인 상태로 변화시키기 위해서는 네 가지 열쇠를 선택할 수 있다.

첫째, 재빨리 '생각'의 초점을 불안과 관련된 문제 상황이 아닌 원하는 편안한 상황으로 전환하여 새로운 초점을 일치시켜야 한다.
천억 개가 넘는 뇌세포의 시냅스 연결이 만드는 신경회로의 숫자는 헤아릴 수 없을 만큼 많다. 이렇게 많은 신경회로에서 만들어내는 생각의 조각들은 우리가 의식적으로 통제하기 힘들 만큼 넘쳐난다.

그 많은 생각 중에 불안을 일으키는 문제 상황과 관련된 생각을 선택하여 초점을 맞추게 되면 부정적인 신경회로를 활성화시키게 되어 문제에 구속되는 상태를 만든다. 불안을 일으키는 문제에 대한 생각을 의식적으로 오랫동안 하지 않아도 되는 이유가 잠재의식 차원에서 문제에 대한 생각을 충분히 하도록 뇌가 이미 세팅되어 있기 때문이다.
그런데도 의식적으로 문제에 초점을 맞추고 문제에 대한 생각을 반복한다는 것은 너무나 어리석은 선택이 될 수 있다.

불안을 줄이기 위해서는 문제에 맞추어져 있는 기존의 생각을 전환하여 원하는 것을 성취하기 위한 새로운 초점을 만들어야 한다.

우리의 똑똑한 뇌는 고통을 싫어하고 즐거움을 추구하도록 세팅되어 있기 때문에 생각의 초점을 즐거움에 맞추고 반복하게 되면 문제의 해결책을 찾아내게 된다. 우리의 생각은 무한한 자원과 에너지를 가지고 있기 때문에 생각의 초점을 바꾸는 순간 이미 문제를 해결하기 위한 행동이 일어나게 되는 것이다.

둘째, 불안을 일으키는 '감정'의 초점을 재빨리 불안이 아닌 원하는 것으로 전환하여 새로운 초점을 일치시켜야 한다.

우리 뇌는 문제 상황이나 부정적인 자극에 아주 민감하게 반응하게 되는데 그 이유는 잠재의식에서 부정적인 자극과 정보에 촉수를 세우고 민감하게 반응하는 것이 자신의 안전과 생존을 위해 도움이 된다는 사실을 잘 알고 있기 때문이다.

문제에 초점을 맞추고 일시적으로 부정적인 감정상태를 만드는 것은 문제의 본질을 관찰하고 파악하여 긍정적으로 해결하고자 하는 의도를 가지고 있는 것이다. 다만 감정을 조절하는 뇌의 영역이 포유류 뇌인 변연계이기 때문에 문제에 오랫동안 초점을 맞추게 되면 관련된 화학물질에 중독된 상태를 만들어 감정의 통제가 쉽지 않을 수 있다.

그래서 이성적인 판단과 선택을 할 수 있는 전두엽의 도움을 받아 감정의 초점을 재빨리 원하는 것으로 전환해야 하는 것이다.

불안을 일으키는 문제에 오랫동안 초점을 맞추고 부정적인 감정상태에 머물게 되면 뇌는 그 상태를 유지시키는 화학물질을 다량으로 분비하여 중독된 상태를 만든다. 이러한 부정적인 감정상태에서 벗어나 건강한 감정상태를 유지하고 통제하기 위해서는 '이 문제 상황에서 내가 얻을 수 있는 교훈과 이익은 어떤 것이 있을까?', '이 문제를 잘 해결한다면 어떤 좋은 점이 있을까?'와 같은 질문을 통해 감정의 초점을 바꾸어주어야 하는 것이다.

셋째, 불안을 일으키는 '말'의 초점을 재빨리 문제가 아닌 원하는 것으로 전환하여 새로운 초점을 일치시켜야 한다. 어떤 말을 계속 반복적으로 사용하면 그와 관련된 전용신경회로가 형성되고 환경과 사물을 생각하는 방식과 느낌까지 바뀌게 된다. 말은 뇌신경회로에 직접 연결되어 있기 때문에 말을 바꾸면 뇌신경회로의 배열까지도 바꿀 수 있다. 말은 뉴런에 저장된 기억정보가 다양한 시냅스 연결에 의한 신경회로의 조합에 의해서 표출되기 때문에 말을 바꾼다는 것은 뇌신경회로를 바꾸는 것과 같은 것이다.

어떤 경험이 뇌에 기억 형태로 저장될 때는 언어로 부호화하여 특정한 감정상태와 신경적 반응을 일으키는 특정한 상태를 유지한다.
우리가 하는 말과 듣는 말에 따라 기분이 달라지는 것은 입 밖으로 뱉은 말에 우리의 감정이 덧입혀져 있기 때문이다.

그래서 문제에 대해 '조금', '약간'이라는 수식어를 붙이는 것만으로도 문제가 다르게 느껴지는 것이다. 문제 해결을 위해 변형 어휘나 긍정적인 말을 사용하는 것만으로도 문제에서 어느 정도 자유로워질 수 있는 선택이 될 수 있다. 반복적인 언어의 선택과 사용이 불안 수준을 바꿀 수 있는 힘을 가지고 있는 것이다.

넷째, '행동'의 초점을 재빨리 불안을 일으키는 문제가 아닌 원하는 것으로 전환하여 새로운 초점을 일치시켜야 한다.

반복적인 생각과 느낌, 말이 행동을 일으키는 뿌리가 되기도 하지만 반복적인 행동이 생각과 느낌, 말을 만들기도 한다. 말초신경에서 일어나는 모든 행동은 뇌의 중추신경에 자극을 주기 때문에 행동을 바꾸면 뇌신경회로가 바뀌게 된다. 비슷한 문제 상황에서 서로 다른 결과를 만들어내는 것은 다른 사람과 행동이 달랐기 때문이며 행동이 달라지면 당연히 결과가 달라질 수밖에 없는 것이다.

　만약 자신의 삶을 활력 있고 자신감 넘치는 상태로 변화시키려고 한다면 원하는 것을 이루기 위한 성공전략을 선택하여 꾸준한 행동을 해야 한다. 어쩌다 한 번 하는 일회성의 행동이 아니라 꾸준히 행동을 반복할 수 있을 때 원하는 결과를 얻을 수 있다. 심호흡을 깊게 열 번을 천천히 해보면 우리의 몸과 마음이 어떻게 변화되는지 바로 확인할 수 있다. 단지 심호흡이라는 간단한 행동에 초점을 맞추었을 뿐인데 우리의 몸과 마음이 변화하게 되는 것이다.

　행동을 통해 말초신경의 자극을 바꾸게 되면 중추신경이 함께 자극되어 뇌의 신경회로가 새로운 조합과 배열을 만들고 생각과 느낌, 말까지도 바뀌게 된다. 이처럼 우리의 초점을 어디에, 어떻게 일치시키는가에 따라 상태가 바뀌고 삶의 결과도 바뀌게 되는 것이다.

초점과 반복

나는 누구인가의 질문에 대한 답은 다양하게 제시될 수 있지만 나 자신의 경험에서는 '초점'이라는 말이 가장 적합하지 않을까 싶다.

우리의 초점이 지금 현재 어디를 어떻게 비추느냐에 따라 우리의 상태가 유지되기 때문이다.

신경생리학적 관점에서 보면 우리의 존재는 특정한 시냅스 연결이 강화되어 전용신경회로가 구축된 것이라고 볼 수 있다.

천억 개가 넘는 뇌세포의 병렬적 연결에 의해 천문학적인 시냅스 연결을 만들어내며 우리의 존재와 세상모형은 시냅스 연결이 강화된 전용신경회로에 의해 만들어지는 것이다. 우리의 존재와 정체성을 형성하는데 핵심적인 역할을 하는 뇌세포는 특정한 시냅스 연결에 의해 신경회로의 형태를 만들고 있기 때문에 신경회로의 조합과 배열에 따라 우리의 존재와 정체성이 바뀌게 되는 가소성을 가지고 있다.

　중요한 것은 신경회로의 조합과 배열은 우리 삶의 성공전략인 생각과 느낌, 말, 행동의 초점과 반복에 의해 결정된다는 사실이다. 결국 어떤 신경회로를 선택하여 반복적으로 사용하는가에 따라 생각과 느낌, 말, 행동이 달라지기도 하고 어떤 생각과 느낌, 말, 행동을 반복하느냐에 따라 신경회로의 연결이 달라지기도 하는 것이다.

　우리가 어떤 일을 이루고자 할 때 '할 수 없다'는 생각과 느낌, 말, 행동을 반복하게 되면 그와 관련된 부정적인 전용신경회로가 활성화되어 실제로 아무것도 할 수 없는 무기력한 상태를 만들어 아무것도 이룰 수 없는 결과를 얻게 될 가능성이 높아진다.

　반대로 '할 수 있다'는 생각과 느낌, 말, 행동을 반복하게 되면 그와 관련된 전용신경회로가 활성화되어 실제로 할 수 있는 긍정적인 상태가 만들어져 원하는 목표를 성취할 수 있게 될 가능성이 더 높아진다. 이처럼 전용신경회로의 선택에 따라 서로 다른 결과를 얻게 되는 것은 반복적인 생각과 느낌, 말, 행동이 시냅스 연결을 강화하여 특정한 전용신경회로를 구축하고 강한 신념체계를 형성하여 그 신념이 스스로를 통제하기 때문이다.

　우리는 어떤 일을 하는 과정에서 불안을 느끼게 되면 그 불안한 정서에만 초점을 맞추고 스스로 불안에 구속된 상태를 만들어 불안을 더 키우는 어리석은 선택을 하는 경우가 많다. 이러한 잘못된 초점은 불안을 느끼는 문제 상황을 제대로 제어하지 못하고 자신의 모든 초점을 불안을 일으켰던 원인과 상태에만 일치시켜 원망과 후회의 감정상태에 빠져 허우적거리게 만든다. 결국 일상생활에서 겪게 되는 대부분의 불안은 우리가 어떤 생각과 느낌, 말, 행동을 선택하여 초점을 일치시키는가에 의해 만들어지는 것이다.

어떤 생각과 느낌, 말, 행동을 선택하여 사용하는가에 따라 경계가 확장되어 긍정의 자원을 얻기도 하고 경계가 좁혀져 부정의 경계에 구속되기도 한다. 일반적으로 일상생활 속에서 어떤 문제 때문에 불안이 생겨도 불안 자체가 우리에게 정말로 견디지 못할 만큼 큰 문제를 일으키지는 않는다. 왜냐하면 어떠한 불안한 상황도 극복하지 못할 문제는 처음부터 존재하지 않기 때문이다.

만약 우리의 힘으로 해결되지 않는 불안한 문제가 있다면 그건 우리가 걱정할 필요가 없다. 우리가 어쩔 수 없는 문제라면 그것을 걱정한다고 더 나은 결과를 만들 수 없기 때문에 걱정할 필요가 없는 것이다. 우리가 어떤 문제 때문에 느끼는 걱정과 고통은 대부분 문제 자체가 주는 것보다 문제에 대한 생각의 초점이 더 큰 문제를 일으키는 경우가 많다. 문제에만 초점을 맞추게 되면 처음의 문제를 일으켰던 사건은 더 이상 큰 문제가 되지 않고 문제에 잘못 맞추어진 생각의 초점 때문에 더 큰 문제가 만들어지기 때문이다.

이렇게 되면 나중에는 문제에 대한 생각에 또 다른 생각이 꼬리에 꼬리를 물면서 잘못된 생각의 초점이 자신을 문제의 수렁에서 헤어나지 못하게 만들어버린다. 원래 문제에 대한 생각과 말을 반복하는 것은 그 문제에서 벗어나고자 하는 긍정적 의도를 가지고 있는 것이지만 반복해서 문제에만 초점을 맞추고 집착하게 되면 문제가 더 증폭되어 스스로 그 문제에 파묻히게 되는 것이다.

우리 마음속에 반복된 부정적인 생각은 전기화학적 작용에 의해 광케이블처럼 굵은 전용신경회로를 구축하여 부정적인 자기 제한 신념을 강화시키는 힘을 가지기 때문에 스스로를 문제의 틀에 구속시킬 뿐만 아니라 문제의 틀에 구속된 상태가 오랫동안 지속되면서 부정적 감정에 중독되어버린다. 그래서 아무리 심각한 문제가 있다 하더라도 자신의 긍정적인 상태를 만들기 위하여 그 문제를 어떻게 해결할 것인가에 대한 합리적인 질문을 통해 문제에만 맞추어진 자신의 초점을 원하는 것으로 전환하여야 하는 것이다.

문제에 잘못 맞추어져 있는 생각의 초점을 '어떻게'라는 질문을 통해 원하는 것으로 전환하는 순간 문제는 더 이상 문제가 되지 못한다. 원하는 긍정적인 상태에 초점을 맞추게 되면 그 이전의 문제는 더 이상 자신을 구속하는 경계가 아닌 원하는 목표를 성취하기 위한 소중한 디딤돌로 변화하게 된다. 이것이 우리가 문제에 맞추어진 초점을 원하는 것으로 전환하고 반복해야 하는 중요한 이유이다. 결국 우리의 존재는 지금 현재에서 일치된 초점을 반복하는 것이기 때문에 초점을 바꾸면 우리의 존재가 바뀌게 되는 것이다.

반복의 힘

착각의 챔피언이라는 별명을 가진 뇌는 그 무엇이든 초점을 일치시키고 반복하면 그것을 사실로 받아들이고 믿음을 만들어 스스로 그 믿음에 통제당한다. 그리고 그것을 현실로 실현시키기 위한 확고한 신념 체계를 형성하여 처음의 초점을 현실로 창조하게 된다. 그런데도 사람들은 뇌가 가진 성취의 힘을 잘 알지 못하고 거꾸로 사용하게 되면서 부정적 자기 제한 신념을 가지고 살아가는 경우가 많다.

우리의 똑똑한 뇌는 그것이 긍정이든 부정이든 가리지 않고 그 무엇이든 반복하면 그것을 사실로 받아들이고 믿음을 만들어 스스로 그 믿음에 통제당하는 착각의 챔피언이다. 그것이 불안과 관련된 부정적인 감정을 과민하게 일으키는 착각이라 할지라도 반복하면 선명한 감각을 동원하여 사실로 받아들이고 믿음을 만들게 되는 것이다.

그래서 생생한 감각을 동원하여 불안에 초점을 일치시킨 반복적인 생각과 느낌, 말, 행동은 뇌에 선명하게 프로그래밍되며 그것이 절대적인 사실이라는 믿음을 만들어 반드시 현실적인 불안을 창조하고 그 불안에 스스로 통제당하게 된다. 현실적인 불안요인이 없다 하더라도 불안에 맞추어진 초점을 반복적으로 사용하게 되면 현실에서 반드시 불안을 만들어내게 되는 것이다. 그렇기 때문에 현실에서 불안요인이 존재하든 존재하지 않든 상관없이 마음속에 불안이라는 초점을 만들게 되면 불안은 이미 현실이 될 완벽한 준비를 하게 된다.

이처럼 현실적인 불안요인의 존재와 상관없이 불안에 초점을 일치시키는 순간 불안한 상태를 만들 가능성이 높아지는 이유가 반복에 의해 믿음이 만들어지게 되면 그 믿음이 모든 것을 통제하여 현실적인 성취 결과를 창조하기 위한 완벽한 시스템이 가동되기 때문이다.

현실에서 불안과 관련된 어떠한 요인이 없다 하더라도 반복적으로 감정을 연합한 상태에서 상상을 하는 것만으로도 그것을 사실로 받아들이고 믿음을 만들어 스스로 그 믿음에 통제당하게 되는 것이다.

이런 상태에서는 이미 뇌에 불안과 관련된 전용신경회로가 구축되어 자신의 자유의지와 상관없이 중독된 패턴을 만들게 된다. 그래서 불안에서 벗어나기 위해서는 자신의 의지와 상관없이 불쑥불쑥 올라오는 불안한 감정의 중독된 패턴을 파괴하는 선택과 행동이 필요하다.

그리고 패턴이 파괴되어 생긴 빈자리에 원하는 편안한 상태를 유지시켜주는 새로운 전용신경회로를 구축하는 작업을 해야 한다.

불안한 상태를 유지시켜주던 패턴이 파괴된 빈자리를 채우기 위해 편안함과 안정감을 느끼게 해주는 멘탈 호흡과 이완, 자율훈련을 반복하게 되면 뇌는 편안함과 안정감을 절대적인 사실로 받아들이고 새로운 믿음을 만들어 다른 영역에까지 일반화시켜 현실적인 편안함과 안정감을 얻게 되는 것이다.

똑똑한 뇌는 그것이 불안이든 편안함이든 가리지 않고 무엇이든 반복하면 그것을 사실로 받아들이고 믿음을 만들어 스스로 그 믿음에 통제당하게 되면서 강한 신념체계를 형성한다. 우리의 생각과 느낌, 말, 행동의 초점을 불안한 상태가 아닌 원하는 편안한 상태에 일치시키고 반복하게 되면 원하는 목표 성취와 관련된 특정 시냅스 연결을 강화하여 굵은 전용신경회로를 구축하게 되고 그 회로가 신념체계를 형성하면서 불안에서 자유로울 수 있는 힘을 가지게 해주는 것이다.

그래서 불안이라는 문제 상태에 맞추어진 잘못된 초점을 편안함이라는 원하는 상태로 전환시켜 생각과 느낌, 말, 행동을 반복하게 되면 고차원적인 뇌의 작동원리에 의해 반드시 현실에서의 편안함과 안정감이라는 긍정적인 변화를 일으키게 된다.

그런데도 많은 사람들이 평범한 뇌의 작동원리를 알지 못하고 믿지 않기 때문에 불안의 깊은 수렁에서 벗어나지 못한 상태로 고통 속에 살아가고 있다. 사람들이 이러한 부정적인 믿음을 가지고 있는 이유가 이미 불안에 중독된 상태에 있기 때문이다. 불안한 상태를 유지하게 되면 뇌의 전용신경회로가 만든 좁혀진 믿음과 세상모형으로 살아가기 때문에 불안과 관련 없는 자극과 정보에도 불안을 느끼게 되는 중독된 패턴을 보이게 되는 것이다.

만약 불안과 관련된 전용신경회로가 만든 부정적 자기 제한 신념이 강하게 자리 잡고 있으면 새로운 변화와 도전은 오히려 불편하고 고통스러운 것으로 받아들인다. 이렇게 되면 의식적으로는 기존의 불안한 상태에서 벗어나고 싶어 하면서도 잠재의식적으로는 변화에 저항하는 부조화가 생기게 된다.

의식은 잠재의식을 이길 수 없기 때문에 이러한 심리적 부조화가 긍정적인 상태로의 변화에 도움이 되는 공부나 훈련, 상담, 운동, 인간관계 등을 거부하거나 회피하게 만든다. 이렇게 좁혀진 경계를 만들어 불안에만 관심의 초점을 일치시키게 되면서 변화를 위한 새로운 도전과 실험은 시작도 못하고 시작하더라도 온갖 이유와 변명으로 합리화하며 쉽게 포기하게 된다.

뇌에 불안과 관련된 부정적인 전용신경회로가 굵게 구축되면 뇌가 불안에만 초점을 일치시켜 전체성을 상실하기 때문에 현재의 문제를 해결하기 위한 합리적 선택과 행동을 하지 못하는 횟수가 증가한다. 결국 현재의 불안한 감정상태에서 벗어날 수 없는 이유가 불안한 감정상태에 중독되어 있기 때문이다.

이런 불안한 감정상태를 유지시켜주는 전용신경회로가 굵게 구축되면 긍정적인 변화를 위한 새로운 선택과 행동은 불편하고 귀찮은 것으로 받아들이기 때문에 변화를 하지 않아야 할 온갖 변명과 합리화를 하며 현재의 불안한 감정상태에 안주하려는 강력한 관성을 가지게 된다. 의식적으로는 현재의 불안에서 벗어나고 싶어 하면서도 불안에 중독된 뇌는 현재의 불안한 상태에 머물러있으려는 왜곡된 항상성과 기저선을 만들었기 때문에 현재의 불안한 감정상태를 일반화시켜서라도 불안의 좁은 성에 스스로 구속될 수밖에 없는 것이다.

불안에서 벗어나기 위해서는 이러한 중독된 불안한 감정상태를 떠받치고 있는 전용신경회로를 무력화시킬 수 있는 새로운 전용신경회로를 구축하는 작업을 해야 한다. 불안은 타고난 유전적 기질보다 후천적으로 학습과 경험에 의해 형성된 것이기 때문에 불안이 아닌 편안함과 안정감을 줄 수 있는 새로운 학습과 경험이 주어지면 불안은 사라지게 된다. 그래서 불안을 쫓아가는 상담과 치료가 불안에 대한 근본적인 해결책이 아닐 수도 있는 것이다.

불안이라는 문제에 초점을 일치시키는 것이 아니라 편안함과 안정감을 회복하는 공부와 상담, 훈련에 초점을 일치시키고 반복하면 불안은 얼마든지 극복할 수 있다. 이러한 회복을 위한 도전과 실험을 불안에 중독된 상태에 있는 자기 자신이 혼자하는 것이 쉽지 않기 때문에 전문가의 도움이 필요한 것이다.

멘탈코칭센터에서는 불안한 감정상태의 문제에만 초점을 맞추고 있는 내담자의 상태를 긍정적인 자원과 편안함, 안정감을 느낄 수 있도록 새로운 초점을 찾아주는 멘탈 상담과 훈련을 반복함으로써 불안을 극복할 수 있도록 돕고 있다.

조건형성

바람직한 반응에 대해 긍정적인 자극이나 보상을 받게 되면 이후에 바람직한 반응이 더 잦아지거나 반응의 예측가능성이 더 높아진다. 반대로 바람직하지 못한 반응에 대해 부정적인 자극이나 처벌을 받게 되면 이후에 바람직하지 못한 반응의 빈도가 줄어들게 된다. 이처럼 어떤 경험에 짝짓기된 정보는 연결이 강화되고 이후 함께 활성화되기 때문에 조건형성되는 것이다.

조건형성을 쉽게 이해할 수 있도록 사례로 설명할 수 있다.

어떤 여성이 저녁 늦게 일을 마치고 귀가하던 중 어두운 골목길을 걸어가다 불량배를 만나 돈을 뺏기고 불량배가 휘두른 칼에 상처까지 입는 사고를 당했다. 이 여성은 생명의 위협을 느끼는 공포 상황에서 가까스로 빠져나왔지만 생명에 심각한 위협을 느낄 정도로 너무나 공포스러운 경험을 했기 때문에 경험 당시의 어둠과 소리, 장소와 관련된 정보가 짝짓기 되어 기억 시스템에 저장된다.

그 사건 이후에 이 여성은 어두운 골목길을 혼자 걸어가는 것이 힘들어지고 사건 당시에 들었던 소리나 상황, 맥락 등이 모두 뇌에 연합기억으로 저장되어 그것과 관련된 미세한 자극에도 크게 놀라는 공포와 불안을 겪게 된다. 이것이 바로 조건형성의 사례이며 여성의 공포 경험은 트라우마 기억으로 남는다.

동물실험에서 두 개의 연결된 상자 중에 한 개의 상자에 개를 넣어두고 개가 들어있는 상자에 소리를 들려주며 전기충격을 가하면 개는 그 상황을 벗어나기 위해 울부짖으며 몸부림치지만 아무런 소용이 없다는 것을 학습하여 그 상태로 꼼짝하지 않고 얼어붙어버린다. 소리와 전기충격이라는 두 가지 연합 자극을 반복해서 제공하여 조건형성시킨 후 전기충격을 가하지 않고 소리만 들려주어도 개는 얼어붙기 반응을 보인다.

이러한 반응은 개에게 가해진 전기충격과 소리가 연합되어 조건형성되었기 때문에 나타나는 현상이다. 나중에는 전기충격과 소리의 자극을 주지 않고 충격을 받았던 상자에 넣기만 해도 얼어붙는 행동을 보인다. 이렇게 조건형성된 개에게 소리를 들려준 후 우연히 전기충격이 없는 옆 상자로 이동하는 체험을 할 수 있게 해주면 이후에 개는 소리가 나면 옆에 있는 상자로 피하는 행동을 하게 된다.

동물실험에서의 조건형성은 생물학적으로 중립적인 약한 자극을 생물학적으로 유의미한 강한 자극과 연결을 짓는 것이다.

이러한 조건형성이 학습된 것이라면 조건형성에서 벗어나는 탈학습도 얼마든지 가능하다. 중립적인 소리의 자극 이후 주어지는 강한 자극인 전기충격을 반복적으로 제공하지 않게 되면 소거를 통해 조건형성되기 이전의 상태로 되돌릴 수 있는 것이다.

간단히 설명하면 조건형성의 효과를 없애는 것이 소거이기 때문에 반복적으로 안전함을 느끼는 조건 자극(CS)에 노출시키면서 공포와 불안을 주는 무조건 자극(US)이 뒤따르지 않도록 하면 기존의 조건형성이 더 이상 일어나지 않는다. 소거는 기억의 완전한 제거가 아니라 CS가 위험하다는 기존의 기억을 CS가 안전하다는 새로운 정보를 통해 억제하는 새로운 학습이라고 할 수 있다. 처음에 공포와 불안을 일으키는 위협과 관련된 조건형성이 CS-US 연합을 통해 일어났기 때문에 CS-US 분리에 의해 소거가 일어나는 것이다.

그렇기 때문에 소거로 기억이 완전히 지워진 것이 아니라 뇌에 기억이 여전히 존재하고 있으며 시간이 흐르거나 관련된 자극이 다시 주어지는 변화가 생기면 언제든지 다시 과거의 조건형성이 되살아날 수 있다. 사람들이 심리상담과 치료를 받고 상태가 호전되었다가도 주변 상황과 자극에 의해 다시 원래의 문제 상태로 돌아가는 이유가 기억은 지워지는 것이 아니라 뇌에 저장된 상태로 다시 활성화될 수 있는 선택을 기다리고 있기 때문이다.

조건형성이론은 동물과 인간의 뇌가 불안과 공포를 어떻게 느끼고 위협을 학습하는지에 대한 근본적인 이해를 할 수 있게 도움을 주는 길잡이 역할을 해준다. 조건형성이론은 안전함을 주는 조건 자극(CS)

과 공포와 불안을 주는 무조건 자극(US) 사이에 짝짓기 관계가 형성되는 연합학습으로 이해할 수 있는 것이다.

US가 CS의 의미를 조작하거나 변화시켜 CS의 생리적 반응과 방어기전을 활성화하도록 만든다. 즉 조건형성은 자극과 자극이 연합되는 학습이다. US가 뒤따를 가능성이 높다고 경고를 보내는 CS의 예측적 가상을 학습하는 것이다. 이러한 반응이 지속적으로 반복되거나 견디기 힘들 만큼 정서적 자극을 주는 사건의 경우 사건 당시의 주변 상황과 맥락, 조건들까지 함께 연합되어 조건형성되기 때문에 이후에 관련된 미세한 자극에도 과거의 경험이 그대로 재연된다.

이러한 잘못된 조건형성이 심리적인 문제를 일으키는 원인이 되는 것이다. 하지만 조건형성의 긍정적인 기능은 인간의 학습과 경험에 도움이 되는 연결이며 생존을 위해서도 중요한 역할을 하고 있다. 조건형성이론은 생존을 위해 위험과 관련된 자극이 주어지면 위험을 예상하고 방어기전을 활성화하도록 하여 위험을 줄일 수 있는 긍정적인 반응을 설명하는 것이다.

멘탈코칭센터에서는 불안장애로 고통받는 내담자들에게 편안함과 안정감을 주는 호흡훈련이나 이완 등의 멘탈 훈련을 반복하는 조건형성을 통해 내담자의 긍정적인 변화를 이끌어내고 있다.

조건형성과
반응

　조건형성은 선천적으로 가지고 있거나 과거에 학습된 위험요소가 내부에 존재할 때 현재의 위험요소를 알아차리고 방어반응과 생리적 반응이 발현되도록 하여 생존과 안전에 유리한 준비상태를 만든다.
만약 선천적이거나 학습된 위험에 대한 조건형성이 없다면 눈앞의 위험요소를 감지하지 못해 안전에 심각한 문제가 생길 수도 있다.
　예를 들어 절벽에서 떨어질 뻔한 아찔한 경험이나 도로에서 무단횡단을 하다 직접 사고를 당했거나 다른 사람의 사고를 목격한 기억이 있는 사람은 이후에 그러한 위험요소에 대한 방어반응을 통해 자신의 안전과 생존에 유리한 선택을 할 수 있다. 이처럼 안전과 생존을 위해 위험요소에 어떤 반응을 선택할 것인지를 빠르게 판단할 수 있게 만드는 것은 과거에 학습된 기억 시스템의 도움을 받아 이루어지는 것이다.

우리는 생존에 위협이 되는 자극이 주어지면 강한 공포를 느끼며 제자리에 꼼짝하지 않고 굳은 채로 얼어붙는 선택을 할 수도 있고 좀 더 안전한 공간으로 이동하는 도피나 투쟁을 통해 그 상황을 극복할 수도 있다. 위협을 주는 자극의 종류와 그 자극을 어떻게 인식하고 해석하는가에 따라 그 자리에 얼어붙는 선택을 할 수도 있고 싸움-도피 반응을 선택할 수도 있는 것이다.

길을 걷고 있는데 차량이 갑자기 자신을 덮치거나 감당하기 힘들 만큼의 위협적인 큰 충격이 주어지면 일순간 멈칫하거나 그 자리에 굳은 상태로 얼어붙게 된다. 심한 폭행을 당하거나 뇌가 마비될 정도의 충격적인 경험을 하는 순간에도 몸이 순간적으로 멈칫하거나 얼어붙는 반응을 보인다. 이것은 인간이 오랜 진화과정에서 그러한 얼어붙기 반응이 자신의 안전과 생존을 위해 좀 더 나은 선택이라는 장기기억을 가지고 있기 때문이다.

전체적인 상황과 맥락에서 보면 얼어붙는 고정된 상태나 아무런 저항도 할 수 없는 무기력 상태보다 더 나은 선택인 싸움이나 회피를 선택할 수도 있지만 과거에 무기력이 반복적으로 학습되어 조건형성이 된 상태에서는 얼어붙는 반응이 자신을 지키는 최선의 안전지대가 된다. 아무런 반응도 못하고 그대로 얼어붙어버리는 반응보다 분명히 더 나은 싸움이나 회피를 선택할 수 있는데도 불구하고 얼어붙기의 안전지대에 갇히게 되면 그곳에서 벗어나는 새로운 선택은 더 위험한 것으로 받아들인다. 얼어붙기의 안전지대에 갇혀 굳어버리게 되면 계속해서 그 상황에 머물러있으려는 관성에 지배당하기 때문이다.

이러한 얼어붙기의 조건형성이 고착화되면 이후에 위협을 주는 작은 신호와 미세한 자극에도 스스로 무기력한 상태를 만들어 그 속에 숨어 안전함을 느끼는 선택을 우선적으로 한다. 이 상태가 되면 긍정적인 변화를 위한 그 어떤 새로운 도전과 실험도 거부하게 되어 현재 상태를 계속 유지하려는 강한 관성을 작동시키게 된다. 위협을 주는 자극이 주어지면 그 자극에서 벗어나 좀 더 안전함을 찾기 위해 싸움 또는 도피행동을 선택할 수 있는데도 불구하고 얼어붙기를 우선적으로 선택하는 것이다.

하지만 이러한 얼어붙기와 관련된 조건형성이 되어있다 하더라도 싸움이나 도피라는 새로운 선택을 통해 지금의 상황에서 벗어나는 것이 안전하다는 학습이 반복적으로 주어지면 이후에 비슷한 위험신호나 자극에 대해 아무런 반응도 못하는 얼어붙기 대신에 싸움이나 도피를 통해 안전을 선택할 수 있게 된다.

이러한 반응들은 일단 싸움이나 도피하는 순간 자신의 안전이 보장되기 때문에 당연한 선택이 될 수 있다. 하지만 위험하다고 판단된 상황에서 싸움을 하거나 도피하는 선택을 하기 위해서는 생존을 위한 얼어붙기 반응이 최대한 억제되어야 한다. 위험신호나 자극에 꼼짝 못하고 얼어붙어버리면 더 나은 반응을 선택할 수 없기 때문이다.

인간은 주어진 상황과 맥락, 조건에 따라 얼어붙기 이외에 더 안전한 싸움이나 도피를 합리적으로 선택할 수도 있지만 얼어붙기가 조건형성된 상태에서는 다른 선택이 쉽지가 않다. 그렇다 하더라도 위험신호나 자극에 얼어붙기보다 더 나은 싸움이나 도피를 선택했을 때 일시적으로 안전함을 느끼게 되면 부적 강화가 되어 이후에 비슷한 위험신호나 자극에 싸움이나 도피를 선택하게 될 가능성이 높아진다.

예를 들어 어릴 때 성폭행을 당한 여자아이는 강한 트라우마 기억 때문에 성인이 된 이후에 남자와의 건강한 관계형성에 어려움을 겪게 될 가능성이 매우 높아진다. 남자를 위험신호나 자극으로 조건형성시켜 두었기 때문에 남자의 스킨십을 완강히 거부하거나 남자의 호의를 왜곡하기도 하면서 남자와 함께 있는 공간에서 얼어붙기 반응을 보이게 될 가능성이 높아지게 된다.

중요한 것은 위협을 주는 주변 상황과 맥락에 얼어붙기 이외에 싸움이나 도피를 선택하거나 직면하는 반응을 통해 부정적 조건형성에서 자유로워질 수도 있다는 사실을 알아차리는 것이다. 기존의 얼어붙기와 관련된 조건형성에서 자유로워지기 위해서 안전함과 편안함을 느끼게 해주는 점진적 노출을 통해 남자와의 스킨십이나 접촉이 안전하다는 새로운 학습을 반복하게 되면 남자와의 관계형성에 긍정적인 변화를 유도할 수 있게 된다.

위험신호나 자극에 대해 얼어붙기나 도피는 일시적으로 안전함을 느끼게 해주지만 장기적으로 마음의 안전지대와 경계를 좁혀 부정적 자기 제한 신념이나 무기력을 학습하여 심리적인 걸림돌을 가지게 되는 부작용을 일으킨다. 이러한 심리적인 걸림돌이 생기면 상황과 맥락을 객관적으로 관조하지 못하고 자신의 좁혀진 안전지대와 경계에 구속되어 부분적으로만 접촉하게 된다.

얼어붙기와 도피가 안전을 위협하는 부정적인 결과를 막았다는 잘못된 믿음을 가지게 되면 부적 강화가 되어 그 믿음과 관련된 화학적 중독 상태에 빠지게 되면서 광케이블과 같은 굵은 전용신경회로가 구축되고 잘못된 믿음을 강화시켜 스스로 그 믿음에 통제당한다.

이렇게 되면 전두엽의 자유의지가 작동되지 못하고 지향적 동기를 상실하여 새로운 행동을 할 수 없게 된다. 이 상태에서는 조건 자극(CS)이 무조건 자극(US)과 연합되지 않아도 얼어붙기와 도피반응이 나타나기 때문에 오로지 자동적인 자극—반응의 패턴을 만드는 것이다.

이것은 처음의 사건에서 경험한 불안과 관련된 US가 더 이상 존재하지 않는 상황에서도 CS와 US의 조건형성 때문에 불안한 반응이 자동적으로 나타나게 되는 것이다. 즉 위험 자극인 US가 우리를 힘들게 하는 것이 아니라 위험 자극을 주는 사건과 연합된 CS가 더 많은 CS에 연결을 만들어 US의 부정적인 영향이 뇌 전체의 신경망에 영향을 미치게 되는 것으로 이해할 수 있다.

이렇게 되면 나중에는 안전한 상황에서도 얼어붙기와 도피반응을 습관적으로 하게 되고 그와 관련된 더 강한 전용신경회로를 구축하여 부정적인 반응을 만들어내는 신념체계를 만든다. 이것이 나쁜 조건형성에 대한 반응이 부정적인 자신의 상태를 만드는 과정이다.

불안의
조건형성

우리는 모두가 같은 세상을 살아가면서도 자신의 주관적인 세상모형에 의해 서로 다른 세상을 만나게 된다. 불안한 감정상태를 만드는 개인의 불안 수준도 각자의 세상모형에 의해 달라진다.

불안장애를 겪는 사람들은 지금-여기에서 외적 요인과 환경적 자극에 의한 위협이 전혀 없는데도 불구하고 자신의 왜곡된 세상모형이 만든 내적 요인에 의해 안전한 외적 요인까지도 불안으로 지각하고 해석하여 불안한 정서를 만들게 된다. 이러한 현상은 우리의 세상모형이 과거의 나쁜 경험에 의한 부정적 정서가 함께 덧입혀져 있기 때문에 나타나는 부작용이다.

만약 과거의 기억 중에 도피나 회피를 통해 충격적인 사건이나 공포상황에서 안전하게 벗어났던 경험을 했다면 비슷한 상황에서 그 경험을 다시 선택하여 오랫동안 지속할 가능성이 높아진다. 왜냐하면 도피나 회피행동이 자신을 실제 위험으로부터 일시적으로 벗어나게 하고 안전하게 만들어주는 긍정적인 경험으로 기억되어 있어 회피적 행동이 자동적으로 일어나도록 조건형성되기 때문이다. 그래서 이러한 부정적 경험에 의해 부정적인 자기 제한 신념체계가 형성되면 외부활동이나 사람들과 만나는 것을 기피하고 자신의 안전지대 안에서만 머무는 좁혀진 경계를 가지게 되는 것이다.

자신에게 닥친 실제 위험을 회피함으로써 성공적으로 안전한 경험을 했던 사람은 다시는 그러한 위험에 노출되고 싶어하지 않게 된다. 예를 들어 뜨거운 난로 위에 손을 올렸다가 화상을 입을뻔했던 경험이 있는 사람은 난로의 위험에 노출되지 않기 위해 난로 가까이에 가지 못하는 좁혀진 경계를 갖게 되는 것이다.

중요한 것은 이 상태에서 뇌가 일으키는 착각이다. 자신의 부정적인 경험에 의해 좁혀진 경계와 안전지대에 구속되는 회피적 행동이 공포와 불안과 같은 부정적 정서를 일으키는 결과를 막았다는 왜곡된 믿음을 일반화시키는 것이다. 그래서 현재 위축된 자신의 좁혀진 경계와 안전지대에 머무는 행동에 대해 합리화시키며 강한 믿음을 만들어 그 믿음에 스스로 통제당하는 상태를 유지한다.

이러한 상태가 되면 회피적 동기에 의해 점점 더 경계를 좁히고 그 경계 안에서만 안전한 자신의 존재를 느끼기 때문에 더 이상 목적지향적인 사고와 행동을 할 수 없는 상태가 된다. 외부 자극에 대한 부정적 내부 반응만 일어나는 습관이 만들어져 수동적 회피밖에 선택하지 못하는 중독된 상태를 만들어버린다. 조건형성이론으로 보면 안전한 조건 자극이 위협을 주는 무조건 자극과 연합되지 않고도 조건 자극만으로 부정적인 반응을 촉발하게 되는 것이다.

이렇게 되면 외부의 안전한 조건 자극에 대해서도 위협적인 자극으로 받아들여 무조건 자극과 동일한 반응을 자동적으로 보이게 된다. 회피행동과 반응이 자동화되었다는 것은 뇌가 자기 자신을 보호하기 위한 생존본능기전을 발동시켜 자기 자신을 지키기 위한 방어 시스템을 활성화시킨 것으로 해석할 수 있다.

습관적 회피행동이 자동화되면 뇌는 일시적으로 스트레스와 심리적 고통에서 해방될 수 있기 때문에 회피적 행동은 더 강화되고 부적 강화되어 중독된 상태를 만든다. 이러한 습관적 회피행동이 일시적으로 스트레스와 심리적 고통에서 벗어날 수 있는 자유를 줄 수 있지만 외부와의 다양한 관계를 차단하는 좁혀진 경계에 갇혀 삶을 기계적으로 만들거나 단순화시킬 수 있다. 그리고 전체성의 관점에서 보면 습관적인 회피행동으로 사회적 관계가 차단될 뿐만 아니라 외부적 활동에도 제한이 생기기 때문에 고립화는 더 심해질 수밖에 없어진다.

주변에 불안장애를 겪는 사람들을 관찰해보면 불안을 유발할 수 있는 주변 요인이 조금이라도 있으면 그 상황을 완전히 벗어나기 위한 잘못된 선택을 하는 경우가 많다. 잘못된 선택이 자기 삶의 중요한 목표나 꿈을 실현하는데 걸림돌을 만들고 기회 상실이 일어난다고 해도 불안한 정서를 조금이라도 자극하는 요인이 있다면 그것으로부터 완전히 해방되기 위해 잘못된 선택을 또다시 하게 되는 것이다.

새로운 선택이 자기 삶의 성취결과를 만들고 삶을 더 풍요롭게 하는 중요한 이익을 주더라도 그것을 포기하고 회피하는 행동을 우선적으로 선택하게 되며 이것은 자극-반응의 단순한 반사적인 중독 상태에 빠져 있기 때문에 나타나는 부작용이다. 이러한 행동은 객관적인 관점에서 보면 정말 이해가 안 가는 행동이지만 불안장애를 가진 사람의 주관적인 관점에서는 그것이 자신의 안전과 생존을 위한 최선의 선택이라는 왜곡된 믿음을 가지게 된다.

사람들이 외부적 위험을 경험하는 과정에서 그 위험을 피하기 위한 회피적 행동이 조건형성될 때 수많은 경험의 반복이 필요한 것이 아니다. 그러한 자극이 자신에게 큰 정서적 의미를 갖고 있거나 충격적인 사건이라면 단 한 번만에 뇌에 굵은 전용신경회로를 구축하여 조건형성된 상태를 만들어버리기 때문이다. 그래서 성장과정에서 어떠한 학습과 경험, 피드백, 인간관계를 맺느냐가 중요한 것이다.

사람들이 부정적 자기 제한 신념에 구속되고 단순한 자극-반응 시스템을 조건형성하는데 반드시 긴 학습과 훈련이 필요한 것이 아니다. 이러한 조건형성이 단 한 번만에 만들어질 수 있다면 우리가 평소에 어떤 생각과 느낌, 말, 행동을 반복하고 어떠한 피드백을 받으며 어떤 사람들과 인간관계를 가져야 하는지를 깨달을 수 있게 해준다.

강자가
약자를 돕는다

캐나다의 심리학자 도널드 헵은 뉴런의 활성화와 신경회로의 연결에 대해 "강자가 약자를 돕는다"라고 했다. 약한 감정과 강한 감정이 같은 뉴런을 활성화시킬 때 강한 자극이 뉴런의 화학적 성질을 변화시키고 이후에는 약한 감정과 강한 자극이 연합되어 뉴런을 더 강하게 활성화시킬 수 있다는 사실을 보여준 것이다.

운동선수가 연습장(약한 자극)에서 성취경험과 안정된 정서(강한 자극)를 반복 경험하게 되면 이후에 중요한 경기에서도 안정적인 심리상태와 활력을 불러일으키는 뉴런이 활성화된다. 반대로 연습장(약한 자극)에서 실패와 처벌(강한 자극)을 반복 경험하게 되면 연습장과 실패의 감정과 불안한 감정이 짝짓기 된다.

이렇게 되면 불안을 일으키는 부정적인 정서 경험이 뉴런의 화학적 성질을 변화시키게 되어 미래에 연습장에서 뿐만 아니라 경기장에서도 부정적 정서를 일으키는 뉴런을 활성화시킨다. 즉 연습장에서의 큰 실수나 실패, 처벌 등이 부정적인 정서를 일으키는 시각적, 청각적, 신체감각적인 자극과 조건형성되면 이후에 그와 관련된 미세한 자극과 감각에도 부정적인 정서가 그대로 불려 나온다.

훈련을 하는 연습장은 약한 자극이고 충격적인 실패나 실수, 처벌받은 경험은 강한 자극이 되며 두 가지 자극은 하나로 조건형성된다. 선수가 연습장에서의 경험과 반응에 따라 경기장에서의 심리상태와 정서적 느낌이 영향을 받는 이유이다. 그래서 평소 훈련과정에서뿐만 아니라 일상생활에서도 안정적인 심리상태를 유지하기 위한 생각과 느낌, 말, 행동을 반복하는 것이 중요하다.

연습장에서 실패경험과 불안한 정서를 반복 경험하게 되면 이후에 경기장에서도 불안한 심리상태와 무기력함을 불러일으키는 뉴런이 자동적으로 활성화된다. 이러한 경험이 같은 뉴런에 저장되어 함께 활성화되기 때문에 이후에는 약한 자극만으로도 불안한 정서가 그대로 불려 나오게 되는 것이다. 선수가 경기장에만 가면 굳어버리거나 부정적인 정서가 발현되어 경기를 망치는 이유가 강한 자극과 약한 자극이 찍짓기 되어 같은 뉴런을 활성화시키기 때문이다.

연습장과 경기장에서 조절되지 않는 심한 불안 때문에 멘탈코칭센터에서 멘탈트레이닝을 받았던 배드민턴 선수의 실제 사례이다. 이 선수는 경기 중 팔꿈치를 다쳐 경기를 완전히 망친 부정적인 경험을 하게 되었고 이후의 경기 과정에서도 계속해서 슬럼프를 겪게 되었다.

부정적인 경험이 반복되면서 경기장에만 가면 가슴이 답답하고 불안한 마음이 생기게 되어 자신의 컨디션을 유지할 수가 없었다.

그러한 현상이 계속되면서 경기장뿐만 아니라 연습장에서도 불안한 정서가 계속해서 올라와 자신을 괴롭히면서 별것 아닌 일에 쉽게 신경질을 부리고 숨이 막히는 것 같은 답답함까지 느끼게 되었다.

이후 운동수행이 제대로 안될 때마다 스스로를 자책하며 부정적인 정서를 반복 경험하면서 심리적으로 매우 힘든 시간을 보낼 수밖에 없었다. 그런 상황에서 원래의 상태로 되돌아가기 위해 신체재활훈련을 열심히 하여 팔꿈치는 완전히 정상적으로 회복시켰지만 팔꿈치를 다친 이후에 받은 정신적 충격이 트라우마가 되어 부상 이전의 정상적인 경기력을 회복하지 못했다.

뇌는 생존본능기전에 의해 긍정적인 경험보다 부정적인 경험에 대해 더 예민하게 반응하기 때문에 팔꿈치 부상 때 생겼던 트라우마는 팔꿈치가 완치된 이후에도 심리적으로 계속해서 스트레스를 받게 만들었던 것이다. 견디기 힘들 만큼의 강한 자극이나 정서적 의미가 큰 사건으로 인해 생긴 트라우마를 제대로 관리할 수 있는 능력이 없거나 주변의 도움을 받지 못하면 자신의 의지와 상관없이 불안장애를 일으키는 외상후 스트레스 장애를 겪을 수 있다.

신체재활훈련을 통해 현실적으로 분명히 신체를 회복시켰지만 과거의 부정적인 조건형성으로 인한 불안한 상태가 반복되면서 뇌에서는 팔꿈치 때문에 불안이 생겼다는 왜곡된 강한 신념을 갖게 된 것이다.

이러한 불안상태가 오랫동안 지속되면서 불안장애를 겪게 되고 이후에 중요한 경기에서 멀쩡한 팔꿈치를 아프게 하는 잘못된 신호를 보내 실제로 팔꿈치가 아파지는 상태를 만들기까지 했다.

우리의 마음과 몸은 구분은 할 수 있지만 분리할 수 없는 심신상관성을 가지고 있기 때문에 몸이 아프면 마음이 아파지고 마음이 아프면 몸이 아파진다. 결국 뇌에 남아있는 팔꿈치가 아팠던 기억이 새겨진 과거의 신경회로를 활용하여 현재의 불안심리를 합리화하기 위해 중요한 경기에서 실제로 멀쩡했던 팔꿈치를 아프게 만든 것이다. 이것은 불안심리가 심해지면 경기를 제대로 하지 못하므로 잠재의식에서 팔꿈치를 아프게 해야만 이 불안한 경기 상황에서 벗어날 수 있다는 착각을 하는 과정에서 생기는 반응이다.

우리가 어릴 때 스트레스와 불안 때문에 학교에 가기 싫을 때 배가 아프거나 머리를 아프게 만들어 학교에 가지 않아야 할 이유를 찾는 것과 같은 원리이다. 처음에는 분명히 팔꿈치 때문에 불안이 생겼지만 신체적으로 아픈 팔꿈치 문제가 완전히 해결된 이후에도 불안한 심리적인 문제가 해결이 안 되는 이유가 있다.

그것은 처음의 원인은 분명히 팔꿈치 부상 때문이었지만 불안한 심리가 반복되고 조건형성되면서 뇌에 불안과 관련된 전용신경회로가 구축되었기 때문이다. 이미 팔꿈치 부상을 입었을 때 겪었던 트라우마가 강한 정서적 사건이었기 때문에 뇌는 그와 관련된 강한 전용신경회로를 구축하게 되는 것이다.

전용신경회로가 구축되었다는 것은 부정적인 정서를 만드는 화학물질에 의해 감정의 중독 상태에 있는 것으로 볼 수 있다.

이러한 감정의 중독 상태가 점점 더 일반화되면서 운동뿐만 아니라 일상생활에서까지 가슴이 답답하고 우울함을 느끼게 되어 무기력한 상태에서 수시로 불안을 느끼게 만든다. 팔꿈치 부상은 더 이상 문제가 되지 않지만 부상 경험 과정에서 생긴 트라우마가 계속 과거의 부정적인 감정상태에 중독된 패턴을 유지하게 만드는 것이다.

이렇게 되면 경기장과 연습장뿐만 아니라 일상적 활동이나 인간관계에서도 지나친 긴장과 각성에 의해 불안한 마음이 생기면서 나중에는 운동에 대한 회의감이 생기기도 하고 자신의 정체성까지 의심이 들기 시작한다. 이러한 상태에서 심리적 불일치와 부조화가 생기게 되면 운동수행에 더 큰 걸림돌을 만들게 되고 운동수행의 문제가 다시 심리적인 문제를 일으키게 되는 악순환이 반복된다. 부정적인 감정상태가 오래 반복되면 뇌의 생리적 기능과 신경화학적인 구조까지 바뀌게 되면서 자신을 제한하는 부정적 신념에 사로잡히게 되는 것이다.

작은 불씨 하나가 온 들판을 태우듯이 우리의 멘탈에 생긴 작은 상처를 제대로 수습하지 못하면 시간이 한참 흐른 후에는 점점 더 수습하기가 힘들어질 수 있다. 그렇기 때문에 제일 좋은 선택과 반응은 처음에 팔꿈치 부상을 입었을 때 신체적 재활과 더불어 멘탈트레이닝으로 심리적 재활을 함께 병행하는 것이다.

당장 눈앞에 보이지 않는다고 무시하기 쉬운 멘탈적인 문제에 대해 제대로 대처하지 못한 상태로 시간이 경과되면 처음의 작은 멘탈적인 문제가 점점 더 수습하기 힘든 상태가 되어 극단적으로 운동을 포기하는 경우가 생길 수도 있다. 다행히 이 선수는 멘탈코칭센터에서 반복적인 멘탈트레이닝을 통해 이러한 트라우마를 극복할 수 있었다.

멘탈코칭센터에서 일반인들과 선수들의 심리상담과 멘탈 훈련을 진행하다 보면 탁월한 자원과 가능성 있는 재능을 가지고 있으면서도 과거의 작은 심리적인 문제를 제대로 해결하지 못해 힘들어하는 사람들을 많이 만나게 된다. 이런 심리적인 문제를 가진 사람들은 전문적인 멘탈 상담과 훈련을 통해 자신이 알지 못했던 멘탈적 문제에 대해 이해하고 직면할 수 있게 도움을 받아야 한다. 멘탈 상담과 훈련을 진행하면서 잃어버렸던 긍정적인 자원을 되찾을 수 있기 때문이다. 불안과 관련된 부정적인 감정상태가 만든 자기 제한 신념에서 벗어나 성공 신념을 가질 수 있도록 해야 하는 것이다.

자기 확신 훈련을 통해 현실의 문제에 맞추어진 자신의 초점을 구체적이고 분명한 목표로 전환하고 그 목표가 반드시 이루어질 수 있다는 긍정적인 성공 신념을 가질 때 누구든지 변화의 주인공이 될 수 있다. 그리고 목표에 자신의 성공전략인 생각과 느낌, 말, 행동을 반복하여 뇌에 전용신경회로를 구축하게 되면 목표를 이루기 위한 신념체계가 강화되어 현실적 성취를 실현할 수 있게 해준다.

우리 뇌는 그 무엇이든 반복하면 전용신경회로를 구축하게 되는데 강자의 역할을 하는 전용신경회로가 구축되면 약자의 역할을 하고 있는 일반적인 신경회로가 강자의 도움으로 새로운 강자가 된다.

확률적 존재

아직도 많은 사람들이 마음은 가슴에 있다고 말한다.

실제로 과거에는 우리의 감정상태를 만드는 마음이 가슴에 있다고 믿는 사람이 많았다. 그래서 마음이 고통스럽거나 아플 때 가슴이 아프다고 말을 하는 경우가 많았던 것이다. 이러한 착각을 하는 이유가 뇌에서 어떤 고통을 인지하게 되면 인지적인 각성으로 인해 생리적, 신체적인 각성상태를 일으키기 때문이다.

이것은 인지적 요인으로 각성된 현재 상태를 유지하기 위해서 심장에 더 많은 부하가 걸리고 생리적인 상태와 신체적인 상태까지 함께 바꾸어야 하기 때문에 심장이 활성화되는 과정에서의 느낌으로 마음이 가슴에 있다고 느껴지는 것일 뿐이다.

뇌과학적 관점에서 우리의 마음은 가슴에서 만들어지는 것이 아니라 뇌라는 생산공장에서 만든 제품으로 비유할 수 있다. 우리 뇌는 천억 개가 넘는 뉴런의 복잡한 시냅스 연결과 전기화학적 작용에 의해 특정한 마음을 만들어내고 감정상태를 유지하고 있기 때문이다.

이러한 관점에서 보면 심리적 걸림돌이 되는 지나치게 불안한 마음도 특정한 신경회로의 배열과 조합에 의해서 만들어지는 것으로 이해할 수 있다. 불안한 마음은 수많은 신경회로의 배열과 조합 중에서 현재 자신의 각성상태에 가장 적합한 회로를 활성화하여 선택한 것이기 때문에 그 선택은 확률이 된다.

현실적으로 반드시 불안한 요인이 존재해서가 아니라 현재 자신의 각성과 감정상태에 따라 불안이 선택된 것이기 때문에 확률이라고 볼 수 있는 것이다. 그 선택이 확률적인 것이라면 불안한 마음을 만들어내는 신경회로가 아닌 편안함과 안정감을 느끼게 해주는 신경회로를 선택할 수도 있다. 그 선택에 의해 우리의 상태는 얼마든지 변화할 수 있는 가소성을 가지고 있는 것이다.

양자적 관점에서 접근하면 우리의 존재와 정체성은 언제나 고정된 실재가 아닌 가변성을 가진 양자 확률로 이루어져 있다. 마음의 다양한 구조를 양자적 관점에서 보면 입자와 파동, 의식과 잠재의식, 전경과 배경, CR과 NCR로 이해할 수 있으며 모든 것은 서로 완전히 분리되어 있거나 고정된 상태가 아닌 선택에 의한 확률로 새롭게 변화하는 상태를 유지하고 있는 것이다.

우리의 존재는 현재 상태에 따라 특정 신경회로를 선택하고 그 선택에 의해 확률로 결정되어 새로운 상태를 유지하게 된다.

그 결정을 위한 선택의 힘을 작동시킬 수 있는 역할을 하는 것이 바로 전두엽의 '자유의지'이다. 전두엽의 역할은 뇌를 전체성으로 통합하여 자신의 신념체계에 맞는 이성적이고 합리적인 선택과 행동을 통제할 수 있는 자유의지를 실행하는 것이다.

다양한 관점에서 나의 존재에 대한 답을 찾을 수 있지만 가장 쉽고 빠르면서도 합리적인 정의가 뇌과학적 관점에서의 접근이다.

뇌과학적 관점에서 나의 존재는 먼 조상의 장기유전형질과 가까운 조상과 부모의 단기유전형질을 이어받은 유전적 신경회로를 갖고 태어난다. 수많은 유전적 신경회로를 가지고 태어난 상태에서 새로운 학습과 경험을 통해 특정한 신경회로를 선택하여 강화하거나 연결을 확장하며 자신만의 개성을 만들고 생각과 느낌, 말, 행동을 창조한다.

즉 유전적 요인과 환경적 요인이 복합적으로 우리의 존재와 정체성에 영향을 미치고 있는 것이다.

천억 개가 넘는 뇌세포 간의 병렬적 연결은 새로운 학습과 경험을 통해 끊임없이 변화하는 가소성을 가지고 있다. 특히 불안과 관련된 의미 있는 정서적 사건이나 부정적인 학습과 경험에 의해 선택된 부정적인 신경회로가 반복적으로 활성화되면 그와 관련된 전용신경회로를 구축하기 때문에 주의해야 한다.

이렇게 광케이블처럼 굵어진 불안과 관련된 부정적인 전용신경회로는 헵의 모델에 의해 가까이 있거나 유사한 신경회로의 연결을 더 강화하게 된다. 반대로 멀리 있거나 불안과 관계없는 편안함과 안정감을 주는 신경회로는 차단하거나 약하게 만들어 자신의 존재와 정체성을 불안하게 만드는 전용신경회로를 구축하게 되는 것이다.

이렇게 불안과 관련된 전용신경회로가 구축되면 불안과 관련된 하나의 뉴런이 관계있는 다른 뉴런들과 시냅스 연결을 확장하여 정보를 서로 교류하면서 비국소성으로 불안한 상태를 유지하게 만드는 강한 연대를 형성한다. 우리 뇌는 착각의 챔피언이기 때문에 그것이 긍정이든 부정이든 가리지 않고 연결이 확장되고 반복되면 그것을 절대적인 사실로 받아들여 강한 믿음을 만들게 된다.

뇌는 주의의 초점을 살짝만 바꾸어도 복잡하게 얽혀있는 뇌신경망에 새로운 전기적 신호를 활성화시키고 화학물질을 분비하여 변화를 위한 연쇄작용을 일으킨다. 어디에, 얼마나 주의의 초점을 일치시키는가에 따라 자신의 상태를 원하는대로 바꿀 수가 있기 때문에 불안에 일치된 편향된 초점을 원하는 상태로 전환하는 순간 이미 긍정적인 변화가 일어나게 되는 것이다.

이와 같이 언제, 어디에, 어떻게, 얼마나 주의의 초점을 오랫동안 일치시키는가에 의해 우리의 존재가 규정되기 때문에 얼마든지 변화할 수가 있다. 즉 불안이 아닌 편안함과 안정감을 느끼게 해주는 새로운 초점에 주의를 일치시키고 반복적인 생각과 느낌, 말, 행동을 얼마나 오랫동안 가지는가에 따라 새로운 전용신경회로가 구축되면서 우리의 존재와 정체성이 결정되는 것이다.

우리의 존재는 고정된 것이 아니라 초점을 어떻게 전환하는가에 따라 가변성을 가지고 확률적으로 결정된다. 뇌는 무엇이든 반복하거나 오랫동안 지속하게 되면 그것을 사실로 받아들이고 사실로 받아들인 것에 대해서 믿음을 만들어 스스로 그 믿음에 통제당한다.

불안과 관련된 생생한 생각과 느낌, 말, 행동이 반복되거나 오랫동안 지속되면 특정 신경회로를 과잉활성화시켜 신경학적 구조를 결정짓고 불안을 더 많이 느끼게 만드는 화학물질에 중독된 상태를 만들게 된다. 마찬가지로 편안함과 안정감을 느끼게 만드는 새로운 중독 상태를 만들 수도 있다.

불안한 상태가 학습된 것이라면 전두엽의 자유의지에 의해 탈학습이 가능하고 탈학습이 가능하다면 새로운 재학습도 얼마든지 가능한 것이다. 삶의 걸림돌이 되는 불안을 탈학습하고 편안함과 안정감을 반복적으로 재학습하게 된다면 새로운 신경회로가 활성화되어 긍정적인 존재가 되는 것이다. 이렇게 되면 편안함과 안정감을 느끼게 해주는 굵은 전용신경회로가 구축되어 다른 일반적인 신경회로보다 우선적으로 반응하고 활성화된다.

주의의 초점을 어디에, 어떻게 일치시키고 반복적인 새로운 학습과 경험을 선택하는가에 따라 나의 상태와 존재가 결정되는 것이기 때문에 원하는 변화가 가능한 것이다. 나의 존재는 전두엽의 고유한 기능인 자유의지에 의해 언제든 더 나은 선택을 할 수 있으며 새로운 선택을 통해 얼마든지 변화할 수 있다는 믿음을 가져야 한다.

이와 같이 선택과 확률에 의해 나 자신이 얼마든지 변화할 수 있는 존재라면 다른 사람과 세상도 얼마든지 변화할 수 있다는 결론을 얻을 수 있게 된다. 중요한 것은 자신이 변화에 대한 이해와 믿음이 먼저 전제될 때 다른 사람과 환경의 변화를 이끌 수 있다는 사실이다.

그 이유는 자신이 긍정적으로 변화한 상태에서 만나는 다른 사람과 세상은 이미 다르게 변화되어 있기 때문이다.

지금 이 글을 읽고 있는 순간에도 우리의 신경회로는 끊임없이 새로운 연결에 의해 재구성된다. 이와 같이 뇌는 반복적인 자극과 정보에 의해 기존의 고정된 신경회로의 배열과 조합을 새롭게 변화시킨다. 그렇기 때문에 기존의 불안한 상태에서 벗어나 편안함과 안정감을 느끼는 새로운 변화를 바란다면 뇌신경회로의 배열과 조합을 새롭게 바꿀 수 있는 반복적인 자극과 정보가 필요하다. 이것이 바로 일상생활 속에서 편안함과 안정감을 느끼게 해주는 멘탈 공부와 훈련을 반복해야 하는 이유이다.

이처럼 나의 존재는 언제든지 변화할 수 있는 탁월한 가소성을 가지고 있으면서도 반복적인 학습과 경험에 의해 전용신경회로가 굵게 구축되면 쉽게 변화하지 않는 일관성을 가진 이중성을 가지고 있다. 중요한 것은 우리는 얼마든지 변화할 수 있는 존재라는 사실이다. 초점이 일치된 반복적인 학습과 경험에 의해 우리 뇌에 어떤 전용신경회로를 굵게 구축하는가에 따라 새로운 존재가 만들어지게 되는 것이다. 편안함과 안정감에 초점을 일치시키는 새로운 선택과 훈련을 반복하게 되면 우리의 상태는 언제든지 바뀌게 된다.

세포의 연결

살아있는 모든 생명체는 자신만의 독특한 존재와 정체성을 형성하는 기본단위인 세포로 이루어져 있기 때문에 생명을 유지하고 활동하는 특수한 기능을 할 수 있다. 어떤 생명체는 하나의 세포로 이루어져 있으며 어떤 생명체는 아주 복잡한 세포의 연결로 이루어져 다른 종과의 차별성을 가지게 된다.

예를 들어 박테리아와 같이 몸 전체가 하나의 세포로 이루어져 있는 경우도 있다. 이런 경우 생명을 유지하고 활동을 하는데 하나의 세포에서 모든 기능을 담당해야 하기 때문에 고차원적이거나 복잡한 활동과 기능에는 제한이 생길 수밖에 없다. 즉 하나의 세포가 모든 기능과 역할을 다하기 때문에 단순한 활동에는 효율적일 수 있지만 복잡한 과제 활동이나 유연한 반응을 하는 데는 한계가 생길 수밖에 없는 것이다.

하지만 인간을 포함한 동물의 경우 헤아릴 수 없을 만큼 많은 세포가 서로 다양한 연결을 짓고 시스템을 만들어 복잡하고 다양한 기능을 수행할 수가 있다. 특히 인간은 60조 개가 넘는 세포가 모여 거대한 시스템을 만들기 때문에 세포끼리 상호 유기적인 협력체계를 갖추고 있기 때문에 다른 동물과 달리 고차원적인 사고와 행동을 할 수 있는 탁월한 능력을 가지고 있는 것이다.

신체의 모든 장기 또한 세포로 이루어져 있으며 각 세포가 하나의 거대한 시스템을 만들어 독특한 기능을 수행하고 다른 장기와도 긴밀하게 상호작용을 할 수 있게 된다. 신경계, 순환계, 호흡기계, 소화계, 근골격계 등은 신체 각계의 기능을 수행하고 다른 계와 정보를 주고받을 수 있는 세포의 다양한 연결이 만든 신경시스템에 의해 통합된 전체성으로 작동되고 있는 것이다.

우리의 생명을 유지하고 신체의 복잡한 기능을 통합하여 인간을 인간답게 만들어주는 가장 중요한 역할을 하는 뇌도 세포로 이루어져 있다. 뇌는 천억 개가 넘는 뇌세포가 모여 상호 병렬적 연결을 이루어 신경회로를 형성하고 있으며 신체 장기와 말초신경에서 올라오는 모든 정보를 통합하여 해석하고 반응하는 가장 중요한 기능을 한다.
뇌가 모든 신경계의 작동과 반응을 통합적으로 관리하고 조절통제하는 역할을 하고 있는 것이다.

신체의 모든 말초신경계는 뇌와 척수로 이루어진 중추신경계와 하나의 통합된 시스템으로 작동될 수 있을 때 개인의 건강한 상태가 유지될 수 있다. 이렇게 중요한 역할을 하는 신경계가 부분적으로라도 문제가 생기게 되면 전체의 신경망에 문제가 생긴다. 고속도로 어느 한 지점에서 큰 사고가 발생하면 도로 전체가 정체되듯이 신경회로의 일부가 손상을 입을 경우 신경회로 전체에 문제가 생길 수밖에 없다.

특히 뇌신경회로는 헤아릴 수 없을 만큼 많은 숫자의 복잡한 시냅스 연결을 짓고 있기 때문에 어느 한 부분에 문제가 생기면 전체의 신경망에 영향을 미치게 된다. 만약 견디기 힘들 만큼의 충격적인 사건을 경험하게 되면 경험 당시에 느꼈던 부정적인 정서와 공포가 뇌세포에 저장되고 시냅스 연결과정에서 전용신경회로를 구축한다. 부분의 전용신경회로가 전체의 신경망에 영향을 미쳐 뇌 전체를 부정적인 정서와 공포의 영향을 받게 만든다.

뇌는 모든 뉴런이 병렬적으로 연결되어 작동되는 비국소성을 가지고 있을 뿐만 아니라 하나의 뉴런에 저장된 정보가 다른 뉴런에 저장된 정보와 병렬적으로 연결을 지으며 융합되어 있다. 부분에 전체의 정보가 공유되는 홀로그램으로 작동되기 때문에 부분의 문제는 비국소성을 가지게 된다. 이렇게 세포의 시냅스 연결이 전체성을 만들어 존재와 정체성을 형성하게 되는 것이다.

그래서 뇌세포의 시냅스 연결을 바꾸는 생각과 느낌, 말, 행동을 반복하게 되면 뇌의 전용신경회로가 바뀌고 우리의 신념체계까지도 바꿀 수 있게 된다. 우리의 신념체계를 바꾸는 작은 시작이 세포의 연결이며 세포의 연결을 바꾸는 작업의 시작이 곧 일상생활 속에서의 선택적인 생각과 느낌, 말, 행동을 반복하는 것이다.

신념의 형성

우리가 만나는 세상은 생략, 왜곡, 일반화된 세상모형과 주관적인 신념체계에 의해 비추어진 이미지이다. 어떤 세상모형과 신념체계를 가지고 있느냐에 따라 전혀 다른 세상을 만나게 되는 것이다.

무한한 가소성을 가진 뇌는 천억 개가 넘는 뇌세포가 만들어내는 연결인 신경회로의 배열과 조합에 의해 특정한 세상모형을 형성하게 된다. 뇌는 착각의 챔피언이기 때문에 그 무엇이든 반복하면 그것을 사실로 받아들이고 믿음을 만들어 스스로 그 믿음에 통제당한다.

그래서 특정한 사고 프로세스를 반복해서 되풀이하면 그 생각이 전용 신경회로를 구축하는 과정에서 특정한 감정을 함께 불러내기 때문에 중독 상태에 빠지게 되는 것이다.

만약 성공에 대한 사고 프로세스를 되풀이하게 되면 그와 관련된 전용신경회로를 구축하여 성공 신념을 만들어 성공한 삶의 결과를 얻게 된다. 하지만 불안과 관련된 사고 프로세스를 되풀이하게 되면 불안과 관련된 전용신경회로를 구축하여 자기 제한 신념을 만들어 실패한 삶의 결과를 얻게 될 가능성이 높아진다.

노벨 생리의학상을 수상한 에릭 캔들 교수는 뇌에서 신념체계의 뿌리인 기억작용이 일어날 때 뇌의 신경세포들이 어떤 변화가 일어나는지와 인간의 학습과 기억이 어떻게 가능한지를 밝혀냈다. 에릭 캔들 교수는 뉴런의 발화가 한 번만 일어나도 시냅스의 화학적 성질이 바뀌고 그다음 발화가 쉬워지지만 그 영향은 빠르게 소멸되는 것을 관찰했다.

하지만 뉴런의 발화가 다섯 번 이상 일어난 뒤에는 장기기억을 만들어내는 전용신경회로가 형성된다는 사실을 알아냈다.

이 연구결과는 우리가 어떤 학습과 경험을 할 때 반복이 왜 중요한지를 설명해주고 있으며 무엇이든 반복하면 습관의 중독 상태에 빠지는 뇌의 원리를 잘 알 수 있게 해준다. 뇌는 그 무엇이든 반복하면 전용신경회로를 구축하여 스스로를 통제하는 강한 믿음을 만들어 신념체계를 형성하게 된다.

신념은 뇌에 강하게 형성된 전용신경회로이며 우리 삶의 모든 성취결과는 전용신경회로에 의해 만들어진 신념체계의 산물이라고 할 수 있다. 뇌신경회로는 그 무엇이든 반복하면 굵은 전용신경회로를 만들기 때문에 불안을 반복적으로 생각하거나 느끼고 말하게 되면 불안과 관련된 강력한 신념을 만들어 불안한 정서에 중독된 상태를 만든다.

이와 같이 불안한 정서를 반복해서 경험하여 그것과 관련된 전용신경회로가 활성화되고 신념이 강화되면 고차원적인 뇌가 작동되지 못하고 불안에 통제당하게 된다.

　중요한 것은 이렇게 형성된 신념이 고차원적인 뇌와 저차원적인 뇌를 통제하게 된다는 사실이다. 만약 과거에 반복적으로 활성화된 전용 신경회로가 불안을 야기시키는 부정적인 자기 제한 신념을 만들었다면 과거의 잘못 프로그래밍된 신념에 의해 현재와 미래까지도 불안에 부정적으로 통제당할 수 있다.

　그래서 우리 삶의 모든 결과는 신념에 의해 창조된다고 하는 것이다. 이처럼 우리가 어떤 신념을 가지고 살아가는가에 따라 삶의 모든 성취 결과가 달라지게 된다. 우리의 운명을 결정짓는 것이 유전이나 환경, 사건이 아니라 그것들을 어떻게 인식하고 해석하는가에 대한 준거가 되는 신념체계에 의해 결정된다고 볼 수 있다. 인식과 해석의 준거가 되는 신념은 유전과 학습, 경험, 사건, 정서, 문화, 종교, 기억 등과 함께 마음의 필터를 만든다.

　이렇게 반복적으로 사용한 마음의 필터는 자신만의 주관적 세상모형을 만들어 또다시 신념체계를 강화한다. 사람들은 어떤 상황 자체 때문에 힘들고 고통스러운 것이 아니라 그 상황을 어떻게 인식하고 해석하는가의 신념체계에 따라 다르게 느끼는 것일 뿐이다. 불안을 반복해서 느끼는 것도 과거의 반복적인 학습과 경험을 바탕으로 잘못 형성된 신념이 작동되는 것이다.

　우리가 보고 있는 세상은 실제 세상이 아니라 각자의 신념을 형성한 마음의 필터를 통해 바라보는 세상에 대한 모형일 뿐이다.

ABC 이론으로 보면 사건이나 상황에 대한 인식과 해석의 준거가 되는 신념이 왜 우리의 운명을 결정짓게 되는지를 잘 알 수 있다.

일상생활에서 대부분의 경험은 표면적으로 A = C라는 해석이 가능하지만 실제로는 A가 C를 만드는 것이 아니라 A + B = C라는 공식이 성립된다. 사건이나 상황 A에 대한 신념 B가 결과 C를 만든다는 이론이다. 결과 C가 긍정이든 부정이든 그것은 사건 A에 대한 인식과 해석의 준거가 되는 신념 B에 의해 편집된 것일 뿐이다. 대부분 개인이 가진 심리적 문제나 부정적 사고와 관점을 가진 사람들의 핵심적인 문제는 사건 A가 아니라 사건 A에 대한 신념 B가 C라는 결과를 만든 것이라고 볼 수 있다.

결국 불안으로 인하여 생기는 문제는 우리의 신념이 만든 것이라고 볼 때 사건과 상황을 긍정적으로 인식하고 해석할 수 있는 성공 신념을 가지게 되면 불안을 극복할 수 있게 되어 성공한 삶의 결과를 얻게 된다. 신념이 창조의 힘과 파괴의 힘을 함께 갖고 있기 때문에 우리가 어떤 신념을 가지느냐에 따라 불안과 공포의 노예가 되기도 하고 행복과 성취하는 삶의 주인공이 되기도 하는 것이다.

가짜 세상

  우리는 모두가 같은 세상 속에 살아가면서도 서로 다른 세상모형으로 다른 세상을 살아가고 있다. 즉 자기 자신의 주관적이고 편향적인 세상모형이 만든 가짜 세상을 진짜 세상이라고 착각하며 살아가고 있는 것이다. 사람들에게 우리가 알고 있고 믿고 있는 대부분의 사실이 절대적인 사실이 아니라고 말하면 대체로 어리둥절한 반응을 보인다.

하지만 우리가 알고 있는 대부분의 사실이 절대적인 사실이 아니라는 그 사실만큼은 절대적인 사실이다.

  중추신경계인 우리의 뇌는 너무나 중요한 역할을 맡고 있기 때문에 두개골 안에 안전하게 자리 잡고 있다. 어두운 두개골 안에 있는 뇌는 세상을 직접 만나거나 볼 수 없기 때문에 과거의 기억 시스템과 정서, 언어, 감각에 의해 만들어진 주관적인 세상모형에 의존하여 모든 자극과 정보를 오감적으로 처리한다. 그렇기 때문에 우리가 만나는 세상은 진짜 세상이 아닌 개인의 세상모형이 만든 가짜인 것이다.

이렇게 중요한 개인의 세상모형은 부모로부터 물려받은 유전자를 바탕으로 자신만의 학습과 경험이 반복적으로 축적되어 생성되는 마음의 필터에 의해 만들어진다. 주관적인 필터를 가지고 서로 다른 믿음을 만들어내기 때문에 절대적인 사실이 존재하기 힘든 것이다. 그래서 우리가 알고 있는 대부분의 사실은 마음의 필터에 의해 생략, 왜곡, 일반화된 주관적인 믿음일 뿐이다. 많은 사람들이 자신의 생략, 왜곡, 일반화된 주관적인 필터가 만든 세상모형을 절대적인 사실이라고 믿으며 살아간다.

흔히 '해가 뜬다', '해가 진다', '달이 뜬다', '달이 진다', '해는 동쪽에서 뜨고 서쪽으로 진다'라는 말을 하는데 이 말들도 전혀 사실이 아니다. 정말 해가 동쪽에서 뜨고 서쪽으로 지는 것이 아니기 때문이다. 해는 동쪽에서 뜨는 것도 아니고 서쪽으로 지는 것도 아니며 우리의 관점에서 그렇게 보는 것일 뿐이다. 이것은 태양을 중심으로 자전과 공전을 하며 일어나는 현상에 대해 우리의 관점에서 바라본 착각이다.

이 모든 것은 자기중심적이고 편향된 세상모형이 편집한 가짜라고 할 수 있다. 그런데도 우리는 그것이 절대적인 사실이라고 믿고 살아간다. 중요한 것은 우리의 믿음이 절대적인 사실을 만들기 때문에 그 믿음을 가지고 살아가는 세상이 진짜가 아닐 수도 있는 것이다.

어차피 인간이 가진 인식의 한계와 편향된 세상모형 때문에 세상을 있는 그대로 볼 수 없고 착각을 할 수밖에 없다면 좀 더 나은 착각을 할 수 있는 세상모형을 만드는 것이 중요하다. 그것이 사실이라서가 아니라 그것을 사실이라고 믿고 그와 같이 행동하면 그와 같은 결과를 얻을 수밖에 없기 때문이다.

에밀 쿠에는 "우리의 믿음이 우리를 통제한다"라고 했다.

그것이 사실이든 아니든 상관없이 그것이 사실이라고 믿고 있는 동안 그것은 틀림없는 사실이 되기 때문이다. 불안 때문에 고통받는 사람들도 사실이 아닌 가짜 믿음을 만들어 그 믿음에 통제당하고 있는 것이다. 해가 동쪽에서 솟아올라 서쪽으로 지는 것이 자신의 주관적인 관점에서 바라본 착각이듯이 지나간 과거의 고통스러운 기억과 정서 때문에 지금 현재에서 그 고통에 대한 불안을 느끼는 것도 비합리적인 믿음에 의해 착각을 하고 있는 것일 뿐이다.

만약 불안에 대한 믿음을 만들게 되면 지금 현재에서 그것은 절대적인 사실이 된다. 그것이 사실이든 아니든 상관없이 그것에 대한 믿음이 만들어지면 그것은 사실로 존재할 수밖에 없기 때문이다.

자신이 느끼는 불안이 다른 사람에게는 사실이 아닐 수 있지만 최소한 자신에게는 틀림없는 사실이 된다. 이것은 서로가 다른 경험에 의해 다른 불안 수준을 가지고 있기 때문이다. 서로가 같은 체제에 있지 않기 때문에 다른 불안 수준을 갖고 있는 것이다.

멘탈코칭센터에서는 불안장애로 고통받는 내담자들에게 멘탈 호흡훈련과 이완훈련, 자율훈련을 체계적으로 반복시킨다. 이러한 훈련을 통해 편안함과 안정감, 자유로움을 반복해서 느끼게 되면 강력한 믿음이 만들어져 긍정적인 세상모형이 만들어지기 때문이다.

위험신호

　사람들이 어떤 상황에서 특정한 위험을 강하게 느끼게 되면 신체와 생리적인 변화와 더불어 뇌의 정상적인 시스템에도 변화가 일어난다.

동물의 뇌가 통제하는 생존본능기전이 발현되면서 교감신경이 활성화되어 위험신호에 대한 주의 및 경계 수준을 높이고 민감하게 반응하도록 몸 전체를 각성시키게 된다. 그리고 위험신호에 적절히 대응할 수 있는 신경회로를 활성화시키고 신경조절에 필요한 화학물질을 분비하여 주의의 경계 수준을 최대한 끌어올린다.

　이 단계는 감정적인 뇌가 활성화되면서 이성적인 뇌가 전혀 역할을 하지 않는 것이 아니라 부분적으로는 기능을 하고 있는 상태이다.

다행히 뇌에서 위험신호가 실제로 위험한 것이 아니라고 지각하게 되면 다시 부교감신경이 작용하여 신체와 생리적인 각성을 낮추고 비정상적으로 활성화된 뇌의 시스템을 원래의 정상적인 안정상태로 기저선을 회복시키게 된다.

이러한 안정상태의 항상성은 우리 몸이 과잉반응과 각성을 오랫동안 지속할 때 생기는 여러 가지 부작용을 막기 위해 자율신경계에서 자동적으로 조절하는 기능이다. 하지만 어떤 이유로 인하여 이러한 항상성을 조절하는 시스템에 장애가 생기게 되면 높은 각성상태에서 항상성을 잘못 설정하여 과도한 불안을 학습하게 된다.

위험에 대한 반복적인 경험으로 불안한 기억이 형성될 때 불안한 정서가 함께 덧입혀지기 때문에 잘못된 항상성을 유지시키는 신경회로의 배열과 조합이 이루어지게 되면서 뇌의 신경학적 구조까지도 불안한 상태로 바뀌게 되는 것이다.

만약 뇌의 신경학적 구조가 부정적으로 바뀐 상태에서 오랜 시간이 흐르게 되면 잘못된 신경회로를 바꾸는 것이 어려울 수도 있다. 위험에 대한 싸움-도주 반응과 얼어붙기 반응을 반복하면서 그러한 반응이 습관적으로 자리를 잡게 되면 위험에 대해 중요한 역할을 했던 편도의 역할이 더 이상 필요 없어진다. 왜냐하면 편도는 이미 중독된 습관으로 완전히 굳어진 반응에는 영향을 주지 못하기 때문이다. 이것은 우리가 불안을 이해하는데 매우 중요한 메커니즘이다.

일반적으로 공포와 불안은 편도가 자극되어 일어나는 현상이라고 알고 있다. 하지만 위험에 대한 불안 반응으로 뇌의 신경학적 구조가 바뀌게 되어 중독된 습관이 만들어지면 편도의 역할 없이도 공포와 불안을 지속할 가능성이 높아지게 된다. 그래서 중독된 습관이 만들어지면 아무런 위험신호가 없고 편도가 자극을 받지 않아도 평범한 일상생활 속에서도 충분히 불안을 계속 느낄 수 있게 되는 것이다.

중요한 것은 편도가 불안을 느끼는 초기에만 역할을 하고 일단 불안이 습관으로 굳어지게 되면 더 이상 관여하지 않게 된다는 사실이다. 트라우마를 겪거나 불안장애를 갖고 있는 사람들이 외부에서 주어지는 특별한 위험신호가 없는데도 불구하고 지속적으로 불안한 정서 때문에 고통스러운 이유가 여기에 있는 것이다. 이러한 현상은 불안이 이미 중독된 습관으로 굳어져 있을 뿐만 아니라 일반화되어 뇌 전체에 영향을 미치고 있기 때문이다.

이와 같이 불안 반응이 오랫동안 반복되면서 습관으로 굳어지면 위험에 대한 주의와 경계 수준을 한층 더 높이게 되어 뇌가 과잉활성화 될 뿐만 아니라 위험과 안전을 잘 구분하지 못하게 될 수도 있다. 그래서 잠재적 위험에 대한 부풀리기를 하여 과잉반응하는 상태를 유지하게 되는 것이다. 이렇게 되면 위험의 불확정성에 대한 반응성이 높아지고 실제로 위험이 생기는 상황에서의 인지 및 행동의 조절과 통제가 잘되지 않는 부작용이 생기게 된다.

수행과 각성

　어떤 행동이나 활동을 원활히 하기 위해서는 적정 수준의 각성상태를 유지하는 것이 필요하다. 환경적 상황에 따라 요구되는 각성 수준이 다를 뿐 모든 행동과 활동에는 적정 수준의 각성이 동반된다.
불안과 상관성을 가진 각성은 특정한 과제를 수행하기 위한 심리적, 생리적 활성화 정도를 나타내는 긍정적인 개념이다.

　불안과 각성이 반드시 나쁜 것이 아니라 환경적인 요구수준에 맞지 않는 높은 각성과 불안이 부정적인 결과를 만드는 것이 나쁠 뿐이다.
우리가 각성과 불안을 부정적으로 받아들이고 해석하는 인지능력과 관점을 가지게 됨으로써 자신의 상태를 부정적으로 만들어 부정적인 결과를 만들게 되는 것이다.

　이와 같이 부정적인 영향을 미치는 왜곡된 각성상태에서 행동을 반복하게 되면 이러한 인지적 불안이 조절되지 않는 상태로 신경회로가 굵게 강화되어 중독된 습관을 만들게 된다. 이러한 각성과 불안에 대한 인지능력과 관점은 대부분 성장과정에서 부모나 권위자의 코칭 형태와 피드백에 의해 형성된 것이다.

만약 숲속에서 갑자기 사나운 곰을 만나거나 과속으로 달리던 차가 갑자기 자신에게 덮치면 순간적으로 몸이 굳어버려 꼼짝하지 못하게 될 수도 있다. 마치 몸이 얼음처럼 굳어버려 꼼짝하지 못하는 현상을 경험하게 되는 것은 우리의 생존본능기전에 의해 잠재의식에서 몸을 지나치게 각성시키기 때문이다.

우리 뇌가 생존을 위협할 정도의 강한 외부 자극을 인지하게 되면 근육이 긴장되거나 경직 상태가 되면서 중추신경과 말초신경이 일시적으로 '멈춤 상태'가 되기도 한다. 멈춤 상태에서는 말초신경에서 중추신경으로 작용되는 구심성 신경과 중추신경에서 말초신경으로 작용되는 원심성 신경이 제대로 기능을 하지 못하기 때문에 신체의 유기적인 협응 체계가 정상적인 작동을 하지 못하는 부정적인 상태에 머물게 된다.

지나친 각성과 불안상태에서도 의식적 차원에서는 과제 수행에 초점을 맞추고 정상적인 수행과 반응을 하려고 최대한 노력한다.

하지만 잠재의식적 차원에서는 의식과는 달리 각성과 불안에 의해 불필요한 정보 간섭이 일어나거나 수행에 지장을 주는 심리적, 신체적인 경직 상태를 만들어 의식과 잠재의식의 불일치가 일어나면서 완전한 수행을 할 수 없게 만든다.

교류분석적인 관점에서 보면 우리 삶의 모든 성취결과는 어릴 때의 반복적인 학습과 경험을 통해 만들어진 인생 각본에 의해 결정된다고 볼 수 있다. 중요한 것은 어릴 때 초기 결정에 의해 만들어진 인생 각본은 얼마든지 수정이 가능하다는 사실이다. 이와 같이 각성 수준이 중요한 것은 자신의 자원과 에너지를 활용하는데 가장 중요한 주의집중의 폭과 방향을 결정하기 때문이다.

자신의 인생 각본이 지나친 각성과 불안을 일으키는 비합리적인 생각이나 느낌, 말, 행동과 관련된 부정적인 것이라면 새로운 학습과 경험, 피드백의 반복을 통해 비합리적으로 편향되고 왜곡된 인생 각본을 합리적으로 수정해야 한다. 인생 각본은 새로운 학습과 경험의 반복에 의해 얼마든지 수정이 가능하기 때문에 각성과 불안 수준도 원하는 상태로 조절이 가능하다.

적정 수준의 각성은 불필요한 정보는 배제시키고 꼭 필요한 정보에만 주의를 기울여 효율적인 수행을 할 수 있게 해준다. 그렇기 때문에 각성 자체가 무조건 나쁜 것이 아니라 비합리적 신념체계를 강화시키는 지나친 각성의 반복이 문제가 되는 것일 뿐이다.

마음의 빛

불안은 비일상적 실재인 우리의 마음에서 만들어내는 부정적인 정서이다. 이처럼 불안을 만들어내는 우리의 마음은 눈에 보이지 않고 만질 수도 없으며 측정도 불가능하지만 분명히 사실로 존재하는 NCR의 비일상적 실재이다. '일체유심조'라는 말은 모든 것은 우리의 마음이 만들어내는 것이고 우리가 마음을 어떻게 사용하느냐에 따라 모든 것이 창조된다는 뜻을 가지고 있다.

우리의 마음은 눈에 보이지 않고 만질 수 없는 NCR로 분명히 존재한다. 그리고 모든 창조물에는 마음이 깃들어 있으며 모든 일상적 실재에도 마음이 깃들어 있다. 왜냐하면 애초에 마음이 존재하지 않는다면 그 어떤 현실도 존재할 수가 없기 때문이다. 현실에서 불안이라는 부정적인 정서를 일으키는 시작도 비일상적 실재인 NCR의 마음에서부터 시작되는 것이기 때문에 마음의 불안을 없애면 현실에서의 불안도 함께 사라지게 된다.

눈으로 사과를 보게 되면 눈까지 전달되는 아날로그 정보인 사과의 파동 정보가 망막에서 디지털 정보로 바뀌어 시각중추의 기능에 의해 뇌에 홀로그램으로 저장된다. 눈과 시신경이 뇌에 사과를 홀로그램으로 저장시키는 역할을 했다면 이 사과를 우리가 보기 위해서는 뇌에 저장된 사과라는 홀로그램에 레이저 빛을 비추는 마음의 작업이 필요하다. 사과의 홀로그램을 뇌에 저장해두고 마음의 빛을 쏘지 않으면 우리는 사과를 볼 수 없게 되고 존재하지도 않게 된다.

불안도 마찬가지로 자신의 마음에서 비추는 레이저 빛을 쏘지 않으면 현실에서 불안을 경험할 수 없게 된다. 뇌에는 무한한 자원과 정보가 들어있지만 우리의 마음에서 비추는 레이저 빛이 어디에 초점을 일치시키는가에 따라 선택된 일부가 현실로 만들어질 뿐이다. 그래서 NCR의 마음이 존재하지 않는다면 CR의 그 어떤 것도 존재할 수가 없게 되는 것이다.

우리는 수많은 학습과 경험을 통해 다양한 자극과 정보를 지각하지만 지각하는 대부분의 정보는 뇌에 홀로그램 상태로 저장되어 있을 뿐이며 마음의 레이저 빛이 초점을 맞추어 쏘아주지 않으면 영원히 볼 수 없고 만날 수도 없다. 모든 홀로그램적인 이미지는 우리 마음의 레이저 빛에 의해 볼 수 있고 만날 수 있는 것이다.

그래서 우리가 만나는 세상은 실제 세상이 아니라 우리 마음의 레이저 빛이 비추는 모형이라고 하는 것이며 어떤 레이저 빛을 쏠 수 있는

가에 따라 우리는 전혀 다른 세상을 만나게 된다. 우리는 세상을 있는 그대로 바라보고 있다고 착각하기 쉽지만 오감적으로 접촉하는 세상은 마음에서 쏘는 레이저 빛의 상태에 따라 존재가 달라지기 때문에 우리가 만나는 세상은 결국 세상에 대한 모형일 뿐이다. 그렇기 때문에 우리는 모두가 세상을 다르게 바라보며 다른 세상 속에서 서로 다른 삶을 살아가는 존재인 것이다.

모든 것은 우리 마음에서 만들어내며 우리의 마음에 의해 삶이 창조된다. 결국 우리가 살아가면서 느끼는 대부분의 불안은 우리 마음에서 비추는 레이저 빛의 초점을 어디에, 어떻게 일치시키는가에 의해 얻어지는 결과일 뿐이다.

어떤 할아버지가 손자에게 사람의 두 가지 마음에서 일어나는 싸움에 대해 이야기해주었다.

"애야, 우리의 마음속에는 두 마리의 늑대가 싸우고 있단다.
한 마리는 나쁜 늑대로 시기, 질투, 화, 우울, 탐욕, 거짓, 부정, 열등감, 자만심, 교만, 이기심, 게으름, 무력감, 불안을 먹고 사는 놈이 있단다. 그리고 다른 한 마리의 늑대는 좋은 늑대로 사랑, 수용, 공감, 활력, 진실, 믿음, 친절, 소망, 인내, 도전, 성취, 성공 신념 등을 먹고 사는 놈이 있단다."

그 말을 듣고 있던 손자가 할아버지에게 물었다.

"할아버지, 그럼 싸움에서 어떤 늑대가 이기나요?"

할아버지는 손자에게 간단하게 대답했다.

"그것은 우리가 먹이를 많이 주는 놈이 이기지."

위의 이야기처럼 늑대에게 먹이를 주는 것이 바로 마음에서 쏘는 레이저 빛의 초점을 일치시키는 것이다. 우리 안에 싸우고 있는 두 마리의 늑대 중에 우리가 초점을 맞추는 것이 현실이 될 가능성이 높다.

우리가 불안에 마음의 초점을 일치시키게 되면 그 불안이 우리의 삶을 통제하게 되고 원하는 긍정적인 것에 마음의 초점을 일치시키게 되면 그것이 우리 삶을 통제하게 된다. 즉 우리 마음의 레이저 빛이 어디에 초점을 일치시키는가에 따라 우리의 존재와 정체성이 결정되고 삶의 성취결과도 달라지게 되는 것이다.

선택

　우리의 삶은 언제나 새로운 선택으로 가득 차 있다. 태어나는 순간, 아침에 눈을 뜨는 순간부터 우리는 끊임없이 선택의 기로에 서게 되고 때로는 자신의 의지와 상관없이 선택을 강요받기도 한다.

　이처럼 우리의 삶은 끊임없는 선택의 연속이다. 사랑, 꿈, 행복, 미소, 목표, 신념뿐만 아니라 공포와 불안, 무기력, 우울 등도 우리의 선택에 의해 만들어지는 것이다. 이러한 선택이 자신의 자유의지에 의해서 이루어지기도 하고 다른 사람과 환경에 의해서 강요되어지기도 한다. 하지만 최종적으로 그것을 수용하고 선택하는 것은 자기 자신이다.

　우리는 끊임없이 무엇인가를 선택해야 하고 선택한 것에 초점을 일치시켜 자신의 자원과 에너지를 사용하여 그 선택과 초점에 최선을 다하는 삶을 살아가고 있다. 중요한 것은 그러한 선택과 초점은 언제든지 변화할 수 있다는 사실이다. 그래서 인간을 고정된 존재로 보는 것이 아니라 선택과 초점, 확률에 의해 언제든지 변화할 수 있는 가변적인 존재로 보는 것이다.

우리가 어떤 것을 선택하고 초점을 일치시키는 것은 확률이다. 선택된 확률에 의해 상태가 변화하고 그 변화한 상태가 새로운 존재와 정체성을 만든다. 우리가 특정한 공포와 불안을 느끼는 것도 선택과 초점, 확률, 상태로 이해할 수 있다.

제프리 그레이의 '행동억제이론'은 공포와 불안에 관한 유명한 동물모델이다. 행동억제이론은 허기진 동물이 맛있는 먹이 앞에서 먹고 싶은 본능과 그 먹이를 먹다가 다른 포식자에게 잡혀먹힐 위험에 노출되는 두 가지 목표가 동시에 충돌될 때 뇌의 억제 시스템이 더 강하게 활성화되어 맛있는 먹이를 먹는 본능적인 선택을 포기하고 위험의 회피를 선택하여 안전과 생존을 유지하게 된다는 것이다.

눈앞의 음식이 주는 유혹을 이기지 못하는 잘못된 선택을 했을 때 안전을 위협받고 생명까지 잃을 수도 있기 때문에 자신의 안전과 생존이 최우선적인 선택이 되는 것은 당연하다. 이 두 가지 충돌은 동물의 뇌가 맛있는 먹이보다 위험신호를 주는 자극 상황에 더 많은 가능성을 부여하여 그것이 행동억제상태로 이어지게 만들어 맛있는 먹이를 포기하고 위험으로부터의 회피를 선택하는 자연스러운 방어 시스템이 작동된 것으로 이해할 수 있다.

낯선 사람이 개에게 고기를 던져주고 몽둥이로 위협을 가할 때 맛있는 먹이를 먹어서 얻을 수 있는 눈앞의 쾌락보다 낯선 사람이 주는 위험에 노출되지 않기 위한 선택을 먼저 하게 된다. 외부의 어떤 위험 자극이 발생하면 위험한 상황을 만들지 않기 위해 생존본능기전을 활성화시켜 방어반응을 먼저 일으키는 것이다. 이러한 선택을 하게 되는 이유는 눈앞의 맛있는 먹이가 주는 쾌락이 자신의 생명과 바꿀 만큼의 가치를 가지지 못하기 때문이다.

어떤 경우에도 안전과 생존의 가치가 최우선이 되며 이것은 동물과 사람이 크게 다르지 않다. 다만 사람의 경우 동물과 달리 의식적인 작용에 의해 그 선택이 바뀌는 경우도 있을 수 있다. 자신의 특별한 사명과 꿈, 목표, 신념, 가치, 정체성, 종교 등에 의해 생명의 가치가 뒤로 밀리기도 하는 것이다.

하지만 대부분의 사람들은 그 어떤 가치보다 자신의 생명을 안전하게 지키는 것에 최우선의 가치를 부여한다. 일반적으로 위험에 대한 자극이나 신호가 편도 회로에 연결되면 이 회로는 순식간에 위험을 알아차리고 반응을 조율하여 생명을 유지하고 안전을 지킬 수 있는 최선의 방어전략을 신속하게 선택하게 된다.

이때 편도 회로는 위험을 감지하고 반응하기 때문에 안전과 생존이 최우선 목표가 된다. 이 상태에서 편도 회로가 공포의 느낌을 직접 만들지 않으며 공포의 느낌을 만드는 것은 편도 회로에 의해 화학물질의 분비에 관여하는 뇌 영역이 활성화되기 때문이다.

이렇게 되면 생존을 위한 각성과 경계를 유지하며 위험에 집중할 뿐만 아니라 주위의 잠재적인 위험요소들까지 살피는 상태를 유지한다. 이러한 각성과 경계상태에서는 미세한 자극에도 쉽게 반응할 수 있도록 방어반응 발현의 역치를 최대한 낮추게 된다.

　뇌와 몸 전체가 외부의 위험한 자극으로부터 자신을 안전하게 지키기 위해 방어반응 발현의 역치를 낮추고 각성과 경계상태에서 자신의 자원과 에너지를 총동원하기 때문에 동물적인 상태를 유지한다.

이렇게 각성과 경계상태에서 싸움-도주의 동물적인 반응이 나타나면서 에너지를 과잉 사용하여 에너지가 고갈되어버리기 때문에 먹거나 마시거나 사랑, 창조, 수면 등의 행동이 억제된다. 이처럼 우리 뇌의 기억 시스템에서 방어 생존 회로가 과잉활성화되고 그것이 현재의 자극이나 그 자극과 유사한 자극에 연결이 될 때 그것을 지각하게 되면서 공포와 불안을 느끼게 되는 것이다.

　이 말은 우리가 수많은 학습과 경험을 통해 불안과 관련된 경험에 감정을 덧입혀 뇌에 저장시킬 때 관련된 기억 시스템과 확장된 이미지를 갖고 있어야 공포와 불안을 느낄 수 있다는 의미이다. 우리의 경험은 기존의 기억 시스템을 활용하기 때문에 기존의 기억에 없는 공포와 불안을 경험할 수 없다.

　우리의 경험이 뇌에 언어로 부호화되어 저장될 때 경험 당시에 느꼈던 정서와 신경적 반응이 함께 연합되어 기억 시스템을 이루고 있다.

그래서 공포와 불안은 이러한 부정적인 기억을 바탕으로 특정 종류의 비의식적 요소들이 한곳에 합쳐지고 그것이 인지적으로 해석될 때 나타나는 의식상태가 된다. 결국 인지적 해석은 수많은 신경회로 중에서 확률에 의해 선택을 하는 것이기 때문에 공포와 불안은 우리가 선택한 것으로 볼 수 있는 것이다.

변화가 쉽지
않은 이유

　뇌가 가진 탁월성은 언제라도 신경회로의 배열과 조합을 바꾸어 개인의 존재와 정체성을 바꿀 수 있는 가소성을 갖고 있다는 것이다.

뇌는 새로운 변화를 위한 신경가소성과 더불어 새로운 변화에 대해 저항하며 현재 상태를 그대로 유지하려는 관성을 동시에 갖고 있다.

한 개인의 존재와 정체성을 떠받치고 있는 신경회로는 짧은 몇 마디의 말과 생각만으로도 쉽게 바꿀 수 있으면서도 특정한 생각과 느낌, 말, 행동을 반복함으로써 전용신경회로를 구축하게 되면 쉽게 변화하지 않으려는 관성을 동시에 가지고 있는 것이다.

　우리 뇌에는 천억 개가 넘는 뉴런이 존재하며 하나의 뉴런은 다른 수만 개 이상의 이웃 뉴런들과 병렬적으로 시냅스 연결을 짓고 있다.

그렇기 때문에 우리 뇌에는 밤하늘에 보이는 별의 숫자보다 더 많은 신경회로가 촘촘히 연결되어 있는 것이다.

뇌는 새로운 학습과 경험, 피드백이 반복적으로 주어지면 특정 신경회로를 활성화시킨다. 마찬가지로 정서적 의미를 가진 강한 경험이 주어질 때도 특정 신경회로가 광케이블처럼 굵게 형성된다. 이처럼 뇌에 굵게 형성된 회로를 전용신경회로라고 부르며 이 전용신경회로가 다른 신경회로에 우선하여 활성화되면서 개인의 신념체계를 만들고 존재와 정체성까지 형성하게 되는 것이다.

만약 이렇게 형성된 전용신경회로가 불안을 일으키는 중독된 패턴을 가지게 되면 의식적 관여 없이도 불안과 관련된 전용신경회로가 쉽게 활성화되면서 일정한 패턴으로 굳어지게 된다. 이와 같이 불안과 관련된 전용신경회로가 굵게 형성되면 중독된 습관을 형성하여 일관성을 갖게 되기 때문에 더 나은 상태를 만들어줄 수 있는 긍정적인 자극과 정보에는 무반응하거나 저항하며 기존의 중독된 불안한 상태를 유지시키려는 강력한 관성을 가진다.

이러한 중독 상태를 습관이라고 하며 제2의 천성이라고도 부른다. 전용신경회로가 구축되고 중독된 습관이 만들어지면 변화가 힘들어진다. 그 습관이 긍정적인 것이든 부정적인 것이든 상관없이 변화를 거부하는 이유가 일관성과 항상성을 유지하며 중독된 습관을 만드는 전용신경회로가 뇌에 존재하고 있기 때문이다.

그래서 이미 잠재의식적 차원에서 반복적인 학습이 이루어져 전용신경회로가 구축되고 습관이 형성된 이후에는 의식적 차원에서의 새로운 정보나 자극이 주어져도 변화가 힘들어진다. 전용신경회로가 구축되면 변화가 어렵기 때문에 습관의 노예가 되어 반복된 패턴을 되풀이 하는 순환고리에 갇히게 되는 것이다.

많은 사람들이 의식적 차원에서 변화에 대한 인식을 가지고 긍정적으로 변화하기 위해 노력을 하지만 대부분 쉽게 변화하지 못한다. 습관에 중독된 상태에서의 의식적인 개입은 역치를 뛰어넘거나 지속성을 가지지 못하기 때문에 잠재의식적 차원에서 현상태를 그대로 유지하려는 항상성이 작동된다. 변화는 새로운 자극과 정보를 받아들여 기존에 형성된 다양한 신경회로의 연결을 바꾸거나 확장하여 새로운 전용신경회로를 만드는 과정이다.

다행히 우리의 뇌는 새로운 변화에 저항하는 강력한 관성을 갖고 있으면서도 새로운 자극과 정보가 반복해서 주어지거나 역치를 뛰어넘는 정서적 경험이나 충격적인 체험이 주어지면 얼마든지 변화할 수 있는 탁월한 가소성을 동시에 가지고 있다. 우리의 존재는 변화를 위한 강력한 자유의지를 가지고 있기 때문에 변화를 위한 자신의 생각과 느낌, 말, 행동을 반복해서 사용하는 것만으로도 원하는 현실적인 변화를 이룰 수가 있다는 사실이다.

궁극적으로 우리는 자유의지에 의해 언제라도 변화할 수 있는 탁월한 가소성을 가진 존재이기 때문에 더 나은 삶을 위해 새로운 변화를 얼마든지 선택할 수 있다. 그래서 새로운 변화의 선택은 생존을 위한 최선의 전략이면서 우리 삶의 핵심 가치가 되는 것이다. 그렇기 때문에 우리는 스스로에게 새로운 변화를 위한 자극이 될 수 있는 긍정적인 질문을 던질 수 있어야 한다.

- 어제와 다른 오늘을 위해 무엇을 계획하고 실행하고 있는가?
- 사명과 목표를 달성하기 위해 무엇을 어떻게 변화시켜야 하는가?
- 중요한 삶의 가치를 실현하기 위해 지금 어떤 변화가 필요한가?
- 어제와 다른 내일을 위해 오늘을 어제와 다르게 변화시킬 준비를 하고 있는가?
- 일상생활 속에서 사용하는 생각과 느낌, 말, 행동을 어떻게 변화시킬 것인가에 대한 결단과 행동을 할 준비가 되어있는가?

변화는 분명히 힘들지만 우리는 변화를 해야 하며 변화를 위한 결단을 하는 순간 이미 변화는 시작된다. 어떻게 보면 이 글을 읽으면서 변화에 대해 생각하는 순간 이미 변화가 일어났을 수도 있다. 그리고 모든 변화의 시작은 나 자신부터이다.

어리석은 사람은 다른 사람을 변화시키려고 한다. 더 어리석은 사람은 세상을 변화시키려고 한다. 하지만 지혜로운 사람은 다른 사람과 세상은 쉽게 변화하지 않는다는 것을 알고 있기 때문에 자기 자신의 변화에 먼저 초점을 맞춘다. 변화된 자신이 바라보는 다른 사람과 세상은 이미 다르게 보이고 변화된 자신의 영향력으로 다른 사람을 변화시킬 수 있기 때문이다. 그 변화의 핵심이 바로 전용신경회로를 바꾸는 반복적인 생각과 느낌, 말, 행동에 있다.

강박 극복

강박의 사전적 의미는 불합리하다고 자각하면서 어떤 관념이나 행위에 사로잡혀 억제할 수 없는 상태를 반복하는 것을 말한다.

우리 삶에 큰 의미가 없거나 나쁜 영향을 미치는 불안과 같은 부정적인 감정이나 행동을 변화시키기 위해 아무리 노력해도 반복적으로 일어나는 그러한 사고와 행동을 멈출 수 없는 상태이다. 즉 불안에 대한 강박은 자신의 의지와 상관없이 반복적으로 불안을 느끼며 무의미한 어떤 특정한 사고와 행동을 반복하는 것이다.

이러한 부정적인 사고와 행동이 이미 반복에 의해 중독된 습관을 형성하게 되면 최소한 자기 자신에게는 그것이 절대적인 신념으로 자리잡기 때문에 현실에서 분명한 사실이 된다. 그것이 분명 비합리적인 신념일 뿐이라는 것을 알지만 불안에 대한 강박이 생기게 되면 실제로 현실적인 불안과 관련된 문제를 일으키게 되는 것이다.

이처럼 특정한 강박이 심리적인 문제 상태를 만들어내기 때문에 그것이 자신에게 절대적 사실로 굳어지게 되고 그 문제가 다시 비합리적 신념을 강화한다. 다른 사람들에게는 그것이 사실이 아닐 수 있지만 자신에게는 그것이 절대적인 사실이기 때문에 자신의 사고와 감정, 행동이 비합리적 신념에 통제당하게 되는 것이다.

이러한 강박은 강박적 사고와 강박적 행동으로 구분을 할 수 있다. 강박적 사고는 불안이나 우울, 스트레스, 공포, 반복적으로 나쁜 생각하기, 망상, 폭력적 사고, 성충동 등을 한다. 강박적 행동은 강박적 사고로 인한 부정적인 상태를 진정시키거나 완화시키기 위해 긍정적 의도를 가지고 특정한 행동을 반복하는 것을 말하며 반복적인 확인, 지나친 손 씻기나 목욕, 패턴화된 특정한 행동의 반복, 숫자 세기, 너무 과한 정리정돈과 청소 등을 하기도 한다.

강박적 행동의 의도는 긍정적인 것이지만 현실적으로 반복행동이라는 문제를 일으키게 된다. 때로는 이러한 자신의 반복적인 사고와 행동이 비합리적 신념에 의해 생기는 것이라는 자각을 하기도 하며 그 상태에서 벗어나기 위한 새로운 도전을 해보기도 하지만 자신의 의지만으로 오랫동안 중독된 강박의 굴레에서 벗어나는 것이 쉽지가 않다. 그래서 전문가의 조력이 필요한 것이다.

성장과정에서 사람들은 누구나 약간의 강박을 가지고 있으며 이러한 일반적인 강박은 자연스럽게 자신의 전체성으로 건강하게 편입할 수 있기 때문에 큰 문제를 일으키지는 않는다. 하지만 중독된 패턴을 가진 심한 강박은 불안과 스트레스를 동반하기 때문에 제때에 빠른 치유를 하지 못하면 비합리적 신념을 현실화시키면서 여러 가지 심리적인 문제를 일으키게 된다.

심한 강박은 일반적인 심리상담만으로 해결이 힘든 경우가 많으며 일시적이고 단기적인 효과를 얻는데 그칠 수 있다. 그렇기 때문에 강박을 근본적으로 치유하기 위해서는 그 대상에게 가장 알맞은 프로세스와 콘텐츠를 새롭게 만들어야 한다. 강박 치유를 위해 활용할 수 있는 기법으로는 관점 바꾸기와 패턴 깨기, 메타화법, 독서치료, 멘탈 호흡, 이완시키기, 트랜스, 자기암시, 최면, 조건형성, 언어코칭, 인지정서행동치료 등 다양하게 있다.

상담이나 치유 과정에서 일반적인 심리치유 기법뿐만 아니라 멘탈코칭을 병행하게 되면 훨씬 더 효과적이다. 이렇게 효율적인 방법으로 강박의 문제를 해결할 수 있게 되면 강박이 더 이상 자신을 제한하는 삶의 걸림돌이 아니라 놀라운 집중력과 몰입 능력으로 바뀌게 되어 자신의 소중한 성취 자원과 디딤돌을 만들게 된다.

멘탈코칭센터에서 집착과 강박 때문에 심리상담과 훈련을 받는 사람들 중에는 자신의 심리적 문제를 일으킨 비합리적 신념을 합리적 신념으로 바꾸어 건강한 삶을 영위하는 사람들이 많다. 비합리적 신념을 강화했던 민감성을 반대로 활용하여 합리적 신념을 강화하는데 사용하여 긍정적인 변화를 이루는 것이다. 기존의 문제에만 맞추어져 있는 자신의 초점을 문제가 아닌 원하는 상태로 바꾸는 순간 문제는 더 이상 자신을 제한하는 문제로 남지 않게 된다.

사람들은 누구나 한 가지 이상의 심리적인 문제를 가지고 살아간다. 어느 누구도 심리적인 문제가 없는 사람은 없다. 우리는 신이 아니기에 완벽할 수 없는 존재이다. 그렇기 때문에 크고 작은 심리적인 문제를 하나 이상씩은 가지고 살아가는 것이다.

　그런데도 불구하고 우리가 건강한 심리상태를 유지할 수 있는 것은 대부분의 심리적인 문제가 자신의 안전과 생존을 위한 최선의 선택과정에서 생긴 것으로 수용하여 전체성에 건강하게 통합시켜 심리적인 문제를 일으키지 않는 건강한 상태를 만들기 때문이다. 이러한 심리적 문제가 현실에서 더 이상 문제가 되지 않는 것은 심리적 내성과 응집력이 작동되고 있기 때문에 가능하다. 심리적 내성과 응집력 덕분에 대부분의 심리적 문제를 극복할 수가 있는 것이다.

　강박을 가지고 있다는 것은 마음의 쿠션이 경직되었다는 것을 의미하기 때문에 마음의 쿠션을 강화하기 위한 심리적 내성과 응집력을 키우는 반복적인 멘탈트레이닝이 필요하다. 강박이 반복되면 중독된 상태가 되기 때문에 완전한 중독 상태가 되기 전에 강박을 극복할 수 있는 마음의 쿠션을 만드는 훈련을 해야 한다.

불안의 통제

　불안 자체가 우리 삶에 무조건적으로 나쁜 영향을 미치는 것은 아니다. 불안은 누구나 느끼는 건강하고 정상적인 감정이기 때문에 불안 자체를 부정적으로만 생각하는 것은 잘못된 관점이다.

　인생의 긴 여정에서 단 한 번도 불안을 느껴보지 못한 사람은 없을 것이다. 우리는 살아가면서 특정 상황과 요인에 의해 누구나 불안을 느끼게 된다. 이때 우리가 느끼는 불안의 수준에 따라 스스로 통제할 수 없는 상태가 될 때 불안이 우리를 통제하게 되면서 여러 가지 심리적인 문제를 일으키는 것일 뿐이다.

　일상생활 속에서 불안은 누구나 겪게 되는 정상적이고 건강한 정서이지만 불안 수준이 너무 높게 될 때 지나친 불안으로 인하여 자신의 잠재된 자원과 에너지를 긍정적으로 활용할 수 없도록 제한하기 때문에 우리의 삶에서 불안을 조절하거나 통제할 수 있는 능력을 가지는 것은 매우 중요한 의미가 있다.

　우리가 불안을 느낄 수 있는 긍정적인 목적은 미래에 불안한 상황이 생기지 않도록 미리 대비하기 위함이다. 하지만 미래에 겪을 수 있는 고통을 미리 예측하고 현재에서 그 두려움을 과잉적으로 느끼는 사람은 이미 그 두려움의 감정에 사로잡혀 불안의 포로가 되기 쉽다. 결국 과거의 기억을 바탕으로 생생하게 미래를 상상한 것에 의해 현재에 존재하지 않는 미래의 부정적인 정서를 현재로 앞당겨 불필요한 심리적 걸림돌을 만들게 되는 것이다.

　우리가 걱정하는 대부분의 불안은 현실에서 실제로 일어나지 않는데도 과거의 부정적인 기억을 바탕으로 불안을 미리 앞당겨 현실에서 존재하지 않는 심리적 고통을 겪으며 두려움과 공포를 느끼는 것은 너무나 어리석은 선택이 될 수 있다. 이렇게 과거의 불안과 관련된 부정적 감정에 대한 기억을 바탕으로 미래에 대하여 걱정하는 마음을 지금 현재에서 느끼게 되는 순간 상상에 의한 부정적인 미래는 분명한 현실로 다가오게 된다.

　다시 한번 강조하지만 불안한 느낌은 우리의 안전과 생존을 지켜주는 건강한 반응이다. 왜냐하면 미래에 생길지도 모르는 좋지 않은 일에 대한 걱정하는 마음이 현실에서 나쁜 일이 생기지 않도록 예방적인 역할을 하기 때문에 불안이 우리를 지켜주는 중요한 안전지대를 만들게 된다. 즉 우리가 불안을 느낄 수 있기 때문에 불안한 상황을 사전에 대비하여 최악의 상황이 생기지 않게 막을 수 있는 것이다.

만약 우리가 다가올 미래에 대해 걱정하는 마음이 전혀 없다면 우리는 미래에 대한 충분한 준비가 안된 상태에서 안전과 생존에 큰 위협이 되는 위험한 상황을 맞이할 수도 있다. 중요한 것은 우리의 삶에서 불안 자체가 무조건 나쁜 것이 아니라 우리의 자유의지가 불안을 통제할 수 없는 것이 나쁜 것이다.

우리의 자유의지로 불안을 통제할 수만 있다면 불안은 우리 삶의 걸림돌이 아닌 안전을 보장해주고 활력을 주는 성취 자원으로서 삶의 소중한 디딤돌이 될 수도 있다. 그렇기 때문에 불안은 우리 삶에서 좋은 것도 아니고 나쁜 것도 아니며 그것을 어떻게 해석하고 반응하는가에 따라 달라지는 삶의 자원일 뿐이다. 그래서 우리의 멘탈이 건강할 때 멘탈에 대한 공부와 훈련을 통해 심리적 내성과 응집력을 키워 긍정적인 세상모형을 만들어야 하는 것이다.

불안을 통제할 수 있는 건강한 멘탈과 세상모형을 만들기 위해서 먼저 필요한 것이 자신의 내면에 편안함과 안정감과 관련된 전용신경회로를 구축하는 멘탈 훈련이다. 호흡훈련이나 이완훈련, 자율훈련, 관점 바꾸기, 패턴 깨기, 심상 등의 멘탈 훈련을 통해 마음의 쿠션이 만들어지면 불안을 통제할 수 있는 능력이 만들어지게 된다.

불안
다스리기

우리의 존재는 지금 현재에서 생각과 느낌, 말, 행동의 초점을 일치시키고 지속하여 구축된 전용신경회로에 바탕한 세상모형과 신념체계에 의해 증명된다.

인간의 뇌는 한순간에 한 가지밖에 초점을 일치시킬 수 없기 때문에 불안한 상태에 잘못 맞추어진 초점을 원하는 것으로 바르게 전환하기만 한다면 불안에서 쉽게 벗어날 수 있다. 최소한 이론적으로는 불안에서 벗어나는 것이 그렇게 어렵지 않은 것이다. 그것이 불안이었든 우울이었든 창피함과 분노, 증오, 열등감이었든 초점을 일치시키고 있는 동안에만 그러한 상태를 만들기 때문에 초점을 전환하는 순간 이미 상태가 바뀌게 된다.

이러한 이론이 현실적인 변화로 나타나기 위해서는 부정에 일치된 초점을 전환하여 기존의 중독된 패턴을 무너뜨린 후 새로운 초점을 만들어 반복을 통해 뇌에 전용신경회로를 구축하는 훈련과정이 필요하다. 그렇기 때문에 잘못된 초점을 전환하기 위한 마음 사용법에 대한 공부와 훈련이 중요한 것이다.

우리의 마음은 뇌신경회로의 다양한 조합과 배열에 의해 만들어지는 산물이다. 이러한 마음에는 생각이 포함되어 있기 때문에 때로는 충동적인 생각에 의해 뇌신경회로의 조합과 배열이 바뀌고 상태까지 영향을 받게 된다. 생각과 마음은 일반적으로 같은 의미로 많이 사용되기도 하지만 두 가지는 약간의 차이를 가지고 있다.

생각의 사전적 의미는 '어떤 경험이나 기억 혹은 사고나 판단, 이해 등을 글이나 언어로 표현하기 전 마음속에 추상적으로 남아있는 것'이라고 정의한다. 반면에 마음의 사전적 의미는 '감정이나 생각, 기억 따위가 깃들이거나 생겨나는 곳'이라고 정의한다. 이러한 관점에서 보면 생각보다 마음이 더 큰 개념이며 생각이 일관성을 가지고 지속성과 반복성을 갖거나 특정한 감정이 융합되면 마음을 만들게 되는 것이다. 이처럼 생각이 체계화되고 일관성을 가질 때 마음을 만들기도 하지만 반대로 마음이 생각을 일으키기도 한다.

우리가 일상에서 불안과 관련된 생각을 멈추기 위한 결단을 하게 되면 일순간에 초점이 바뀌게 되는 것을 경험할 수 있다. 단 하루만이라도 편안함과 안정감을 주는 생각을 반복하겠다고 결단하는 순간 그와 관련된 신경회로가 활성화되면서 화학물질을 분비하기 때문에 순식간에 불안하지 않는 상태를 만들게 되는 것이다.

그러한 상태를 얼마나 오랫동안 지속하는가는 자신의 자유의지와 노력이 필요한 마음의 문제이지만 우리가 마음속 결단을 통해 우리의 상태를 바꿀 수 있다는 사실만큼은 절대적인 사실이다. 물론 오랫동안 불안에 중독된 마음의 상태를 결단하는 것만으로 영구적인 변화를 가져올 수는 없다. 왜냐하면 불안에 중독된 뇌와 신체는 불안한 상태를 반복적으로 만들어주지 않으면 금단증세 때문에 끊임없이 불안을 갈망하는 모순에 빠지기 때문이다.

　　초기에는 중독된 불안이 충동적인 생각의 형태로 나타나기도 하지만 잠재의식에 깊게 뿌리내린 불안의 정서는 신체적인 갈망의 형태로 금단증세까지 나타낸다. 불안에 중독된 상태와 반응은 마치 알코올 중독자가 알코올이 공급되지 않게 되면 금단증세가 나타나 알코올 흡수를 할 수 있는 모든 수단과 방법을 다 동원해서 술을 마시는 행동을 하는 것과 같다. 알코올뿐만 아니라 마약, 도박, 게임 등도 모두 중독된 패턴에 의해 금단증세가 나타난다.

　　만약 불안에 중독된 상태를 유지시켜주는 갈망이 충족되지 않으면 갈망은 점점 더 커지며 즉각적인 행동을 간청하는 절규로 변화한다. 중독된 상태를 유지시켜주는 화학물질이 부족해 항상성을 유지할 수 없게 되면 심각한 심리적, 생리적, 신체적인 혼란에 빠지게 된다.

　　우리 마음과 몸은 이미 불안한 정서에 적응해 수용체 부위의 수를 늘렸기 때문에 그것을 원래의 정상적인 상태로 다시 조정하는 것에 대해서는 심각한 고통으로 받아들인다. 이 상태에서는 불안한 상태를 지속적으로 만들 수 있는 화학물질을 분비시켜 달라고 절규하게 된다.

그래도 관련된 화학물질이 충족되지 않으면 자기 자신을 제어하지 못하는 통제불능의 상태에 빠지게 될 수도 있다.

이것이 우리가 불안에 중독된 상태가 되면 자신의 의지와는 반대로 온갖 종류의 부정적인 충동과 스트레스에 시달리게 되는 이유이다. 이렇게 되면 마음과 몸은 온통 불안을 느끼도록 만들기 위한 간절한 절규가 계속된다. 우울이든 무기력이든 그 무엇이든 중독되면 스스로 빠져나오기 힘든 이유가 바로 여기에 있는 것이다.

중독은 어떤 이유와 합리화를 통해서든 현재 불안하지 않아서 생기는 불편함을 중단하라는 아우성을 치게 만든다. 많은 사람들이 다이어트에 도전하지만 작심삼일이 되는 이유가 비만을 유지할 때의 고소하고 달콤한 음식의 유혹에 이성적인 결심과 의지가 한순간에 무너지기 때문이다. 그래서 의식적으로는 날씬해지기 위해서 다이어트를 하고 운동을 하는 선택을 하지만 잠재의식적으로는 계속 비만하게 만드는 식탐을 갖게 하고 운동 참여를 거부하게 만드는 것이다.

궁극적으로 우리가 느끼고 있는 불안과 우울, 강박, 집착, 분노, 스트레스, 과민반응 등도 쉽게 변화하지 않는 중독된 패턴을 유지하려는 관성을 가지고 있다. 그렇다 하더라도 불안에 맞추어진 중독된 초점을 자신이 원하는 상태로 전환할 수 있는 결단을 내리고 의지와 노력을 다한다면 고통을 주는 불안을 충분히 다스릴 수 있게 된다. 이것이 우리 뇌가 가진 탁월한 능력인 신경가소성이다.

불안한
감정의 탈출

　살아가면서 누구나 경험하게 되는 불안이라는 감정은 정상적인 건강한 반응일 수도 있고 비정상적인 건강하지 못한 반응일 수도 있다.
불안을 우리가 통제할 수 있을 때 불안이라는 감정이 정상적인 건강한 반응이 될 수 있지만 불안이 우리를 통제하게 될 때 불안이라는 감정이 비정상적인 건강하지 못한 반응이 되기 때문이다.

　위험신호에 대한 불안한 감정을 느끼게 되는 것은 현실적으로 불안한 일이 일어나지 않도록 하기 위한 자연스러운 현상이기 때문에 건강한 모습으로 볼 수 있다. 만약 위험신호가 주어졌는데도 불안한 감정을 느끼지 못한다면 불안을 야기시키는 자극을 피하거나 예방하기 위한 노력을 하지 못하게 된다.

　그렇게 되면 위험신호에 제대로 반응하지 못해 실제로 위험한 현실을 만나게 되는 비참한 상황에 놓이거나 안전과 생존에 심각한 위협을 받게 될 수도 있다. 그래서 불안한 감정과 반응 자체가 반드시 나쁜 것이 아니라 현실적으로 위험한 상황에 노출되는 가능성을 줄여주는 긍정적인 역할을 하게 되는 것이다.

물론 편안하고 안정적인 감정도 안전과 생존에 도움이 되며 생산적이고 목적적인 활동을 지속할 수 있도록 동기화시켜준다. 중요한 것은 긍정적인 감정이든 부정적인 감정이든 자신의 감정을 제대로 충분히 직면하고 느낄 수 있어야 한다는 것이다.

특히 우선의 편안함과 평화를 위해 불안과 관련된 부정적인 감정을 외면하거나 왜곡, 억압시키게 되면 나중에 몇 배, 몇십 배의 가혹한 대가를 치를 수도 있다. 그렇기 때문에 우선에 불편하고 고통스럽다 하더라도 감정을 직면하여 느끼고 그것을 해소하는 것이 보다 더 합리적인 선택이 되는 것이다.

당장의 편안함이나 평화를 유지하기 위해 현재의 부정적인 감정을 억압시키거나 회피, 왜곡시키게 된다면 그것이 미해결 과제로 남아 지속적으로 자신을 괴롭히게 될 수도 있다. 그렇기 때문에 현실적인 감정을 직면하면서 문제에 맞추어져 있는 자신의 초점을 원하는 상태로 전환하는 노력이 필요하다.

예를 들어 중요한 대회에서 패배할까봐 걱정하며 불안한 감정을 느끼는 선수에게 우선 주의의 초점을 자신의 불안상태에 일치시키고 긴장상태를 더 끌어올린 후 이완훈련을 시키며 편안함을 느끼게 해야 한다. 그다음 운동과제와 수행에 초점을 일치시키고 완벽한 수행을 하는 자기 자신의 모습이 얼마나 멋있고 뿌듯한지를 상상할 수 있도록 질문을 하는 것이 도움이 된다. 이 순간 이미 초점이 문제 상황에서 원하는 상태로 바뀌게 되는 것이다.

그리고 반드시 승리해야 한다는 당위성에 구속되지 않게 하는 것도 필요하다. 승리하지 않으면 자신의 존재가 부정되는 강박은 스스로를 부정적 감정에 중독되게 만들기 때문이다. 이러한 승리에 대한 강박은 불안이나 스트레스, 우울, 공황장애 등을 초래할 위험성을 높이고 건강한 전체성에 큰 구멍을 만들 수도 있다.

합리적 정서행동치료 이론에 따르면 한쪽에는 바람과 선호, 다른 한쪽에는 강요적 당위성과 요구가 있는데 이 둘은 본질적으로 연결되어 있으며 실제로 모든 인간은 이 두 가지 성향을 모두 가지고 있다고 본다. 이 이론에 의하면 바람이 강할수록 그것을 타인에게 강요하고 명령하듯이 적용하려는 경향이 커지게 된다.

다른 사람들이 자기 자신을 좋아해 주길 바라는 욕구가 그렇게 크지 않을 때는 누가 자기를 무시하거나 싫어해도 마음이 크게 서운하거나 상처받지 않는다. 하지만 다른 사람들에게 인정받고 싶은 욕구가 너무 강렬하면 '사람들은 나를 좋아해야만 한다. 그렇지 않은 것은 절대로 참을 수 없으며 그것은 내가 호감 가는 사람이 아니다'라는 식으로 의식적, 잠재의식적 요구를 타인에게 일방적으로 하기 쉬워진다.

이처럼 다른 사람에게 인정을 받고 싶은 욕구가 너무 강렬하면 통제 불가능한 결과에 초점이 모아지기 때문에 중요한 순간에 자기 자신을 각성시켜 불안한 감정을 더 크게 느끼도록 만들기도 하는 것이다.

불안의 접촉

우리의 존재는 신경회로의 조합과 배열, 화학물질의 분비에 따라 결정되는 가변성을 가지고 있다. 인간의 가장 기본적인 뇌 구조와 패턴을 구성하는 신경회로와 화학물질들은 몸과 마음의 변화에 직간접적으로 영향을 미치고 있다.

견디기 힘든 심한 충격과 정신적 경험에 의해 스트레스를 받게 되면 뇌는 스트레스를 견디고 이겨내기 위하여 일정한 시간에 걸쳐 교감신경계를 활성화시키게 되며 그 과정에서 스트레스 호르몬을 분비시키고 불안을 증폭시켜 효과적으로 반응한다. 이렇게 충격적인 경험과 스트레스로 인해 교감신경이 활성화되면서 생긴 각성과 불안은 일정한 시간을 거치면서 부교감신경에 의해 원래의 평형상태로 회복된다.

하지만 전쟁의 공포나 끔찍한 자동차 사고, 반복적인 가정폭력, 왕따,

우울증, 반복된 실패경험, 성폭행 같은 충격적인 경험은 시간이 오래 지나도 불안과 관련된 특정한 신경적 반응을 일으키게 되는 중독된 패턴을 그대로 유지한다. 자신을 힘들게 했던 불안과 관련된 기억과 경험은 이미 과거가 되어 현실세계에서 더 이상 존재하지 않는 위험일 뿐이다. 그런데도 불안을 느꼈던 과거 경험과 연결되는 작은 단서에도 지속적으로 불안과 관련된 특정 행동을 반복하거나 정서를 계속 느끼려는 중독된 패턴을 보이게 되는 것이다.

이처럼 사람들이 견디기 힘들 만큼의 끔찍한 경험을 한 후 자신이 경험했던 과거의 시간에 그대로 얽매여 구속된 상태에서 정신적, 신체적인 부조화와 불일치, 강박, 불안 등의 정신적 고통을 겪게 되는 상태를 '트라우마'라고 한다.

뇌는 각 부분이 비국소성으로 연결된 방대한 네트워크를 형성하고 있기 때문에 마음속의 한 가지 불안이나 트라우마가 해결되지 않는 상태에서 오랫동안 지속된다면 뇌졸중 환자가 겪는 후유증과 비교될 정도로 뇌 회로의 심각한 장애를 겪을 수도 있다. 이러한 상태가 되면 현재 자신이 가진 소중한 자원과 잠재력을 상실하거나 단절 상태를 겪으면서 과거의 부정적인 경험이 현재 자신의 마음과 몸을 완전히 장악하여 과거 속의 자신으로 통제받게 된다.

특히 트라우마는 자신의 자원과 에너지를 현재에 집중하지 못하고 과거의 부정적인 경험에 구속된 좁혀진 경계를 만들기 때문에 특정 자극과 환경에 과민반응을 하거나 반대로 무기력한 상태를 만들기도 한다. 우리는 어떤 형태로든 트라우마를 가지고 있으며 과거의 트라우마가 현재의 자신을 얼마나, 어떻게 지배하는가에 따라 긍정적인 영향을 미치는지 부정적인 영향을 미치는지의 차이를 가질 뿐이다.

만약 과거의 부정적인 경험이 해결되지 못해서 생긴 억압된 감정과 정서가 남아있다면 마음과 몸에 비국소성으로 연결되어 전체성을 이루기 때문에 지속적으로 스트레스를 겪게 만든다. 그래서 자신이 가진 트라우마에 대한 정확한 이해와 대처방법을 아는 것이 중요한 것이다.

자신의 트라우마를 이해한다는 것은 자기 자신의 긍정적인 자원뿐 아니라 부정적인 자원까지도 접촉하고 수용할 수 있는 자신과의 참만남이 이루어지는 것이며 그것이 건강한 알아차림과 접촉의 시작이 된다. 자신이 가진 트라우마를 건강하게 접촉할 수 있다는 것은 다른 사람과 환경과의 건강한 연결과 접촉을 할 수 있는 능력을 가지는 시작이 되기 때문에 중요한 의미를 가진다.

살아가면서 겪는 마음의 방황과 갈등, 스트레스, 불안은 대부분 진짜 자기 자신을 만나지 못한 상태에서 건강한 전체성을 상실하여 생기는 결과라고 할 수 있다. 우리가 불안에 대해 공부하고 이해해야 하는 이유는 불안이 우리의 전체성을 이루는 부분으로 작용하여 마음과 몸, 건강상태에 영향을 미치거나 직접적으로 통제력을 행사하고 있기 때문이다. 불안을 통제할 수 있을 때 우리 삶의 활력을 주는 디딤돌이 될 수 있지만 불안을 통제할 수 없을 때 우리가 불안에 통제당하게 된다,

걱정 없애기

　걱정은 미래에 좋지 않은 일이 생길까봐 불안해하며 스트레스를 받는
상태이다. 즉 미래에 닥칠 일에 대해 여러 가지로 마음을 쓰는 감정이
며 불안의 일종이다.

　불안과 트라우마 때문에 멘탈코칭센터에 심리상담과 멘탈 훈련, 교육
을 문의하는 사람들이 계속 늘어나고 있다. 이와 같이 우리 주변에 많
은 사람들이 불안한 정서나 트라우마 기억 때문에 정상적인 인간관계
나 학교생활, 사회생활에 큰 지장을 받고 있으면서도 그것이 불안장애
와 트라우마라는 사실을 알지 못하고 그냥 살아가는 경우가 많다.

　걱정과 불안을 전혀 느끼지 않고 살아가는 사람은 없다.

자신의 현재 상태와 불안을 어떻게 해석하고 반응하느냐에 따라 걱정
과 불안이 우리 삶을 제한하는 경계와 족쇄가 되기도 하고 걱정과 불

안이 있기 때문에 좋지 않은 일이 생기지 않게 대비할 수 있는 긍정적인 역할을 하기도 한다. 다만 불안과 걱정을 우리가 통제할 수 없는 상태가 되어 불안과 걱정에 통제당하게 될 때 우리 삶을 제한하는 걸림돌이 되기 때문에 문제가 되는 것이다.

이와 같이 우리가 겪는 병적인 불안의 특징은 만성적인 걱정이나 근심이다. 걱정하는 대부분의 일들은 현실에서 큰 문제를 일으키지 않지만 그 일들이 닥칠 때까지 자신의 초점을 온통 문제에만 일치시키며 미래의 걱정을 가불하여 긴 시간 불안한 정서에 중독되는 것이 더 큰 문제가 된다. 불안은 자신의 삶에서 미래에 좋지 않은 일이 닥칠 것이라는 예상을 하며 걱정하거나 근심하는 마음이다.

예를 들어 범불안장애가 있는 사람들은 특정 곤충이나 동물, 엘리베이터, 특정 대상, 사회적 상황 등에 대해 과민하게 반응한다. 표면적으로는 그러한 요인에 영향을 받는 것처럼 보일 뿐 시간이 지나면서 그 틀은 외부적 자극이 주어지지 않아도 자동적으로 그냥 걱정을 하게 된다. 처음에는 그러한 요인들에 의해 걱정이 생기지만 반복에 의해 뇌가 중독되면 그러한 요인과 관계없이 걱정을 하는 패턴이 만들어지기 때문에 늘 걱정을 달고 살아가는 것일 뿐이다.

인간의 뇌는 한순간에 한 가지밖에 초점을 일치시킬 수 없기 때문에 불안에 오랫동안 초점을 일치시키게 되면 나머지 건강한 뇌 회로와는 연결이 차단된 상태로 점점 불안에 중독되어간다. 이렇게 걱정하는 마음이 만든 불안에 중독되어 뇌에 불안이 가득 차게 되면 다른 모든 정상적인 생각과 느낌, 말, 행동에도 불안이 드리워지게 된다.

나중에는 걱정하는 자신의 마음에 대해서도 미리 걱정하는 상태가 되어 그 걱정이 정상적인 작업기억을 점령하여 일이나 공부, 연애, 상상, 창조, 운동, 인간관계를 효율적으로 수행하는 능력을 떨어지게 만드는 부작용이 생긴다. 이러한 부작용에 시달리는 사람들의 공통점은 현실이 아닌 과거나 미래에 초점을 맞추고 끊임없이 자아와의 내적 대화를 부정적으로 시도한다는 것이다.

자아와의 내적 대화가 의미가 있긴 하지만 이미 불안에 중독된 상태에서의 부정적인 내적 대화는 위협을 더 추상적으로 만들어 그로부터 더 깊고 구체적인 과정을 회피하도록 돕기 때문에 실제 위험 정도에 대한 불일치를 방치하게 만든다. 이렇게 되면 지금 현재의 자기 자신과 현실을 알아차리거나 접촉하지 못하고 추상적인 불안의 정서에 쫓기는 신세가 될 수도 있다.

걱정은 행동적 회피의 인지적 등가물이라 할 수 있다. 걱정이 개인의 삶을 제한하고 신체적 장애를 일으키는 이유가 그 원천을 회피함으로써 일시적으로 고통스러운 경험을 어느 정도 줄일 수 있기 때문이다. 불안한 사람은 위협에 매우 민감하며 위협을 지각하면 그것이 실제이든 상상이든 위협과 관련된 의미 기억과 일화 기억이 사고와 이미지의 형태로 인출된다. 그것이 과거이든 미래이든 불안에 초점이 일치되면 부정적인 시나리오에 대한 극단적인 사고로 이어지고 부정적 결과를 예상하고 그것이 일어나지 않도록 막는 인지적 대응전략을 낳는다.

이러한 대응전략이 우리 삶의 안전과 생존에 유리한 상태를 만들기 때문에 아주 중요한 의미가 있지만 불안 수준이 높은 사람은 지나치게 많은 것들을 걱정하므로 최악의 시나리오가 실제로 일어나서 고통을 겪는 일보다 걱정 자체에 더 큰 고통을 겪게 되는 것이다.

과거의 경험 중에서 걱정을 함으로써 최악의 결과를 피했다는 자각이 되면 그것이 부적 강화가 되어 걱정은 전용신경회로를 구축하여 신념체계로 영구히 굳어진다. 이와 같이 모든 불안장애에서 걱정은 상당한 정도로 일어난다.

마이클 아이젱크의 불안에 관한 주의 제어 이론은 걱정의 인지적 기반을 개념화했다. 그의 두 가지 개념 중 하나는 목표지향적이고 다른 하나는 자극 유도적이다. 그의 이론에서 걱정과 불안은 목표지향적 시스템을 방해하며 자극 유도적 시스템이 우세하도록 한다. 걱정은 작업기억의 실행주의 자원을 이용하는 생각을 만들어 직업적, 개인적, 사회적 의무를 처리하는데 이용 가능한 자원을 줄인다.

실행 기능 역시 위협과 그 결과에 대한 생각을 피하려는 노력에 이용된다. 걱정이 주의를 얻기 위해 경쟁하므로 뭔가에 집중하기 어렵고 작업을 계속 수행하기도 어렵다. 작업기억이 위협에 집중하고 자극 유도적 형태의 주의가 위협 자극이 더 쉽게 주의를 사로잡도록 만든다.

불안한 사람들은 위협과 안전을 구별하는 능력이 떨어지고 약한 위협의 위험도 과대평가하기 때문에 위협적이지 않은 자극도 위험한 것으로 받아들인다. 그들의 삶에서 위협은 다른 사람들보다 더 큰 역할을 한다. 이를 배경으로 노출 치료가 범불안장애가 있는 사람의 걱정을 치료하는데 매우 유용하다는 것을 알 수 있다.

멘탈코칭센터에서는 불안을 극복하기 위한 효과적인 치료기법으로 이완을 위한 멘탈 호흡, 근육 이완, 복식호흡, 심상훈련을 실시한다. 멘탈 훈련을 할 때뿐만 아니라 일상생활 속에서도 멘탈 미션을 실행하게 하여 효과를 배가시킨다. 또한 걱정스러운 생각이나 이미지가 불안을 일으킬 때마다 패턴 깨기, 초점 바꾸기, 호흡, 이완을 통해 상태를 변화시키는 훈련을 반복한다.

다시 한번 강조하지만 불안과 걱정은 누구나 하는 것이며 전혀 불안과 걱정을 느끼지 않고 살아가는 사람은 없다. 지나친 불안과 걱정의 부정적인 패턴에 중독되지 않은 상태라면 불안과 걱정에 대해 부정적 관점을 갖지 않아도 된다. 적절한 불안과 걱정이 우리의 안전과 생존을 지켜주는 긍정적인 역할을 하고 있기 때문에 많은 사람들이 지금 이 순간에도 걱정을 하며 살아가고 있다.

다만 우리의 자유의지가 불안과 걱정을 통제할 수 있는 능력을 가지고 있을 때 불안이 더 이상 우리 삶을 제한하지 않는다는 사실을 알아야 한다. 만약 우리의 자유의지가 불안과 걱정을 통제하지 못하게 될 때 우리가 불안과 걱정에 통제당하는 신세가 되기 때문이다. 중요한 것은 우리의 멘탈이 건강할 때 자유의지가 주도권을 가질 수 있도록 멘탈 훈련에 관심을 가져야 한다는 것이다.

분노
다스리기

우리가 상당한 손해를 입거나 위협에 대해 지각할 때 그것에 대한 반응으로써 일어나는 분노 감정 자체는 일반적이고 정상적인 것이다.

분노의 일반적인 특징은 초조, 긴장, 각성, 공격성, 부정적 관점, 폭력성 등이다. 분노의 감정이 오랫동안 지속되거나 반복되면 분노의 감정에 중독되어 분노를 일으키는 직접적인 자극이나 요인이 없어도 분노를 자주 느끼는 상태가 된다.

살아가면서 통제할 수 있는 분노는 우리의 존재와 건강한 정체성을 지키는 정상적인 투쟁 기전으로서 아주 바람직하고 건강한 감정이다.

하지만 통제되지 않는 반복적인 분노 감정이 생기게 되면 심리적인 장애를 일으킬 뿐만 아니라 생리적, 신체적, 사회적으로 여러 가지 부작용을 유발한다. 반복적인 분노 감정의 표출은 분노를 가진 본인뿐만 아니라 주변 사람들에게도 분노의 감정을 전파시키기 때문에 인간관계에 여러 가지 문제를 일으킨다.

　분노가 통제되지 못하고 반복되거나 오랫동안 지속되면 자기 내면의 심리적인 문제뿐만 아니라 다른 사람들과의 사회적 관계와 업무처리능력에도 걸림돌을 가지게 된다. 그렇기 때문에 분노를 적절하게 조절하고 다스릴 수 있는 멘탈 능력을 가지는 것이 중요하다.

일반적으로 분노를 다스리지 못하는 사람들은 자신의 분노를 직접적으로 폭발시키는 것과 분노를 숨기고 억제시키는 방법 중에서 한 가지를 많이 선택한다. 무조건적인 폭발도 무조건적인 억압도 바람직하지 않은 잘못된 선택이다. 그 이유는 두 가지로 볼 수 있다.

　첫째, 무조건적으로 분노 감정을 폭발시키는 것은 부적 강화가 되어 작은 자극에도 통제할 수 없는 방식으로 분노가 폭발하는 조건형성이 되기 때문에 합리적이고 이성적인 통제력을 잃게 만든다.

　이렇게 통제 없이 폭발한 분노는 이성적인 뇌가 주도권을 상실하여 동물적인 뇌상태에서 일어나기 때문에 시간이 지난 후 분노가 사그라들고 이성을 회복했을 때 후회의 감정을 경험하는 경우가 많다.

왜냐하면 이성적 통제력이 작동되지 않는 상태에서 표출된 분노 감정은 정상적이고 합리적인 사고과정이 생략되어 주변 사람들과 심한 갈등과 불화, 싸움을 하게 되면서 2차, 3차적인 더 큰 사건을 일으키는 원인이 되는 위험성을 갖고 있기 때문이다.

　이러한 분노 폭발로 문제가 해결되거나 상황이 변하게 될 때 부적 강화가 되면 이후에 별것 아닌 일에도 분노를 쉽게 폭발시키는 중독된 습관을 형성하게 된다. 분노 폭발이 반복적으로 학습되면 그와 관련된 전용신경회로가 구축되어 분노를 폭발시킬 수 있는 미세한 자극만 주어져도 순식간에 동물적인 뇌상태를 만들어 동물적인 반응을 하게 되며 그러한 요인이 없어도 그 반응은 증가한다.

둘째, 무조건적인 억압은 현실의 갈등이나 다툼을 회피하거나 당장의 안전을 위해 자신의 분노를 숨기면서 억눌러버리는 것을 말한다. 남들이 볼 때는 아주 온순한 사람, 착한 사람, 겸손한 사람, 예의 바른 사람, 성격이 좋은 사람으로 인식되거나 평가받는다.

하지만 자신의 내면에 억압된 부정적인 감정은 외부로 표출되기 위해 끊임없이 꿈틀거린다. 마치 바람이 가득 찬 풍선이 물속에서 일시적으로는 잠기지만 계속 솟구쳐 오르려고 하는 것처럼 미해결된 감정을 해소하기 위해 끊임없이 표출하려고 한다. 물속의 풍선을 위로 바로 올라오지 못하도록 눌리게 되면 일시적으로 안정된 상태에 머물지만 약간의 흔들림만 주어져도 엉뚱한 곳으로 솟아오르게 되는 것처럼 억압된 분노 감정은 사라지는 것이 아니라 내면에서 더 힘을 키워 엉뚱한 형태로 표출될 수도 있는 것이다.

또한 억압된 분노 감정은 지속적인 스트레스 요인이 되어 마음과 몸의 병을 일으키는 원인이 된다. 이처럼 분노의 감정을 표출하지 못하고 억지로 눌러놓으면 억압된 분노가 전혀 예상하지 못한 형태로 폭발할 수도 있고 표출시키기도 전에 스스로 균형을 잃어 쓰러지는 위험성을 가지고 있다. 그래서 분노는 무조건적으로 폭발시키는 것도 무조건적으로 억압시키는 것도 바람직하지 않은 것이다.

분노 다스리는 방법

1. 분노 감정을 일으킬 수 있는 상황이나 조건을 없애야 한다.
   : 분노를 일으키는 주변 상황이나 조건을 사전에 제거하고 마음
   의 쿠션을 강화하는 긍정적인 생각과 느낌, 말, 행동을 반복하
   여 분노를 일으키는 요인을 사전에 제거한다.

2. 삶의 우선 가치를 설정해야 한다.
   : 자기 삶에 그다지 중요하지 않은 일들에 초점을 맞추고 불필요
   한 에너지를 동원하며 불일치를 경험하는 과정에서 분노가 생
   길 수 있기 때문에 자신의 삶에서 중요한 가치 순위를 설정하
   여 초점을 일치시켜야 한다.

3. 역지사지의 2차적 관점을 가져야 한다.
   : 내가 만약 상대방의 입장이라면 지금 나의 분노가 정당한 것이
   될 수 있는가에 대한 질문을 해보아야 한다. 자기중심적 편향
   성을 가진 주관적 세상모형의 관점을 바꾸어 반대 입장에서 접
   근하면 지금의 분노 감정이 의미가 약해지거나 상실될 수 있다.

4. 그 상황을 잠시 벗어나는 행동을 취해야 한다.
   : 이성적인 뇌가 주도권을 완전히 상실한 현재의 상황에 계속 머

무르면 후회 감정을 갖게 될 행동을 하기가 쉽기 때문에 그 상황에서 잠시 벗어나는 것이 도움이 된다. 일단 체내의 분노와 관련된 화학물질이 소거되고 원래의 안정적인 상태로 회복될 수 있을 때까지 그 상황에서 벗어나야 한다.

5. 상대의 행동 이면의 긍정적인 의도를 질문하고 경청해주어야 한다.
   : 상대의 드러난 행동에 반응하여 분노를 느끼는 것은 상대의 왜곡된 세상모형에 자신의 왜곡된 세상모형으로 반응하는 것이다. 행동 이면에 감추어진 상대의 긍정적인 의도를 알아차리게 되면 분노의 감정이 가라앉게 된다.

6. 상대의 행동은 수용하지 못해도 존재는 언제나 OK가 되어야 한다.
   : 상대의 드러난 문제행동에만 초점을 일치시키게 되면 분노가 생길 수 있지만 그 사람의 존재에 초점을 일치시키게 되면 모든 사람은 서로 다름을 가진 인격체로 존중의 대상이 되기 때문에 분노의 감정이 가라앉게 된다.

7. 마무리가 필요하다.
   : 분노는 특정 사건에 대해서만 국한되는 것이 아니라 꼬리에 꼬리를 물고 계속 연속되는 감정이다. 초점 바꾸기, 패턴 깨기 등으로 한 부분의 사건으로 빨리 마무리해야 한다.

8. 내 안의 분노를 제거해야 한다.

  : 내 안에 분노의 감정이 없으면 외부의 자극에도 분노가 생기지 않는다. 호흡훈련, 자기 확신, 이완훈련, 책읽기, 상담, 교육을 통해 자기 안에 쌓여있는 분노의 감정을 먼저 제거해야 한다.

9. 심상을 활용해야 한다.

  : 상대를 만나기 전에 긍정적인 상황과 관계에 대한 시각화를 통해 마음의 쿠션과 내성을 키우는 훈련이 필요하다. 뇌는 착각의 챔피언으로 실제의 경험과 가상의 경험에 대해 구분을 할 수 있는 능력이 없기 때문에 만남 이전의 긍정적인 심상이 실제 만남의 상황을 보다 더 긍정적으로 만들어준다.

10. 완전한 이완을 한다.

  : 멘탈 호흡이나 이완훈련을 통해 마음과 신체의 긴장과 각성상태를 이완시키는 훈련이 필요하다. 이완된 상태는 편안함과 안정감을 주는 상태에 있기 때문에 분노하는 것이 어려워진다.

불안 극복

우리가 세상을 살아가는 방식은 각기 다른 세상모형을 만들어 같은 세상을 다르게 알아차리고 접촉하게 되면서 각자가 다른 세상에서 다른 삶을 살아간다. 그것은 각자의 유전과 학습, 경험에 의해 개인의 세상모형이 모두가 다르기 때문이다.

모두가 다르게 가지고 있는 세상모형은 세상을 있는 그대로 알아차리고 만나는 것이 아니라 자신의 신념, 가치, 정서, 문화, 종교, 이념, 경험 등을 만드는 뇌의 전용신경회로에 의해 생략, 왜곡, 일반화시키기 때문에 철저하게 자기중심적이면서 주관적이고 편향성을 가질 수밖에 없다. 불안도 마찬가지로 각자의 세상모형이 어떻게 만들어져있는가에 따라 각자가 느끼는 불안 수준이 달라진다.

개인의 전반적인 불안 수준은 상당히 안정적인 성격이면서 기질의 중요한 요소이다. 이러한 특성불안은 마치 에너지 보존의 법칙과 같이 불안 보존의 법칙이 개인의 성격특성에 따라 존재하는 것이다.

그래서 때로는 전혀 불안한 상황이 아닌데도 불안을 만들어내기도 하고 약한 불안을 과대하게 증폭시키기도 하며 반대로 불안한 상황에서 불안을 느끼지 못하게 만들기도 한다.

사람들은 뇌가 하는 대부분의 일이 의식 차원에서 이루어진다고 알고 있다. 하지만 의식의 용량은 7±2 정도이고 시간도 약 15초 정도밖에 되지 않는다. 작업과정의 대부분은 잠재의식 차원에서 이루어진다. 의식은 잠재의식의 작업과정을 알아차리고 그것을 정리하여 합리화시키고 설명하는 역할을 할 뿐이다.

우리가 불안을 극복하기 위해서는 뇌의 메커니즘에 대해 정확히 알아야 한다. 이렇게 뇌의 작동원리와 불안에 대해 알 필요가 있는 이유가 불안이 의식적이든 잠재의식적이든 반복해서 느끼거나 오랜 시간 지속하게 되면 다른 모든 기억에 불안의 정서를 오염시키기 때문이다. 중요한 것은 잠재의식 차원에서 불안이 반복학습되면 뇌의 전체성과 홀로그램적인 작동원리에 따라 통제할 수 없는 상태가 되어 범불안장애를 가질 수도 있다는 사실을 알아차리는 것이다.

불안은 우리 삶에서 정상적이고 건강한 정서이지만 불안의 강도가 지나치게 높거나 빈도가 잦아지고 시간이 길어지게 되면 걱정하는 마음이 두려움을 낳고 두려움이 초조함과 스트레스를 경험하게 만들면서 통제되지 않는 불안이 엄습해온다. 이러한 과정에서 과하게 활성화된 자율신경계의 교감신경을 끌어내리기 위해 부교감신경계가 활성화되어 원래의 기저선으로 회복시켜주는 과정에서 심리적 내성과 응집력을 높여주는 긍정적인 효과가 생긴다.

하지만 불안의 강도와 빈도, 시간이 자율신경계를 교란시켜 원래의 불안과 관련된 자극과 정보의 건강한 기저선이 아닌 불안한 상태에 항상성을 갖게 될 때 불안이 가진 긍정적이고 유용한 기능은 사라지고 범불안장애에 시달리는 부작용을 겪게 된다.

세계적으로 유행한 코로나19와 같은 전염병은 우리에게 지워지지 않는 불안과 트라우마 기억을 만든다. 이 과정에서 느끼는 불안이 우리의 경각심을 일깨워 전염병에 대한 최선의 대응전략과 안전한 생활패턴을 갖도록 해주는 긍정적인 부분이 분명히 있다. 그런데도 불구하고 너무 과할 정도로 불안을 갖게 되면 자칫 너무 많은 사람들이 트라우마에 시달릴 수 있는 위험에 노출된다.

이럴 때일수록 심리적 안정감을 가질 수 있는 멘탈 훈련과 마음 사용법을 활용하여 마음의 내성과 응집력을 키우는 것이 필요하다.
나중에 시간이 지나 신체적 질병은 회복되면 대부분 큰 후유증이 없지만 트라우마에 의해 심리적 장애가 생기면 원래의 건강한 멘탈 상태로의 회복이 쉽지가 않기 때문에 심리적 방역이 매우 중요한 것이다.

불안에 대한 관조

관조의 사전적 의미는 고요한 마음으로 사물이나 현상을 관찰하거나 비추어보는 것을 말한다. 우리의 인식에 바탕한 활동은 대부분 능동적이거나 적극적이지만 관조는 능동적이지 않고 수동적이며 수용적이면서 객관적이다. 어떤 문제에 연합되지 않고 분리된 상태에서 뒤로 물러나 고요한 마음으로 지켜보는 것이다.

우리는 숲속에서 곰을 만나면 걸음아 나 살려라 하고 도망친다. 그 이유는 곰이 자신을 해칠 것이라는 의식적 느낌인 두려움이 들기 때문이다. 만약 곰이 너무 가까이에 있다면 엄습해오는 공포에 질려 그자리에 얼어붙어버리는 반응을 보일 수도 있다.

일반적으로 우리가 갖고 있는 공포에 대한 관점은 위협 자극에 대한 의식적 느낌이 곰에 대한 공포 반응을 일으켰다고 본다. 하지만 곰을 피해 도망을 가면서 더 큰 공포를 느끼거나 곰을 보고 그 자리에 얼어붙어버린 반응 때문에 더 큰 공포를 느낄 수도 있다. 반드시 위협 자극이 의식적으로 뇌의 공포 시스템을 활성화하여 공포를 느끼는 것이 아니라는 사실을 알 수 있는 것이다.

일반적으로 외부의 위협적 자극에 의해 두려움의 정서가 활성화되고 공포를 느끼게 되지만 공포를 느끼는 현재 상태를 의식적, 무의식적으로 다시 피드백 받으며 공포가 더 증폭될 수도 있다. 예를 들어 세계적인 대유행을 일으킨 코로나19에 대한 인식과 해석, 느낌이 초기의 불안과 공포 반응을 일으켰지만 시간이 지나면서 코로나19 자체에 대한 불안과 공포뿐만 아니라 현재의 비관적인 상황과 사람들의 반응 때문에 더 큰 불안과 공포를 느끼게 된다.

불안과 공포는 인간이 가진 원초적 정서로서 안전과 생존을 위해 중요한 기전이다. 하지만 너무 과한 불안과 공포가 우리의 일상에 깊이 뿌리내리게 되면 스트레스로 인해 마음의 쿠션이 약해져 심리적 내성과 면역력이 약화된다. 너무 과한 각성상태가 오랫동안 지속되면 오히려 심리적, 신체적 내성과 면역력을 떨어뜨려 전염병을 극복하는데 부정적인 영향을 미치게 되는 것이다.

코로나19와 같은 전염병에 의한 위기상황이 닥치면 힘든 상황이 하루 이틀 만에 수습될 수 없기 때문에 장기전을 준비하는 유연한 마음의 자세가 필요하다. 그러기 위해서는 현재의 위기에 대한 냉정한 상황인식과 더불어 관조를 통해 불안과 공포의 부정적인 정서에 중독되지 않게 해야 한다. 여기서 말하는 중독이란 자신의 의지와 상관없이 부정적인 정서가 지속적으로 발현되어 심리적, 신체적, 사회적인 걸림돌을 갖게 되는 것이다.

관조를 통해 전체성과 합리적 이성을 회복해야만 불안과 공포로 인한 정신적 외상을 최소화시킬 수 있을 뿐만 아니라 우리를 위협하는 외부의 질병에 효율적으로 대처할 수 있는 심리적, 신체적인 면역력을 갖게 된다. 여기서 말하는 관조란 문제에 융합된 현재 상황에서 분리되어 객관적이고 차분한 마음으로 지금의 상황을 관찰하는 것을 말한다. 강 건너 불구경하듯이 할 수는 없지만 문제에 융합된 상태에서 분리될 수 있는 관조가 필요한 것이다. 그래야 좀 더 합리적인 반응을 할 수 있게 도움을 줄 수 있다.

관조를 위해 뇌를 안정적으로 유지하는 것이 필요하며 멘탈코칭센터에서는 멘탈 호흡훈련이나 이완훈련, 자율훈련, 멘탈 수업, 관점 바꾸기, 시각화 훈련, 분리기법, 상담, 코칭, 명상, 자기암시 등의 반복적인 훈련을 통해 관조할 수 있는 능력을 키워준다. 그리고 가족 및 친한 사람들과 끈끈한 사회적 유대를 갖고 긍정적인 이야기를 통해 소통하는 것이 불안을 극복하는데 도움이 된다.

신념의 선택

굳게 믿어 변하지 않는 생각을 신념이라고 한다.

다르게 말하면 신념은 믿음이 현실에서 실현되기 위한 의지를 갖게 되는 것이라고 볼 수 있다. 이렇게 강한 신념체계가 형성되면 그 무엇과도 바꿀 수 없을 만큼 중요하게 여기며 굳게 믿는 마음이 지속된다.

이러한 믿음이 우리를 통제하기 때문에 신념체계에 의해 우리 삶의 모든 결과가 달라지게 되는 것이다.

불안과 공포도 우리가 가진 절대적인 신념으로 이해할 수 있다.

불안과 공포의 감정은 우리의 안전과 생존을 위한 정상적인 기전이지만 비합리적 신념체계가 강화되어 강력한 통제력을 가지게 될 때 불안과 공포가 우리 삶을 통제하게 될 수도 있다. 이처럼 불안과 공포에 대한 비합리적인 신념체계가 우리를 통제하게 될 때 우리는 자신의 의지와 관계없이 부정적 생각과 느낌, 말, 행동에 구속되는 존재가 된다.

어떤 사람은 무엇이든 할 수 있다는 긍정적인 성공 신념을 가지고 끊임없는 도전과 실험정신으로 성취하는 삶을 살아간다. 또 어떤 사람은 그 어떤 것도 잘할 수 없다는 부정적인 자기 제한 신념을 가지고 불안과 무기력 상태를 만들어 실패하는 삶을 살아간다.

신념은 우리의 선택에 의해 반복적으로 생각하고 느끼고 말하고 행동한 것이 뇌에 프로그래밍된 것으로서 그것은 절대적으로 고정된 것이 아니다. 다만 그것이 반복에 의해 절대적인 것이라는 믿음을 만들기 때문에 뇌가 착각을 하고 있는 것이다. 그 어느 것도 절대적이지 않다. 우리 삶에서의 성공과 실패, 불안, 공포, 트라우마, 우울, 무기력, 자신감, 활력 등도 그것이 절대적 사실이 아니라 뇌가 일으키는 착각에 의해 생기는 신념일 뿐이다.

그래서 우리 뇌가 가진 별명이 착각의 챔피언이다. 모든 학습과 경험은 기억화 과정에서 언어로 부호화되고 감정이 연합되어 저장된다. 이러한 기억화 과정에서 언어에 특정한 감정이 코팅되기 때문에 모든 말에는 감정이 복잡하게 연합되어 있다. 뇌신경회로의 다양한 조합과 배열에 의해 만들어진 뇌의 기억 시스템에는 말과 감정뿐만 아니라 생각도 함께 연결되어 있으며 특별한 행동과도 연결을 짓는다.

우리의 생각과 느낌, 말, 행동은 뇌의 기억 시스템을 만드는 신경회로의 특정한 조합과 배열에 의해 같은 뿌리에서 표출되는 것이기 때문에 서로가 서로에게 상당한 영향을 미치게 된다. 즉 우리의 존재는 신념체계를 만드는 네 가지 요인 중 어느 하나의 부분이 바뀌면 나머지가 함께 바뀌는 유기적 관계 속에서 전체성을 이루고 있다.

이처럼 우리의 존재는 타고난 유전적 기질을 바탕으로 반복적인 학습과 경험을 통해 전용신경회로를 구축하면서 형성된 신념체계에 의해 증명된다. 그리고 신경회로는 반복적인 생각과 느낌, 말, 행동에 의해 굵게 만들어지며 이렇게 구축된 전용신경회로가 만든 신념의 형태에 따라 자신의 존재가 달라지게 되는 것이다.

만약에 불안과 관련된 생각과 느낌, 말, 행동을 반복하게 되면 불안과 공포에 관련된 비합리적 신념을 만드는 전용신경회로를 굵게 구축하여 다양한 심리적인 문제와 고통을 겪게 된다.

그래서 뇌의 정상적인 기능을 제한하는 비합리적 신념을 성공의 지렛대 기능을 할 수 있는 합리적 신념으로 변화시킬 수 있을 때 심리적인 문제가 해결되고 고통에서 벗어날 수 있는 것이다. 여기서 말하는 합리적 신념과 비합리적 신념은 우리 모두가 가지고 있는 공통적인 자원이다. 우리가 어떤 자원을 더 많이 선택하여 사용하느냐에 따라 상태가 바뀌게 되는 것일 뿐이다.

우리 뇌는 착각의 챔피언이기 때문에 반복에 의해 믿음을 만들게 되면 그 믿음에 통제당하게 된다. 즉 믿음에 의해 뇌가 착각을 하게 되는 것이다. 많은 사람들이 절대적이라고 믿고 있는 자신의 가치나 진실, 사실, 당위성 등이 대부분 절대적이지 않다는 사실을 알지 못한 채 살아간다. 우리가 절대적이라고 믿고 있는 것이 대부분 자기중심적인 편향성과 주관적인 관점을 가진 개인의 세상모형에 불과하기 때문에 애초에 객관적이고 절대적인 가치나 진실, 사실, 당위성이라는 것이 존재하지 않는다고 볼 수도 있다. 우리는 세상모형이 만든 믿음에 통제당하고 있는 것일 뿐이다.

그런데도 우리는 자신의 주관적 세상모형이 만든 준거나 가치, 당위성을 주장하며 그에 대한 믿음을 현실에서 실현시키기 위한 의지를 만들어 주관적인 신념체계를 강화한다. 그러한 주관적인 신념체계는 전용신경회로에 의해 생략, 왜곡, 일반화되어 있다. 자신의 신념체계가 얼마나 편향되고 자기중심적인지를 깨닫지 못한 상태로 그 신념에 의해 삶의 결과물을 창조하고 있는 것이다.

다행히 그러한 신념이 합리적이라면 삶의 긍정적인 자원을 좀 더 알아차리고 접촉할 수 있는 기회를 많이 제공해주기 때문에 더 많은 성취를 이룰 수 있게 도움을 준다. 하지만 그 신념이 비합리적이라면 삶의 긍정적인 자원과는 차단되면서 부정적인 자원을 알아차리고 접촉할 수 있는 기회가 많아지기 때문에 삶의 걸림돌을 더 많이 만나게 된다. 즉 우리 모두는 자신이 가진 신념체계의 형태에 따라 전혀 다른 삶을 살아가게 되는 것이다.

이처럼 불안과 공포에 대해 우리가 지각한 모든 것이 절대적이지 않을 뿐만 아니라 많은 오류와 착각에 의해 생긴다는 사실을 알아차려야 한다. 그것은 우리의 세상모형이 왜곡과 편향에 의해 불안정성과 불확실성을 가지고 있을 뿐만 아니라 우리가 가지고 있는 신념 또한 절대적인 것이 아닐 수 있기 때문이다. 이러한 비합리적 신념에 의해 불안을 가지게 되면 우리가 만나는 세상이 더 불안해지고 삶의 결과도 부정적이 될 확률이 높아지게 되는 것이다.

중요한 것은 우리의 신념은 타고나는 것이 아니라 후천적인 학습과 경험에 의해 선택된 것이라는 사실이다. 그 선택이 지나친 불안과 공포를 유발하는 비합리적 신념이라면 새로운 선택에 의해 얼마든지 합리적 신념으로 바꿀 수 있다는 것이다. 긍정적이고 합리적인 생각에 대한 생각, 생각에 대한 또 다른 생각을 통해서 역기능적이고 비합리적인 자기 제한 신념을 기능적이고 긍정적인 합리적 신념으로 변화시키는 것이 얼마든지 가능하다.

　이러한 변화는 느낌과 말, 행동에도 마찬가지로 적용시킬 수 있다.

중요한 것은 그것이 생각이든 느낌이든 말이든 행동이든 부분의 긍정적인 변화를 통해 전체의 긍정적인 변화를 이끌어낼 수 있다는 사실이다. 부분의 작은 변화로 나머지 더 큰 변화를 위한 연쇄작용을 일으켜 합리적 신념을 강화하거나 창조할 수가 있기 때문에 우리는 얼마든지 불안에서 벗어나는 긍정적인 변화를 선택할 수 있는 존재이다.

우리의 생각과 느낌, 말, 행동 중에서 어느 것을 변화시키더라도 그것은 비국소성과 유기적 관계성으로 전체성에 영향을 미치기 때문에 우리의 신념을 바꿀 수 있는 것이다.

신념체계

　우리 삶의 모든 결과물은 우리가 어떠한 학습과 경험을 통해 어떤 전용신경회로와 신념체계를 형성하고 있는가에 의해 만들어지는 것이다. 사람들이 가진 신념체계는 모두가 다르며 자신의 유전과 학습, 경험에 의해 형성된 전용신경회로에 따라 그것이 부정적인 신념일 수도 있고 긍정적인 신념일 수도 있다.

　만약 하나의 긍정적인 신념을 가지고 있을 경우 다른 긍정적인 신념들과 비국소성으로 연결을 강화하여 밀접한 관련을 맺게 된다. 긍정적인 하나의 신념이 다른 일반적인 신념들과도 연결되어 전체성을 만드는데 영향을 미쳐 긍정적인 신념체계를 강화시키는 것이다. 반대로 하나의 부정적인 신념을 가지고 있을 경우 다른 부정적인 신념들과 비국소성으로 연결을 강화하여 밀접한 관련을 맺게 된다.

부정적인 하나의 신념이 다른 일반적인 신념들과도 연결되어 전체성을 만드는데 영향을 미쳐 부정적인 신념체계를 강화시키게 되는 것이다.

이것은 우리 뇌의 신경회로가 비국소성을 가지고 병렬적인 연결을 짓고 있으며 하나의 신경회로에 다른 모든 신경회로의 정보들이 공유되는 홀로그램적으로 작동되고 있기 때문에 생기는 현상이다.

그래서 핵심이 되는 부정적인 신념 하나를 긍정적인 신념으로 바꾼다면 나머지도 함께 변화하는 연쇄성을 가지게 되는 것이다. 그것이 긍정과 관련된 신념이라면 긍정적인 생각과 느낌, 말, 행동을 증가시키게 되면서 부정적인 생각과 느낌, 말, 행동을 감소하게 만든다.

우리가 어떤 생각을 골똘히 하게 되면 그 생각과 관련된 느낌이 생기게 되고 그 느낌에 의해 다시 생각이 일어난다. 그 생각과 느낌에 대해 말로 표현을 하게 되면 생각과 느낌이 다시 강화되고 관련된 행동까지 일어나게 된다. 우리가 어떤 생각을 할 때 이미 느낌과 말, 행동이 생각에 함께 수반되며 어떤 느낌을 가질 때에도 마찬가지로 생각과 말, 행동이 함께 수반된다.

또한 우리가 어떤 말을 할 때도 이미 말과 관련된 생각과 느낌, 행동이 수반되며 어떤 행동을 할 때도 마찬가지로 생각과 느낌, 말이 함께 수반된다. 이렇게 생각과 느낌, 말, 행동이 함께 수반되는 것은 이 네 가지가 모두 특정한 전용신경회로에 뿌리를 두고 있기 때문이다.

이처럼 우리는 매우 특수한 경우가 아니라면 생각과 느낌, 말, 행동을 완전히 독립적으로 분리해서 생각만 하거나 느낌만 가지거나 말만 하거나 행동만 할 수는 없다. 이것이 우리 뇌가 가진 비국소성이며 전체성이다. 그래서 이 네 가지 중에서 어느 한 가지를 바꾼다는 것은 나머지 셋을 함께 바꾸는 것과 마찬가지이며 그것을 반복할 때 신념체계가 강화되는 효과가 생긴다.

우리 삶의 모든 성취결과는 어떤 신념체계를 갖고 있느냐에 의해 달라지게 되며 이렇게 중요한 신념체계는 어떤 생각과 느낌, 말, 행동을 반복하느냐에 따라 형성된 전용신경회로에 의해 만들어지는 것이다. 반대로 반복적인 학습과 경험에 의해 구축된 전용신경회로의 형태에 따라 네 가지 성공전략인 생각과 느낌, 말, 행동이 달라지기도 한다.

결국 생각과 느낌, 말, 행동의 반복과 지속에 의해 전용신경회로가 구축되면서 신념체계를 형성하기 때문에 우리의 존재와 정체성은 생각과 느낌, 말, 행동이라는 네 가지 전략을 어떻게 사용하는가에 의해 결정되는 것이다. 그래서 우리 삶을 지탱하는 네 가지 기둥인 생각과 느낌, 말, 행동 중에 어느 하나에 문제가 생기면 나머지도 중심을 잃고 제 기능을 하지 못하게 된다. 이처럼 우리의 존재는 비국소성과 전체성으로 작동되고 있다.

우리 삶의 모든 결과물은 우리가 어떠한 전용신경회로와 신념체계를 가지고 있는가에 의해 만들어지는 것이다. 불안은 우리 뇌에 불안을 일으키는 전용신경회로가 구축되어 부정적인 신념체계가 형성된 것으로 볼 수 있다. 중요한 것은 우리의 전용신경회로와 신념체계는 얼마든지 변화할 수 있는 가소성을 가지고 있으며 이 모든 것은 우리의 반복적인 생각과 느낌, 말, 행동에 의해 통제된다는 사실이다.

초점의 전환

특성불안이 높은 사람은 어떤 자극이나 사건이 두려움이나 공포를 느끼게 하는 상황이 아닌데도 불구하고 그것을 불안한 상황으로 인지하여 높은 상태불안을 만들어낸다. 이것은 자신의 초점을 불안한 정서를 일으키는 자극과 정보에 일치시키고 내면의 불안과 관련된 신경회로를 민감하게 활성화시키기 때문이다. 즉 초점이 일치된 것이 자기 자신의 존재가 되고 현실이 되는 것이다.

불안을 지나치게 느끼는 사람들 중에는 태어날 때부터 특별히 남들보다 불안을 더 많이 느끼는 특별한 기질을 갖고 있기도 하지만 대부분은 성장과정에서의 학습과 경험에 의해 자신의 초점을 불안에 일치시키는 왜곡된 습관을 갖고 있는 경우가 많다. 그들은 대수롭지 않은 작은 자극에도 자신이 원하는 상태에 초점을 일치시키지 못하고 불안한 상태에만 초점을 일치시켜 스스로 불안에 함몰되어 헤어나지 못하는 무기력 상태를 보인다.

불안에 초점을 완전히 일치시키게 되면서 자신을 부정적인 상태로 만들기 때문에 불안을 해결하기 위한 더 나은 선택을 할 수 있는 초점을 찾지 못하게 된다. 이러한 초점이 더 나은 선택으로 불안을 쉽게 극복하거나 해결할 수 있는 수많은 다른 방법들과 멀어지게 만들어 불안한 현재 상태를 유지시키게 되는 것이다.

이 상태에서는 자신의 부정적인 정서와 약점이 더 부각되기 때문에 쉽게 해낼 수 있는 것에 대해서도 초점을 일치시키지 못하게 되면서 무기력한 상태에 놓이게 된다. 이렇게 되면 더 나은 변화를 위한 새로운 선택에 초점이 일치되지 않기 때문에 새로운 행동이 어려워진다.

문제에만 초점을 일치시키게 되면서 원하는 목표에는 초점을 일치시키지 못하고 자신을 점점 더 힘든 고통의 수렁으로 몰아붙인다. 나중에는 문제를 일으킨 처음의 사건 자체가 문제가 되는 것이 아니라 사건에 대한 부정적인 생각의 초점이 꼬리에 꼬리를 물면서 부정적인 생각의 순환고리에 갇히게 된다.

이렇게 되면 생각 자체만으로도 문제의 수렁에 깊이 빠져 중독 상태까지 가게 되는 나쁜 순환고리를 만들 수도 있다. 이러한 상태가 반복되면 문제에 대한 잘못된 믿음이 강화되어 문제에 자신을 구속시키는 부정적 자기 제한 신념을 만들게 된다. 한 가지 사건에서 부정적 자기 제한 신념이 잘못 형성되면 다른 유사한 문제에서도 일반화된 자기 제한 신념을 적용할 수밖에 없다.

삶의 모든 성취결과는 우리가 가진 신념에서 창조되는 것이다.

부정적 자기 제한 신념이 자신을 지배하게 되면 작은 문제에도 자신의 모든 초점을 부정적으로 일치시켜 문제를 점점 더 키우게 되어 부정적인 결과를 얻을 수밖에 없게 된다. 생각의 순환고리에 의해 문제를 더 키우게 되어 그 문제에 대한 생각이 또 다른 생각을 만들고 생각에 생각이 꼬리를 물게 되면서 점점 더 증폭된 문제가 자신의 뇌를 완전히 지배해버리게 되는 것이다.

우리는 대부분 어떤 문제 자체 때문에 힘든 경우는 많이 없다.

문제 자체가 우리를 힘들게 하는 것은 작은 일부분이고 오히려 문제에 잘못 맞추어진 초점으로 인해 만들어진 부정적인 생각과 감정 때문에 더 큰 문제가 되는 경우가 많다. 그래서 문제를 일으킨 그 당시의 인식과 관점으로는 그 문제를 해결할 수 없다고 하는 것이다.

자신의 문제에만 잘못 맞추어진 초점을 자신이 해낼 수 있고 해야만 하는 것으로 전환하여 새로운 초점을 일치시킬 수 있어야 한다.

이렇게 초점을 전환할 수 있을 때 자신을 짓누르던 불안과 무력감, 실패에 대한 두려움에서 벗어날 수 있게 된다. 문제에 잘못 맞추어진 초점을 원하는 것으로 바꾸는 순간 원하는 것을 성취하기 위한 긍정적인 생각의 순환고리가 만들어지기 때문이다.

우리 뇌는 한순간에 한 가지밖에 초점을 일치시킬 수 없기 때문에 지금 현재에 초점을 일치시킨 것이 자신의 존재가 된다. 불안을 일으키는 문제에 맞추어진 자신의 초점을 원하는 상태로 전환하는 것만으로도 이미 변화가 일어나고 문제는 해결되기 시작한다.

변화를 위한
선택

　모든 것은 변화한다. 우리의 마음, 몸, 다른 사람, 세상도 모두 변화
한다. 세상에 변화하지 않는 것은 오로지 모든 것은 변화한다는 절대
적인 사실뿐이다. 우리의 삶 자체가 변화의 연속이며 변화가 없는 삶은
현실에서 존재하지 않는다. 세상은 끊임없이 변화하고 있기 때문에 그
변화하는 세상에서 살아가는 우리도 변화하지 않고서는 정상적인 삶
을 살아가기 어렵다. 우리는 이처럼 끊임없이 변화하는 세상의 흐름에
뒤처지지 않고 살아가기 위해서 변화할 수밖에 없는 존재이다.
그렇기 때문에 변화는 생존을 위한 최상의 전략이라고 볼 수 있다.
　우리는 변화해야만 현실에서의 생존 가능성이 더 높아지고 보다 더
나은 삶을 선택할 수 있기 때문에 어느 누구도 변화 자체를 거부하지
는 않는다. 다만 전두엽의 자유의지를 가지고 자신이 먼저 변화를 선택

할 것인지 아니면 환경의 강요에 의해 변화를 선택당할 것인지의 차이를 가지고 있을 뿐이다.

어떤 선택을 하는 것이 더 좋은지에 대해서는 굳이 설명하지 않아도 모르는 사람은 없을 것이다. 그런데도 불구하고 많은 사람들이 자신의 전두엽이 가진 자유의지의 능력으로 먼저 변화를 주도하는 능동적인 선택을 하기보다는 환경의 통제 속에서의 수동적인 변화를 강요당하는 선택을 하는 경우가 더 많다. 이처럼 많은 사람들이 능동적인 변화에 저항하는 이유는 변화를 시도하여 얻는 성공의 설렘이나 보상보다 실패했을 때 받아야 하는 비난이나 고통이 더 크게 느껴져서 생기는 심리적 저항 때문이다.

인간의 뇌는 본능적으로 즐거움과 쾌락을 추구하면서도 고통과 불편함을 회피하는 기전도 함께 가지고 있다. 우리는 두 가지 본능 중에 진화과정에서 형성된 생존본능기전에 의해 지향적 동기보다 회피적 동기를 더 많이 사용한다. 일상생활에서 무심코 사용하는 언어와 생각의 80%가 부정적이라는 것은 우리가 고통과 불편함에서 벗어나거나 회피하려는 동기를 더 많이 사용하고 있다는 증거이다.

그것은 인간이 진화과정에서 부정적인 감정을 일으키는 상황이나 대상에서 벗어나는 것이 생존에 더 유리하기 때문에 형성된 습관이다. 그래서 불안을 느끼게 될 때 도피하거나 회피하려는 기전이 무의식적으로 생기게 되는 것이다. 불안을 느끼는 횟수가 반복되거나 강도가 강할수록 불안한 감정상태에 점점 중독되어간다.

이러한 불안에 대한 회피적 동기가 반복적으로 발현되면 미래에 대한 예측과 과거에 대한 회상만으로도 우리를 점점 더 불안한 상태로 만들거나 행동을 하게 만든다. 이러한 상태에서 우리가 특별한 목표를 설정하고 그것과 관련된 전용신경회로를 굵게 형성하여 성공 신념이 굳어진 경우가 아니라면 대부분 현재의 불안상태를 바꾸거나 대체할 새로운 변화를 선택하지 않게 되는 것이다.

우리가 불안을 극복할 수 있는 새로운 변화와 도전을 쉽게 하지 못하는 이유가 변화와 도전을 통해 얻게 될 즐거운 보상보다 그것을 행동으로 옮길 때 느낄 수 있는 불편함이나 고통이 상대적으로 더 크기 때문이다. 그래서 뇌는 본능적으로 불안에 중독된 현재의 상태를 바꿀 수 있는 새로운 변화와 도전을 싫어하는 것이고 현재 상태를 그대로 유지하려는 관성을 가지게 되는 것이다.

일반적으로 인간의 뇌는 쾌락 추구와 고통 회피의 욕구를 충족시키기 위해 자기 안에 존재하는 필요한 모든 자원과 에너지를 사용한다. 두 가지 욕구를 충족시키기 위해 본능적으로 즐거움과 쾌락을 추구하는 심리를 지향적 동기라고 하며 고통과 불편함에서 벗어나기 위한 심리를 회피적 동기라고 한다. 두 가지 동기가 어느 것이 좋고 나쁨의 절대적인 기준이 되는 것은 아니다.

지향적 동기는 자신이 좋아하고 잘하는 것을 성취하기 위해 새로운 변화와 도전을 선택하고 행동하게 해준다. 즐거움과 쾌락은 인간이 본능적으로 추구하는 기전이기 때문에 자신의 사명과 목표를 이루기 위해서는 지향적 동기를 사용하는 것이 큰 도움이 된다. 자신이 좋아하고 잘하는 것을 할 때 더 큰 열정이 생기고 자발적인 동기가 자극되어 큰 성취를 이룰 수가 있기 때문이다.

회피적 동기는 일반적으로 변화를 거부하는 관성을 유지시키지만 때로는 고통과 불편함에서 벗어나거나 회피하기 위한 새로운 변화와 도전을 선택하고 행동하게 해주는 강력한 동기가 되기도 한다.

고통과 불편함은 인간이 본능적으로 회피하는 기전이기 때문에 회피적 동기를 잘 활용할 수만 있다면 지향적 동기와 마찬가지로 자신의 사명과 목표를 이루기 위한 중요한 선택이 될 수 있다.

심한 고통과 불편함에서 벗어나기 위해 강력한 회피적 동기가 생기게 되면 긍정적인 상태를 만들어주는 새로운 변화와 도전을 할 수 있게 되고 행동의 지속성을 가지게 된다. 회피적 동기를 활용하는 것이 우리 삶에서 때로는 변화를 거부하고 현재 상태에 머물게 하는 나쁜 경계로 작용하기도 하지만 그것에서부터 벗어나기 위한 훌륭한 지렛대의 작용을 하기도 한다는 사실을 알아야 한다.

숲속의 맑은 아침이슬을 독사가 먹으면 독을 만들고 소가 먹으면 영양이 풍부한 우유를 만들듯이 회피적 동기를 어떻게 활용하는가에 따라 새로운 변화를 위한 지렛대로 사용할 수도 있고 변화를 거부하는 관성으로 사용할 수도 있는 것이다.

인간의 뇌에는 천억 개가 넘는 뉴런이 있으며 이 뉴런에는 수많은 기억이 저장되어 있고 모든 기억에는 특정한 감정이 묻어있다.

천억 개가 넘는 뉴런 하나하나가 비슷한 다른 수만 개의 뉴런들과 병렬적인 시냅스 연결을 통해 전기화학적으로 정보를 교환하는데 이것을 신경회로라고 한다. 뇌의 신경회로는 비슷하거나 상관있는 다른 뉴런들과 병렬적으로 연결을 짓고 있기 때문에 하나의 뉴런이 자극을 받아 발화되면 연결된 나머지 뉴런들이 동시에 활성화된다.

이후 반복적으로 함께 활성화된 뉴런들과의 연결이 광케이블처럼 굵게 형성되는데 이것을 전용신경회로라고 한다. 굵게 형성된 전용신경회로는 개인의 신념과 세상모형을 만드는 고차원적인 뇌가 되어 일반적인 신경회로인 저차원적인 뇌에 우선하여 활성화되기 때문에 개인의 존재와 정체성을 결정짓는 핵심적인 요인이 된다.

우리는 전용신경회로에 편안함과 안정감, 자신감을 연결할 수도 있고 공포와 불안, 두려움, 무기력을 연결할 수도 있다. 전용신경회로는 다른 일반적인 신경회로에 우선하여 활성화되기 때문에 불필요한 정보 간섭을 차단하여 원하는 목표에 초점을 일치시켜준다.

원하는 성취를 얻기 위해서는 새로운 변화와 도전을 선택하여 얻게 되는 설렘과 즐거움의 전용신경회로를 만들고 반대로 새로운 변화와 도전을 선택하지 못하고 행동하지 않았을 때 느끼는 고통과 불편함의 전용신경회로를 함께 만들어야 한다. 이렇게 전용신경회로에 지향적 동기와 회피적 동기를 연결해두면 의식적 노력이나 자유의지가 개입되지 않아도 잠재의식 차원에서 목표를 향해서 움직이게 된다.

인간의 행동은 대부분 전용신경회로와 잠재의식의 영향을 받으며 통제당하고 있다. 대부분의 행동은 감정과 연결된 전용신경회로와 잠재의식의 조종을 받기 때문에 기존의 변화하지 않는 나쁜 습관을 고통으로 연결하고 변화하는 좋은 습관을 즐거움으로 연결해야 한다. 이렇게 되면 새로운 변화와 도전을 할 수 있는 강력한 동기가 되는 양날개를 달게 되어 성취를 위한 새로운 도약이 가능해진다.

인간은 누구나 반복적인 학습과 경험을 통해 자신만의 전용신경회로를 새롭게 구축할 수 있는 신경가소성을 가지고 있다. 뇌는 그 무엇이든 반복하면 그것을 사실로 받아들이고 믿음을 만들어 스스로를 통제하는 강한 신념을 만들기 때문에 지향적 동기와 회피적 동기를 전용신경회로에 반복해서 연결하면 그것에 대한 믿음체계가 만들어져 강력한 신념을 만들게 된다.

어떤 것이든 뇌에 전용신경회로를 만들기만 하면 새로운 변화가 가능하고 그것을 지속시킬 수 있다. 전용신경회로가 신념체계를 만들고 그 신념체계가 자신만의 세상모형을 만들기 때문에 전용신경회로가 바뀌게 되면 변화는 일어날 수밖에 없는 것이다. 그리고 그것은 누구나 갖고 있는 평범한 자원이다. 전용신경회로 사용법을 잘 알고 실행하기만 한다면 누구나 자신이 원하는 삶의 성취결과를 얻을 수 있다.

불안은 우리의 전용신경회로가 만든 신념체계이기 때문에 편안함과 안정감을 주는 새로운 전용신경회로를 구축하여 신념체계를 만든다면 얼마든지 극복할 수 있게 된다. 이 책을 끝까지 읽은 당신의 삶에 건강과 성취, 행복이 충만하길 소망하며 긍정적인 전용신경회로와 신념체계를 강화하기 위해 꼭 다시 한번 읽기를 권한다.

불안

초판 1쇄 발행 2020년 12월 2일

지 은 이   박영곤

총괄디자인   맑은샘

편집디자인   차지연

본 문 편 집   강윤정

펴 낸 곳   도서출판 벗

주   소   부산광역시 해운대구 해운대로 233 제이원빌딩 3층

전   화   051) 784-8497

팩   스   051) 783-9996

이 메 일   mcc7718@hanmail.net

등   록   2020년 11월 25일

I S B N   979-11-972663-0-0

정   가   18,000원